本书为教育部人文社会科学研究一般项目"现代日本管理的历史演进与启示研究——基于管理哲学的视角"（16YJC630074）阶段性成果

|光明学术文库| 政治与哲学书系|

现代日本管理哲学研究

刘 韬 | 著

光明日报出版社

图书在版编目（CIP）数据

现代日本管理哲学研究 / 刘韬著. -- 北京：光明日报出版社, 2022.9

ISBN 978-7-5194-6669-5

Ⅰ.①现… Ⅱ.①刘… Ⅲ.①管理学—日本—现代 Ⅳ.①C93

中国版本图书馆 CIP 数据核字（2022）第 107484 号

现代日本管理哲学研究
XIANDAI RIBEN GUANLI ZHEXUE YANJIU

著　　者：刘　韬	
责任编辑：刘兴华	责任校对：李　兵
封面设计：中联华文	责任印制：曹　净

出版发行：光明日报出版社
地　　址：北京市西城区永安路 106 号，100050
电　　话：010-63169890（咨询），010-63131930（邮购）
传　　真：010-63131930
网　　址：http://book.gmw.cn
E - mail：gmrbcbs@gmw.cn
法律顾问：北京市兰台律师事务所龚柳方律师

印　　刷：三河市华东印刷有限公司
装　　订：三河市华东印刷有限公司

本书如有破损、缺页、装订错误，请与本社联系调换，电话：010-63131930

开　　本：170mm×240mm
字　　数：200 千字　　　　　　　　印　　张：13.5
版　　次：2022 年 9 月第 1 版　　　印　　次：2022 年 9 月第 1 次印刷
书　　号：ISBN 978-7-5194-6669-5
定　　价：85.00 元

版权所有　　翻印必究

前　言

　　日本式管理是目前公认的西方管理之外具有独立体系的管理模式，形成其独特性的原因除了日本的经营管理实践之外，更为重要的是在这些实践背后的精神特质，即日本的管理哲学。日本的管理哲学产生于特定的历史文化背景之下，是日本社会发展中对于外来文化不断学习和接纳过程中的产物。在本国文明的基础上，日本吸收来自东西方文化的精神成果并不断进行融合，最终形成日本的国民精神以及"士农工商"各个阶级的思维特质。在现代企业建立之后，这些精神特质通过企业家的经营实践和管理学家的理论研究逐渐内化为企业的管理思想，形成家国情怀、道德操守和精进心理三个哲学维度，并进而产生个人与集体间的"命运共同体"、企业与国家间的"利益共同体"、企业价值观念中的"伦理共同体"以及企业行为方式上的"践行共同体"，构成了日本式管理中的完整管理哲学体系。当这种管理哲学对应于日本的企业管理实践时，即催生了具有日本文化特色的组织、决策、人事、生产制度。而在当代日本社会文化背景发生转变的前提下，日本管理哲学也必须要适应时代变革的发展，进行自我调整与改变，才能保证日本企业和日本管理模式依然具有竞争力和生命力。最后，基于日本与中国特定的文化关系，对于日本管理哲学的研究也会给中国管理哲学的构建提供理论和实践上的借鉴与启示。

目 录
CONTENTS

绪　论	001
第一章　现代日本管理哲学的思想渊源	020
第一节　儒家思想对日本管理哲学的影响	020
第二节　西方文明对日本管理哲学的影响	041
第三节　日本国民性的形成及其对日本管理哲学的影响	048
本章小结	063
第二章　现代日本管理哲学的发展历程	065
第一节　第二次世界大战前的日本管理哲学	065
第二节　第二次世界大战后的日本管理哲学	078
本章小结	103
第三章　现代日本管理哲学的思想体系	105
第一节　现代日本管理哲学的思想特质	105
第二节　现代日本管理哲学的核心主题	110
本章小结	122
第四章　现代日本管理哲学的实践旨味	123
第一节　作为特定管理实践体系的日本式管理	124

第二节　日本组织管理中的哲学旨味 128
　　第三节　日本决策管理中的哲学旨味 136
　　第四节　日本人事管理中的哲学旨味 140
　　第五节　日本生产管理中的哲学旨味 150
　　本章小结 160

第五章　日本管理哲学的前景展望 162
　　第一节　现代日本管理哲学的背景转变及影响 162
　　第二节　日本管理哲学在当代遭受的质疑 174
　　第三节　日本管理哲学的未来走向 181
　　本章小结 193

结　语 194

参考文献 199

绪　论

一、日本管理哲学研究的时代价值

1981年，帕斯卡尔和阿索斯合著的《日本的管理艺术》出人意料地登上了美国畅销书排行榜。对于此时正处在高速发展阶段的日本经济来说，给予任何的赞誉似乎都毫不为过。书中甚至预测，刚刚超越德国成为世界第二大经济强国的日本将在2000年超越美国，成为世界第一大经济体，但是剧本并未如预测的那样上演，与之相对的是日本的GDP总额在2011年被中国超越，交出了已经坐了三十年的世界第二经济体的宝座。而这三十年，恰恰是日本经济盛极而衰，在经历危机之后步履维艰的三十年。其独特的管理思想和管理艺术，也经历了从趋之若鹜到无人问津的转变。今日将日本管理思想在世界管理发展中的功绩完全抹杀并不可取。

日本式管理一度被认为是东西方管理思想的理想结合。第二次世界大战之后，以终身雇佣制、年功序列制和企业内工会为代表的日本人事管理机制以及从丰田公司开始推广的精益生产模式，伴随着日本企业的国际化开始为世界所熟知，既被看作亚洲后发国家模仿的对象，也引起了西方管理学界的普遍关注，至20世纪80年代初已经成为管理学领域的研究热点。但是在90年代之后，随着日本经济的持续低迷以及日本企业存在问题的不断暴露，对日本经营管理思想的质疑和批判也越发猛烈。这里面实际上蕴含着一个超出管理学范畴的问题，即在西方文化主导的全球化背景之下，具有东方文化背景的国家如何在保持自身文化底蕴的基础之上融入这种趋势之中。日本的管理哲学是基于日本杂糅文化形成的复杂体系，但从本质上来看还是以传统文化作为核心。因此对于日本式管理及其蕴含的哲学思想的批判，实际上是对以"和魂洋才"为基础的文化融合路径的一种质疑。这个问题不仅对于日本，也对包括中国在内的所有东亚儒文化圈之内的国家，都有着重要意义。尽管在理解和认识上存在很多的差异，但是学界的普遍共识是日本管理的独特性是基于其特定的文化和生活方式而形成的。因此，以日本式管理作为切入点，通过比较研究的方式去探寻企业管理活动的成败与管理哲学的对应关系，推导出特定文化背景之下的管理哲学对企业发展的影响，从而在管理哲学与管理实践之间架设一架可以直接进行关联比较的桥梁，这是进行这一研究的基本动因所在。基于以上共识，本书以日本企业家的经营思想和管理实践作为研究对象，以对东西方文化在日本国民性形成过程中的影响作为背景，从中提炼日本管理哲学的思想精华，并以此为基础对日本管理哲学进行全面的阐释。通过这样的研究理路，还原日本管理盛衰转变的原貌，将对日本管理哲学的研究从表象层面推向更为深刻的思想维度。

二、国内外研究现状及发展趋势

对于日本管理哲学的研究，如果只是限制在管理学的领域范畴之内，可能会形成过于狭隘的研究论域，因此在考察国内外研究文献的时候，要从更广泛的层面进行考虑。

（一）国外研究现状与动态

西方对日本的研究始于对其独特国民特质的兴趣。在日本崛起之后，西方世界的关注点逐渐放在这种国民文化和日本经济发展的内在关联，总体来看包含以下四方面的研究内容。

1. 对作为管理哲学思想来源的日本文化与国民性的研究

西方对日本文化的研究，最早引起广泛回响的就是本尼迪克特于1946年出版的《菊与刀》。这本受美国政府之托，以分析日本社会和日本民族性为目的的著作，甫一问世即产生世界性的影响并成为之后西方研究日本文化的蓝本。事实上，在本尼迪克特之前，作为一种特定现象的日本崛起已经成为西方世界关注的焦点，研究日本文化的著作也早已开始出现，如加拿大人诺曼所著《日本维新史》，美国人约瑟夫·C.格鲁以驻日代表经历为基础所著的《使日十年》，甚至于更早的葡萄牙人路易斯·弗洛伊斯在16世纪到达日本之后所写的《日欧比较文化》等。这些著作与《菊与刀》的共同之处都在于分析总结日本文化及生活状态的独特性，并以此作为日本国民性的来源与体现，进而分析日本的国民特质与行为。作为结论性的研究，《菊与刀》等一系列作品将日本的崛起与其民族性格及文化联系在一起，并以此作为战后研究日本的理论基础。毫无疑问，基于文化人类学严谨的研究路径所得出的这一结论是科学而有说服力的，但是从另一角度看，将个体的日本人行动和思考的模式放大化而忽略在日本国内存在的社会阶层分化以及历史环境的变化，还是在一定程度上影响了我们判断日本及其文明的客观性。

第二次世界大战之后，对日本文化与国民性的研究更加趋于立体化和多元化。如美国学者埃德温·奥·赖肖尔所著的《当代日本人》，西里尔·E.布莱克等人合著的《日本和俄国的现代化》等，都给出了更为丰富的研究视角。这一时期对于日本文化的研究比较具有代表性的著作是罗伯特·贝拉所著的《德川宗教：现代日本的文化渊源》，师从结构功能主义大师帕森斯的贝拉在这本书中运用韦伯的社会学理论以及帕森斯的"类型变量"和"行动维度"的分析方法，直接切入了一个对于日本，甚至是东方文化来说至关重要的问题——为什么是日本，成为东方国家中最早实现现代化的国家？这种转变和其自身文化的特质有什么样的关联？除此之外，由此书引起的一些理论争议似乎具有更大的学术价值。在该书出版之后，日本著名学者、《日本政治思想史研究》的作者丸山真男与贝拉进行了认真的探讨，在赞叹贝拉独特的研究视角的同时，丸山也尖锐地指出，"经济的发展并非必然与政治的民主化或伦理的普遍化相联系，相反，经济的发展如果不伴随其他某些变化，甚至可能会逐渐破坏经济自身持续发展的条件"[①]。由此可以看出，以丸山为代表的日本学者在这个时期也开始运用西方的社会学与政治学理论对日本自明治维新以来的成就进行系统的总结和反思，代表著作如尾崎茂雄的《美国人和日本人》、松本三之介的《国权与民权的变奏——日本明治精神结构》、森岛通夫的《日本为什么成功》等，这些著作虽未直接探讨日本的管理哲学问题，但通过对转型时期的日本政治经济社会诸方面的研究，为我们理解日本管理思想的兴起提供了背景。

2. 对日本企业家及其经营思想的研究

20世纪60年代开始，日本进入经济高速发展时期，其为全世界所瞩目的经济成就也使对于日本的研究成为一时显学。以民营资本为主导的，具有深厚日本文化背景的现代企业的崛起以及这些企业极具个人魅力的第一代创始人在这一时期成为学术界关注的重点。从明治时代的涩泽荣一开始，到第二次世界大战之后的"日本经营四圣"——松下幸之助、丰田宗一郎、盛田昭夫及稻盛和夫，这些成功的企业家都选择通过著书立说、开馆授徒的方式宣传其经营哲学和思想。其中具有代表性的著作，如涩泽荣一的《论语与算盘》、松下幸之助的《经营的本质》、土光敏夫的《经营管理之道》，以及稻盛和夫所著的《活法》《干法》《阿米巴经营》等，都成为研究日本管理哲学的第一手材料。这些著作中所阐述的观点虽然各不相同，但却有异曲同工之妙，点滴汇聚，即构成当代日本管理哲学的基本样貌。同时，对这些管理大师的思想和方法进行系统化和学理化的加工也成为这一阶段西方及日本管理学界的一大潮流。诸如美国人莱克所著的《丰田汽车案例——精益制造的14项管理原则》、今井贤一编著的《现代日本企业制度》、迈克鲁思所著的《丰田套路：转变我们对领导力与管理的认知》、酒井辉昌的《本田的品质管理与制造》、岩谷英招的《松下之魂》等，都是在这一思维下的产物。

[①] [美]贝拉.德川宗教：现代日本的文化渊源[M].王晓山，等译.北京：生活·读书·新知三联书店，1998：8.

3. 对日本管理模式与西方管理模式的比较研究

对日本管理的研究在20世纪80年代初达到巅峰，以日本管理作为研究对象的《Z理论》（大内）与《日本的管理艺术》（帕斯卡尔与阿索斯）在1981年下半年登上了美国畅销书排行榜。这表明，至少在管理的层面，日本的管理模式和管理哲学已经引起了美国人足够的重视，美国的管理者已经意识到，日本管理在很多方面已经超越了现代管理的发源地美国，如果不向其学习，美国的企业将面临更惨痛的失利。作为当代研究日本管理最具权威性的两本著作，《Z理论》与《日本的管理艺术》各有侧重：前者着眼于组织文化，后者则更重视具有日本特色的管理制度（7S原则）。但从本质上看，两本书的作者都对具有日本特色的一些管理方法，如终身雇佣制、年功序列制等持赞同态度，认为日本管理的成功经验值得美国及其他西方国家学习。《Z理论》倡导的由A型组织向Z型组织的转变并最终实现Z型文化的建立，被看作是人性理论在更高境界上的发展与实现；《日本的管理艺术》在总结美日两国管理差异的基础上提出了管理中的7S要素，即崇高目标、战略、结构、制度、才能、风格和人员，美国与日本的不同点就在于美国管理更看重前三个硬要素而忽略后四个软要素，从而造成了组织的僵化和管理效率的降低。这两本著作不但是80年代研究日本管理的最高成就的体现，同时也同另外两本著作《企业文化》和《追求卓越》一起，被看作是企业文化这一新的研究领域正式产生的基础。

与之相对应的是，日本国内形成了以占部都美、伊丹敬之、野中郁次郎、加护野忠男等人为代表的管理学家群体。这一群体所致力的工作是通过对于日本与西方管理的比较研究，将西方管理的成功经验引入日本管理当中，从而在理论和实践上都能够推动日本式管理的发展与成熟。

4. 对日本式管理存在的缺陷的理性反思

经历了巅峰时期的发展，日本经济的发展在20世纪90年代前后开始逐渐趋缓，泡沫经济的破产则导致大量日本企业在经营上的步履维艰。从这个时期开始，对于日本经济和管理的研究也从一味地追捧转为更加客观地批判。

对于日本衰败的原因，西方和日本国内的学者做出了很多尖锐而深刻的分析。日本学者都留重人在20世纪70年代就已经预测到日本经济的衰退，在《日本经济奇迹的终结》一书中，都留重人指出：第二次世界大战后日本经济高速增长的条件已经消失，日本的经济陷入"停滞膨胀"的深渊，已经走到转折关头。美国学者渥洛诺夫的《日本管理的危机》作于20世纪80年代初，其关注的核心问题是表面风光的日本及日本管理方式中，存在着极为严重的劳动力浪费的现象，并且预测一旦从事工业的劳动者减少，制造业衰微，日本式管理将面临更大的危机。关于日本经济衰退的原因，美国学者阿列克斯·科尔在其著作《犬与鬼——现代日本的堕落》中表示，日本在20世纪90年代产生危机，是由于它没有更好地从技术上、社会上来适应现代世界的需要。或者说，日本的失败就缘于其采取失败的、完全与现代主义理想背道而驰的现代化路径；野口悠纪雄的《日本的反省：依赖美国的罪与罚》认为，对美国的过度依赖是日本陷入经济危机的罪魁祸首；哈佛大学管理大师迈克尔·波特与他的日本同事竹内广高、䗖原鞠子经过多年研究写成了《日本还有竞争力吗？》一书，核心观点认为日本的崛起与衰落都与其核心竞争力有密切关系，日本当年接受戴明与朱兰的思想，以质量竞争作为其发展基础，这引起了全世界竞争方式的改变。另外，随着21世纪质量竞争的局限性日益明朗，日本在战略竞争及创新竞争中的缺陷暴露无遗，这也构成当代制约日本经济发展的核心阻力。与这一结论相类似，日本管理学家大前研一在《低智商社会》一书中更加尖锐地指出，日本当代所面临的最主要问题，同时也是日本多年来萎靡不振的最主要原因是在日本国民中存在的"集体智商"下降的问题，没有思考能力、随波逐流、人云亦云成为大多数日本人今日的生存状态，而这也直接导致日本在经济危机之后无力重振雄风。波特与大前研一的论证方式虽然不同，但其所关注的焦点其实都是所谓的创新能力问题，而这一问题不仅是日本衰退的主要原因，亦是当代对日本管理和日本管理思维进行研究时必须要面对的焦点。

总体来看，对于日本管理哲学的研究在第二次世界大战之前主要集中于文化与国民性研究，第二次世界大战后开始从社会层次、社会结构等方面研究日本特有制度的演进；20世纪60年代之后，随着日本企业的崛起，对于日本管理的制度层面和思想层面的研究成为主流；而进入当代，随着日本经济趋于衰退和问题的不断暴露，批判性研究开始兴起，主要的关注焦点也集中在日本管理哲学的自我救赎与重建之上。以上历史发展路径构成了国外对日本管理哲学研究发展的基本脉络，也是我们在对日本管理哲学进行理解和研究时必须重视的研究思路。

（二）国内研究现状与动态

由于国力对比的巨大反差，20世纪之前在国内几乎没有关于日本的认真研究。沉醉于天朝大国美梦的国人对明治维新之后的日本缺乏必要的了解，直至甲午战争之后，关于日本的研究才渐渐开始兴起。整个民国时期在日本研究上最有价值，也是国内公认不逊色于本尼迪克特《菊与刀》的研究成果是戴季陶于1928年写成的《日本论》。旅居日本多年并与日本各阶层有深入往来的戴季陶，深刻而透彻地分析了日本民族、文化及社会的特质，其最终所得出的日本人是"为生存而竞争，为竞争而互助"的结论，亦可以透视日本之后近百年的国运发展及中日之间关系的起起伏伏。《日本论》之外，蒋百里的《日本人》亦是这一时期研究日本的优秀之作。《日本人》作于抗战时期，通过对日本国民特性的分析，蒋百里从中得出日本必败和对日持久作战的结论。

由于历史原因以及两国之间的紧张关系，中国对日本文化和崛起中的日本管理研究甚少，直到20世纪70年代中日邦交正常化之后才逐渐恢复对于日本文化思想的研究并在一些高校和科研机构设立日本研究所或者日本研究院，其中最具代表性的机构是南开大学日本研究院、复旦大学日本研究中心以及中科院日本研究所。这些研究机构有各自的研究重心和研究成果，几十年间也培养了一批对日本问题进行研究的高水平专家。由于日本企业取得的卓越成就，自20世纪80年代后期起，国内掀起了一场日本研究热潮。但是当时的研究存在着盲目追捧的现象，浮躁和功利主义盛行，其中对于日本企业和日本管理的研究往往不求甚解，片面强调其成功的条件，甚至将松下幸之助等日本企业家推向了神坛。因此这一轮社会层面的日本管理研究热潮在深度和广度上都存在问题，并未上升到管理哲学的层面。基于以上认识发展过程，当代国内关于日本文化与管理的研究，大致可以归结为以下四个方面：

1. 对于日本文化与国民精神的产生及其与中国儒家思想的关系的研究

新中国对于日本的研究延续了戴季陶等人的思想，主流的做法都是围绕日本哲学的产生与中国儒家思想在日本的传播及影响的关系进行论证的。如王家骅的《儒家思想与日本文化》，以儒学在日本的兴衰为切入点，论述了从儒学东渡时期直到近代，儒家思想在日本的发展和作用，并以此为基础，探讨日本文化生成过程中儒家思想的贡献和价值；卞崇道的《明治哲学与文化》及《现代日本哲学与文化》两本书，作为两个阶段日本哲学思想的总结，论述了从西周、福泽谕吉开始的日本本土近现代哲学的特征及理论传承；其他如刘岳兵的《日本近代儒学研究》和《中日近代思想与儒学》、赵德宇的《西学东渐与中日两国的对应——中日西学比较》、米庆余的《明治维新——日本资本主义的起步与形成》、复旦大学徐静波编著的《日本历史与文化研究》及《风从西边吹来——中华文化在日本》等，这类著作共同的特征都是论述了在日本文化与国民性产生过程中传统儒家思想产生的价值和作用，强调儒家思想在日本文化中的重要地位。

2. 对战后日本经济发展和管理模式演变的研究

改革开放之后，国内学术界对日本经济的发展一直投以极大的关注，如朱明主编的《日本经济的盛衰》、王章耀编著的《战后日本经济概述》等，刘昌黎的《现代日本经济概论》、冯昭奎的《日本经济》、杨栋梁的《日本战后复兴期经济政策研究》、孔凡静的《日本经济发展战略》等书，从多角度分析了战后日本经济的发展态势以及发展原因。近年来，随着中国经济的崛起，逐渐开始有学者对中日经济发展对比以及崛起的方式进行研究，如徐朝龙翻译唐津一的《中国能否赶超日本》，这本书就已经开始对中日两国的经济体制，尤其是制造业进行真正意义上的对比研究；针对日本的崛起，崔岩的《日本经济赶超》论述了日本在经济领域全面实现对西方国家超越的历程，这对中国今天的经济崛起同样具有借鉴意义。这些著作的出现，也表明国内对日本经济的研究已经从最初的规范研究逐渐向比较研究过渡，更多地看重日本经济管理对中国的影响和借鉴。

在关注日本经济发展的同时，中国学术界对日本式企业经营管理模式也有很多研究。国内对于日本式管理的研究兴起于20世纪80年代，早期的观点如李天铎认为"日本的管理模式是多种管理概念的合成体，即将战略战术管理和作业管理两个层次结合在一起"[①]。江河则认为"日本式管理是欧美企业先进管理方法、技术同日本传统管理经验的结合"[②]。这些看法同日本和西方同一时代的观点基本上保持一致，但随着时代的发展，日本企业的管理体制与经营模式都在不断地变化，日本式管理这一概念也在进行着调整与丰富。

3. 对日本企业家经营哲学及其理论体系的研究

90年代之后对日本成功企业家的推崇已经成为一种现象，对松下幸之助、盛田昭夫、本田宗一郎和稻盛和夫等人的管理思想进行研究的著作层出不穷，如华侨出版社出版的一个系列"日本四大商圣传奇"（包括《别给人生设限：本田宗一郎的商道公开课》《养鱼，先养水：松下幸之助的商道公开课》《敬天爱人者成：稻盛和夫的商道公开课》《创新源自洞见：盛田昭夫的商道公开课》）、潘竟阳等人编著的《松下幸之助管理日志》、李帅达的《较量：松下幸之助和盛田昭夫的创业争霸战》、曾蒙的《盛田昭夫：创造 SONY 神话的企业巨人》等。近年来，这类研究已扩展到对新崛起的日本企业新贵，包括软银的孙正义等人思想的研究，如《飞得更高——孙正义传》等。这类著作数量甚多，良莠不齐，其中多数属于普及性读物，学术研究价值不高，更多的是以励志图强的教材面目出现。但近年来国内在对稻盛和夫的研究上出现了不同方式，由于稻盛本人近年来致力于"盛和塾"的发展，强调其思想的传播和在不同地区的整合，因此国内对稻盛思想的研究逐渐趋于理论化和

---

① 李天铎.日本式的管理[J].管理科学文摘，1994（6）：3.
② 江河.Z理论与日本管理模式[J].经营与管理，1993（2）：41.

系统化。比如曹岫云，本身即稻盛和夫管理顾问公司总经理，与稻盛本人亦有非常密切的联系，参与了稻盛很多著作的创作，因此其与稻盛共同编著的如《敬天爱人》《活法》等著作，具有较深的理论性和系统性。总体来看，对于日本管理大师的研究，已经从早期注重生平与成功经历的展现，转移到思想体系的深度以及其管理方法在中国的适应性等问题，具有更深的理论深度和更强的哲学意蕴。

4. 对日本企业文化与企业精神的研究

企业文化与企业精神是日本管理中最具特色，同时也是最能展现日本式管理特征的因素。由于中日两国在文化上的类似性，国内对成功的日本企业的企业文化与企业精神的研究非常普遍：这类研究一般存在两种类型。（1）对成功日本企业的企业文化所做的实证性研究。此类型研究针对本田、松下、索尼等成功企业在企业文化上的建设进行研究，如《当索尼遇到三星：如何超越 VS 如何反超越》《松下模式：人性管理的8个黄金法则》等书。（2）日本企业文化的一般研究。如王秀文的《日本企业文化与跨文化交际》、宁一的《世界商道：日本人美国人犹太人雄霸商界经验解秘》、王丹丹的《实践先于理论——日本企业文化》等书。这两种研究共同的结论就是日本的管理与其特殊的企业文化有着密切联系，但日本企业管理的成功并非不可复制，全世界的工商企业都可以从日本的经验中获得启发。

总结以上各个方面，国内现在对于日本管理的研究已经从一开始的盲目推崇到逐渐冷静，并开始结合日本管理的成败分析中国管理发展的得失。但在管理哲学层面，还缺少系统性的理论成果，对于日本管理哲学的发展及演变仍需要做进一步的了解和研究。

三、从管理到哲学——本研究的基本思路

（一）日本管理哲学的研究理路

1. 对管理哲学的理论预设

管理哲学这一概念自20世纪20年代由英国学者奥利弗·谢尔登最先提

出以来，存在已有近百年的时间，但时至今日，并未形成获得普遍认同的明确界定。作为存在于管理学和哲学之间的交叉学科，其研究者可能来自这两个学科之中，因此以管理学为本位的管理哲学界定和以哲学为本位的管理哲学界定并行存在是一个不争的事实。进行管理哲学的研究，要考虑的必须是概念的界定问题。一方面，管理哲学可以被看作对管理科学的一切问题的概括与总结，因此，部分学者将管理哲学界定为对于管理中的根本问题的研究，这种研究的范围极广，如管理的本质、管理的范围、管理的对象、管理的价值、管理的方法等；另一方面，出于传统哲学规范性研究的思维模式以及作为元哲学之下部门哲学的学科界定，部分学者把管理哲学界定为管理的世界观与方法论以及管理主客体矛盾运动规律的科学。"一种观点以黑格尔的哲学认识论路线为依据，认为管理哲学应该以管理学或管理意识为研究对象。另一种观点认为，管理哲学应该以管理实践为研究对象，研究管理实践中超出了管理学研究能力范围的终极问题。"[①]因此，从严肃的科学史研究角度来看，管理哲学的研究领域中存在两条截然不同的路径。与之相对应的管理哲学的理论体系建构，管理哲学的先驱奥利弗·谢尔登和克里斯托弗·霍金森都曾付出过努力，而国内学者在管理哲学兴起之后也纷纷进行类似的工作。

当代管理哲学的建构性工作分化为问题研究式和体系建构式，"管理哲学应当是仅仅对比较具体的问题进行哲学分析的问题研究式，或者应当立足于一个不言自明的逻辑出发点，构建一个合理的理论体系的体系建构式"[②]。虽然牵涉到管理哲学的基本范式问题，但这种分化并不需要刻意的讨论。从现有的研究成果来看也呈现出两种不同的方式：第一种是以管理的基本问题为核心构建管理哲学的体系，在这里管理哲学的体系构成或者以管理的部类划分为条件，或者是以管理的流程为条件，这样就形成了若干个管理哲学之下的更加微观的部门哲学，如前者可以分成企业管理哲学、学校管理哲学、行政管理哲学等类别，后者则可以形成组织哲学、领导哲学、决策哲学等，彭新武的《管理哲学导论》和杨伍栓的《管理哲学新论》在逻辑上就可以归结为

---

① 刘仁营.关于管理哲学理论创新的三个前沿问题[J].甘肃理论学刊，2007（9）：59
② 刘仁营.关于管理哲学理论创新的三个前沿问题[J].甘肃理论学刊，2007（9）：61.

这一种；第二种方式则是从哲学的立场出发，以一般哲学的体系架构作为管理哲学体系构建的参照，代表性的著作是黎洪雷的《儒家管理哲学》，在这部著作中作者将管理哲学分成"论"与"观"两个层次进行归纳演绎，尽管并未突破中国哲学的体系范畴，但这种构建模式在话语表达方式上与前者相比显然更接近于哲学的思维形态，这也体现出当前的管理哲学的主要任务不是独立于哲学而是独立于管理。了解这两种途径的差异，有助于我们更好地认识学科的本质以及构建与研究内容相关的理论架构及问题领域。

第一，管理哲学的理念式路径——以管理学作为研究对象的管理哲学。

从元哲学的角度看，管理哲学是对管理的本质以及管理科学的整个发展进程的考查和反思。基于这种认识，学界往往把管理哲学看作是元哲学之下的一种部门哲学。何颖教授认为："哲学的研究可分为三个层次：元哲学研究，运思于纯思之中，对哲学本身进行反思；中介哲学研究，即对主客观融为一体的社会现象所进行的研究，如文化哲学、发展哲学、政治哲学、管理哲学、经济哲学、社会哲学等；部门哲学研究，即对较为具体的领域进行的哲学研究。"[①]类似的观点还有"管理哲学处于管理学和哲学的交叉领域，属于一种部门哲学、专业哲学，就像政治哲学、经济哲学、文化哲学、法哲学、科技哲学一样"[②]。

这种看法是目前管理哲学界对于管理哲学内涵与外延设定的主流，因此多数学者在界定管理哲学概念时都会充分考虑其作为部门哲学的学科属性及其与元哲学的关系，从形而上的角度进行阐述，尤其是在20世纪80年代管理哲学刚刚引入国内的阶段，多数研究者都会基于马克思主义哲学的基本原理来研究管理哲学，其概念范畴中亦对应地包括现象与本质、形式与内容、必然性与偶然性等一系列内容。比较具有代表性的定义包括：

管理哲学"是对管理的哲学理解和处理，主要涉及价值观、认识论与方法论。对管理哲学的理解并不是完全一致，它的解释和含义也有多种，但在

---

① 何颖. 行政哲学的限域 [J]. 中国行政管理，2003（8）：29.
② 彭新武. 管理哲学导论 [M]. 北京：中国人民大学出版社，2008：2.

实践的意义上则比较一致"①。

"所谓管理哲学，就是对管理学基本原理的批判和反思。这种基本原理，包括管理学的一些基本理念和方法，尤其是作为其基本理念的一些基本假设、文化与价值观以及思维方式等。"②

这些概念的共同特性就是将管理哲学看作是一个规范性的学科门类，其研究内容是宏观的管理学理论，尤其是自现代管理学产生以来的管理理论与思想。

第二，管理哲学经验式路径——以管理实践作为研究对象的管理哲学。

尽管以部门哲学的形式对管理哲学进行研究是较为普遍的做法，但是这并非研究管理哲学的唯一路径。"管理哲学并不是一个完全统一的学科体系。这是因为对管理哲学的理解与已经形成的现实都是多样化的。影响最大的是企业管理哲学，有时也叫作企业哲学或经营哲学。"③从管理学产生与发展的历程来看，西方最初的管理思想来自企业的经营管理活动。现代管理学的产生形成了规范化的理论研究范式，并成为西方管理思想演变的主流。但这并不意味着成功企业家的经营实践不再是管理学研究的内容，相反，企业经营的实践一直都是管理学理论的直接来源，尽管我们认为存在管理学家的管理思想和管理者的管理思想，但两者并非泾渭分明，在当代更有逐渐合流的趋势。优秀管理者在管理实践中总结出来的成功理念，如松下幸之助或者杰克·韦尔奇的管理思想，在管理学当中始终备受推崇；而当代最成功的管理学家，如汤姆·彼得斯、彼得·圣吉、迈克尔·波特等人，亦都有丰富的企业咨询经验，其理论的形成同样是来自直接的企业经营实践。因此，与体系化、规范化的管理思想理论相对应，企业经营实践同样是现代管理哲学的源泉。

因此，美国哈佛管理丛书的《企业管理百科全书》中将管理哲学界定为"企业当中最高管理者为人处事的信仰、观念、价值偏好等，而对于企业家而言，影响其决策品质优劣的因素，同样在于他本人的管理哲学是偏向于进取

---

① 袁闯. 管理哲学[M]. 上海：复旦大学出版社，2004：12.
② 彭新武. 管理哲学导论[M]. 北京：中国人民大学出版社，2008：4.
③ 袁闯. 管理哲学[M]. 上海：复旦大学出版社，2004：16.

还是守成"。按照这种表述，管理哲学是以管理实践作为研究对象，它是企业家在进行选择时的动机，既包括正常经济选择当中的成本分析，也包括更为广义的因素，如企业家的信仰、观念、原则等，它既决定了企业家的行为趋向，也会对整个企业的发展走势形成影响。

第三，本研究中对管理哲学概念的理解和选择。

从学科发展角度来看，这两种研究途径的产生是必然的结果，这是管理哲学从混沌走向系统，从模糊走向明确的发展轨迹所决定的。首先，"管理哲学产生于对于管理当中的问题的哲学性思索，所以以问题为核心建构管理哲学在学科发展早期起到了基础性的作用"[①]，如果没有对于一般管理问题的困惑与反思，不可能产生管理哲学的研究范式；随着认识的深化，管理中的问题引起的哲学审思逐渐清晰并且形成体系，这样以哲学的整体性思维指导管理活动并进行体系化的建构就成为可行的做法。

这也反映出管理哲学可以发挥作用的领域，"对于一些更深刻地理解管理，理解管理中的人性、环境、文化及复杂性的人来说，管理哲学有助于他们的思维能力的提高，有助于他们的战略预见性的提高。在指导企业的经营中，管理哲学甚至有助于他们对管理产生一种具有某种神秘性的体验，高于具体的日常经营，而却不同于完全的神秘主义"。管理哲学的价值与作用，既体现在管理学的理论研究当中，又存在于企业的经营实践之内。因此上述两条管理哲学的研究路径，也不能脱离于另外一方而独立存在。这就类似于哲学当中的经验论与唯理论的分歧，经验论片面地重视感性认识而忽略理性认识，否认人的理性思维在认识过程当中的重要作用；而唯理论则过分依赖理性的逻辑推演，认为来自经验的感性认识是一切错误的源泉。

按照曾仕强的理解，"哲学是对经验作反省的活动"[②]。对于管理哲学来说，以管理理论为基础所进行的管理哲学建构工作，必须要重视来自经营实践当中的经验总结；而对于企业管理经验的总结和反思，也必须以逻辑思维进行规范，从管理思想历史演进的宏观脉络中进行把握。在日本管理思想史中，

---

① 袁闯.管理哲学[M].上海：复旦大学出版社，2004：17.
② 曾仕强.中国管理哲学[M].北京：商务印书馆，2013：2.

即使是以管理哲学家著称的稻盛和夫，其思想亦主要体现为管理实践的经验总结和人生哲学与经营理念的相互融合，并没有形成能够对管理学理论发展具有深远意义的创新。因此，我们在这里对日本管理哲学所进行的研究，并非要进行一种管理学意义上的理论建构，而是要在对日本企业家经营思想以及这些思想提出和应用过程中的社会背景相结合的基础上，将他们的经营思想放到特定历史阶段和社会背景的宏观领域进行解读，研究管理实践与特定社会文化的关系，并总结其内在规律性。

2. 日本管理哲学的内涵释义

基于对管理哲学内涵外延的一般性界定以及不同语境中管理哲学的不同表现样态，我们现在可以对本书中所论及的"管理哲学"以及"日本管理哲学"进行明确的概念界定。

在日语中，"管理哲学"并不是一个直接使用的词汇，通过对于日文原著的广泛查阅，对应概念表述方式一般为组合性词汇"管理の哲学"，即管理的哲学。在日本管理的研究中，"管理哲学"这一词汇使用频率非常低，即使出现也会与特定的管理范畴结合使用。日本东京大学图书馆和早稻田大学图书馆的馆藏书目中都找不到直接以管理哲学命名的学术著作，日本最大的网上书城亚马逊日本的网站上也搜索不到类似的著作。因此，我们至少可以得出这样的结论，在日本企业管理中，管理哲学既不是一个被普遍接受的概念，更不可能是一个热门的研究领域。与之相对应的是，"经营哲学"（経営哲学）在日语中却是一个专有词汇，可以单独使用，用于表述日本企业家在经营过程中所秉持的经营思想和经营理念。随着日本企业在全世界范围获得巨大的成功，日本式经营哲学也获得普遍的认可，西方世界开始对日本的经营管理思想进行深入的研究和分析。从文本来看，在日本本土以外对日本管理的研究当中，"管理哲学""经营哲学"和"经营管理哲学"这几个词语在使用上是一种通用的状态，以对稻盛和夫的研究为例，在百度上以这三个词语作为关键词进行搜索，都能够得到大量搜索结果，表现的内容也都是雷同的。因此，在中国习惯性的话语方式中，日本管理哲学与日本经营哲学表达的意思是一致的。基于这样的前提，我们可以将以上看似差别很大的概念都统一到"管理哲学"这一概念的外延范畴内。

本书对日本管理哲学的界定是以管理实践作为出发点，在东西方文化的冲突与融合中探寻其真正意义。从本质上看，日本管理哲学是以东方儒家思想和西方现代经营理念为思想基础，建立在日本特有国情和思维模式之下的企业经营理念的升华，其外在表现为日本管理思想家的管理思想与经营理念，内在则体现为日本企业在经营管理过程中所形成的共同观念与价值观，是日本式管理的思想精髓所在。

在日本的管理哲学思想体系的建构上，东西方文化的作用并非简单的叠加。即使在日本式管理处于鼎盛阶段之时，两种精神的冲突矛盾也依然是存在的。日本的国民性决定了无论是走"和魂洋才"还是"和魂汉才"的道路，在内在思想上日本人自身固有的价值观都不会发生本质性改变。因此，对日本管理哲学的理论体系的研究，如果仅仅是对于日本管理思想的一般性梳理和管理学家自身管理哲学的挖掘，并不能真正反映其全部思想特质，亦会得出似是而非的结论。要想真实地反映现代日本管理哲学的理论全貌，就必须要从日本国民精神同企业管理实践相互结合的视角进行研究。

（二）现代日本管理哲学的时间阈限

宫本武藏的《五轮书》经常被看作是日本管理哲学的最早起源，这本类似于中国《孙子兵法》的集剑道与兵法于一身的著作写作于江户幕府第三代将军德川家光在任的1643年。这本书在当代受到企业家和管理学界的追捧有几个原因，首先，《五轮书》里面谈到的兵法之道，阐述了"农商士工"的基本谋生之道，在当时还未形成独立阶层的商人被他界定为"唯利是图"，"拿造酒的商人来说，他的第一步工作是收集能造就酒的各种原料，造出好的酒，卖出个好价钱……因此，商人唯一关心的就是如何造出最好的酒"[①]。这其实就是为经营者提供了一个进行活动的范围以及行为模式的价值基础。其次，20世纪80年代之后，战略管理开始兴起，战略的概念首先来自军事指挥当中，

---

① [日]宫本武藏. 五轮书[M]. 李津, 译. 北京：企业管理出版社, 2003：46.

因此同《孙子兵法》一样作为古代的兵法著作的《五轮书》所阐述的一些战略，尤其是战术上的思想，给了当代管理学家很多的思考空间。最后，同当代日趋复杂的管理科学相比，这类著作的一大特色就是简单实际，深入浅出，对现代商战和企业发展有更直接的指导和启示意义。这些成就当然很了不起，但是把《五轮书》作为日本管理哲学的起点仍然是不适合的。一方面，从时代来看，宫本武藏生活的时代并不具备真正的管理思想产生的条件；另一方面，从内容上看，《五轮书》也并未直接阐述管理理论，只是通过一些箴言警句，诸如"务必认清物事之得失""务必具有眼力、鉴别力""务必体认千行百业之要谛"等，虽给人思考和认识的空间，但是并没有直接切入到管理的问题当中。

在管理哲学的时间背景问题上，思想史肯定会以时代作为梳理的线索。这里所做的"现代"的背景界定并不存在一个明确的时间划分，而在不同的研究领域对"现代"所代表的时间段也没有确定的界定，我们这里在日本管理哲学之前加上一个时间上的限定，所需要区分的是"古代"与"现代"这两个时间跨度，因此这里的"现代"是一个相对笼统的时间界定，并没有对"近现代""现代"和"当代"这样的时间跨度进行进一步的细分。按照这种标准，我们把作为研究对象的现代日本管理哲学，在时间上的起点确定为明治维新这一历史阶段。这样进行时间划分的基础是日本的现代化进程。日本的现代化是对于西方文明的模仿和追赶，而这一进程的真正开始是1868年的明治维新，因此对日本历史的研究普遍将明治维新作为古代日本和现代日本的时代分水岭。从管理哲学的角度来说，现代意义上的管理哲学必然要根植于工业化基础上的现代企业生产。尽管在这个时期管理学科并未真正建立，但是现代企业的管理实践已经开始进行，随之而产生的管理实践经验和企业家的经营理念也具备了现代性的特质，以此时作为现代日本管理哲学的开端既对应日本历史演进的宏观背景，也符合管理哲学本身发展的一般规律，由此对于日本管理哲学的回顾和梳理才可能是系统而又完整的过程。

（三）现代日本管理哲学的思想载体

对日本管理哲学的研究，必然要置于管理思想史的宏观背景之下，众所周知，管理思想的发展存在两条线索：其一，存在于研究机构当中，即学术性的管理思想，其思想载体是管理学家；其二，则来自企业的生产实践，即经验性的管理思想，其思想载体是企业管理者。马尔科姆·沃纳的《管理思想全书》中共收录来自日本的12位（组）管理思想家，包括福泽谕吉、井深大、石川馨、岩崎弥太郎、松下幸之助、盛田昭夫、野中郁次郎、大前研一、大野耐一、信户茂夫、丰田家族、上野洋一等，基于该书的成稿时间和作者的学术视野，这份名单显然是不全面的，不过从中我们也可以看到其在对思想家进行筛选时所体现出来的对于两种群体的同样重视。

但是，对日本的管理思想的研究同西方管理思想相比还是有一定区别的。一般的思想史回顾多数会以管理思想家作为主线，但是日本的管理哲学直接产生于企业家的经营思想当中，因为日本企业创立之初并不存在专门的"管理学家"这个群体，而其管理理论也并未如西方管理理论一般形成科学化和规范化的体系。因此我们这里的历史梳理的前半部分将以第二条线索，即管理者的思想发展作为主线，从日本明治维新以来所出现的著名企业家的思想中寻找日本管理哲学的脉络，基于日本企业家习惯的"商而优则学"的为学方式，这条线索能够更好地挖掘出日本管理哲学的真谛；而在第二次世界大战之后的日本管理哲学回顾中，除了以"经营四圣"为代表的企业经营者之外，以石川馨、野中郁次郎、大前研一等人为代表的日本管理学家也开始活跃于管理的舞台，通过这些学者的努力，逐渐趋于系统化的管理理论开始反作用于企业经营的实践当中，并对具体的管理效果产生实质性的影响，因此在第二次世界大战后日本管理哲学的历史回顾中将对这两条线索的发展脉络同时进行梳理。

综上所述，现代日本管理哲学的思想载体既包括成功企业家的经营哲学与管理理念，也包含了第二次世界大战之后逐渐形成的日本管理学家的管理理论。

四、本书的主要研究内容

本书在管理哲学层面系统地研究现代日本管理理论与实践的发展历程，具体包括以下内容：

第一，通过对日本国民性形成过程的梳理，探寻日本管理哲学的思想渊源。日本文化是典型的杂糅文化。从飞鸟时代起，日本对于先进文明的学习、模仿就一直没有停止，神道、佛教、儒家朱子学都曾占据过日本文化的高点。而在日本国民文化初步形成之后，又经历了来自西方文明的三次冲击和改造。在多元文化的作用下，日本在江户时代形成了"士农工商"的稳定社会结构，进而形成了"武士道精神""町人伦理""职人品质"这些基于特定阶层的思维模式，这也是日本管理哲学的直接思想来源。

第二，以明治维新之后日本现代企业的兴起为背景，通过对第二次世界大战之前和第二次世界大战之后两个阶段日本企业经营者的管理思想的分析和总结，探寻在日本企业管理中经营理念的共性，并且结合当代日本管理学家的管理思想，进而形成现代日本管理哲学的思想谱系。

第三，在前述研究的基础上，通过规范分析的方法，对日本管理哲学的思想体系进行理论构建。在这一过程中，重点突出日本管理哲学与社会发展、经济进步以及文化创新的对应关系。

第四，将管理哲学的思维脉络同现代日本管理实践进行对比分析，通过对日本管理哲学与日本具体的管理制度的对比，进一步论证和完善日本管理哲学的思维体系，从而得出最终结论。

第一章

现代日本管理哲学的思想渊源

管理哲学是对管理的本质和内在精神的探究，任何管理哲学都要建立在特定的文化传统和民族精神的基础之上。对于日本管理哲学而言，其思想特质对应于日本特定的社会文化发展历程，是东西方文化相互融合的产物。因此，日本管理哲学虽然产生于现代，但其思想渊源却可以追溯到日本国民精神的初创阶段。日本本土的神道教和来自中国的儒家思想以及来自西方的现代工业文明精神，都是日本管理哲学能够产生的基础和条件，这种多元文化的共同作用也形成了日本管理哲学的独特性，从而构成了我们研究的基础。

"在日本历史上有过三次重大变革，一是'大化改新'，谓之'唐化'；二是'明治维新'，谓之'欧化'；三是'战后民主改革'，可以称之为'民主化'。"[①]其中，"唐化"是对中华文化的吸收，亦即以儒家思想为主体的传统中国文化对日本的影响；"欧化"则是西方文化与日本传统文化的冲突与融合，进而，通过"民主化"过程的进一步深化，最终完成了日本现代化的进程。在这三次变革过程中，日本的国民精神逐渐形成，同时也为日本管理哲学的形成提供了最直接的思想渊源。

第一节 儒家思想对日本管理哲学的影响

儒家思想在日本的传播源远流长，对日本文化有着深刻而复杂的影响，

---

① 松本三之介. 国权与民权的变奏——日本明治精神结构[M]. 李冬君，译. 北京：东方出版社，2004：11.

这种影响在现代企业产生之后也融入企业的管理思想和管理理念当中，因此，研究日本管理哲学，儒家思想是必须要进行深刻理解的思想源泉。

一、儒家思想在日本的传播和发展

关于儒学传入日本的时间，学界有很多不同的观点。比较流行的一种说法是公元3世纪末应神天皇在位时期从百济进贡的学者王仁（和迩吉师）最早将儒学引入日本，并成为菟道稚郎子太子的老师。不过在中日韩三国史料中关于王仁的记载并不一致，尤其是在朝鲜的书籍中并不能找到王仁所对应的人物，而日本主要记载王仁事迹的《日本书记》和《古事记》可信度又不高，所以其存在的真实性一直是无法证实的。因此，从严格的考据学角度来看，儒学在日本的传播要从公元5世纪开始，写于5世纪并保存至今日的少量日本文献可以作为这一发端的直接证据，如"保存于日本和歌山县隅田八幡神社的人物画像镜铭文、从熊本县江田船山古坟出土的大刀铭文和从琦玉县稻荷山古坟出土的铁剑铭文"[①]。这些以汉字为主撰写的金文中包含了一些儒家的常用词汇，显现出彼时的日本已经开始有儒家经典的流传，但具体是由百济来的学者还是直接从中国大陆漂洋过海的移民进行传播，还没有确定的说法。虽然王仁存在的真实性受到质疑，但百济在日本儒学传播中的重要作用还是得到充分肯定的。公元513年，百济遣五经博士段杨尔赴日，其后几年，中华血统更直接的学者高安茂、司马达也先后经百济进入日本进行儒学宣讲，在这之后的几十年间，"百济五经博士来日讲学"渐渐成为一种稳定的制度，而儒学也以这样一种方式在日本播下种子。囿于这样一种传播方式，早期儒家在日本的影响非常有限，同时当时日本的文明开化程度与中国的巨大差距也决定了儒家思想在日本只能是在上流社会中产生影响的"阳春白雪"，普通大众并没有机会对其进行接触。

在飞鸟时代的两次变革，即"圣德太子改革"和"大化革新"的过程中，儒家思想开始登上政治舞台，也推动了日本从奴隶社会向封建社会的转变。公元603年，圣德太子发起了"推古朝改革"，在这次改革中儒家思想成为最

---

① 王家骅. 儒家思想与日本文化 [M]. 杭州：浙江人民出版社，1990：5.

主要的工具之一。在公元604年发布的《十七条宪法》中，儒家思想得到了淋漓尽致的体现。圣德太子生活的时代对应的是中国的隋朝，因此其所吸收的儒家思想并不仅仅是先秦儒家的精神成果，秦汉之后经过改造并直接服务于封建统治的儒家思想也直接作用于改革之中，如三纲五常等内容就是《十七条宪法》的核心内容。圣德太子的改革在其去世之后由于保守派苏我氏的干扰并没有推行下去，直到他去世的四十年之后，中大兄皇子和中臣廉足发动政变，杀死苏我氏代表苏我入鹿，建立了革新政权。随即，在日本历史上具有深远影响的"大化革新"正式开始推行。此时由圣德太子时代开始的"遣隋使"（遣唐使）制度已经推行多年，中国的先进制度和思想给了日本当局者学习的愿望和动力，因此"大化革新"的核心内容即仿照隋唐的国家政权体制建立日本的中央政权并且以儒学为中心推广来自中国的大陆文化。革新的成功标志着日本封建政体的初步建立，也代表了儒家思想在日本发展的第一个高峰。这一时期在日本官方建立的教育机构，如大学寮、国学以及大学寮别曹当中，教学内容都以儒学为主，通过这种方式儒家思想在日本逐渐传播开来。但是，在此之后的奈良时代、平安时代以及镰仓幕府时期，儒学并未如一些人所预期的那样上升为日本的官学，其发展和传播速度也是比较缓慢的，总体来看依然停留在少数贵族阶层的范围之内，占人口主要比例的农民与其无缘。即使是对唐朝文化模仿最厉害的平安时代，在其前期各个领域无不渲染着唐文化的风采，但儒家思想却是被统治阶级所忽略的。及至平安时代末期，遣唐使菅原道真上奏说，"大唐凋敝，载之具矣。更告不朝之问，终停入唐之人"[1]。遣唐使制度正式废止，儒家思想从中国向日本传播的官方途径也自此断绝。从表面看，似乎这一阶段佛学在日本的迅速传播以及获得官方的认可是儒学发展缓慢的直接原因，但更深入的原因是这些时代日本并未形成类似于中国的封建中央集权政体，社会的分裂和落后使儒家思想不能够获得充分发展的土壤。联系中国的情况，秦汉之后的儒家思想往往盛行于国家统一时期，而当国家处在动荡分裂的时代，如两晋、南北朝时期，佛家或者

---

[1] 朱谦之.日本的朱子学[M].北京：人民出版社，2000：28.

道家则大行其道，这种现象似乎是大一统之后儒家的必然结果。因此，不是当时的日本统治者放弃儒家选择佛教，而是当时的社会状况形成这样的结局。反观早期日本儒家的传播者和负载者自身，我们可以看到从飞鸟时代至室町幕府这样一个漫长的阶段上，并没有真正产生具有代表性和原创性的儒家学者，这些人的责任也仅仅是传播而已，他们既没有创造性理解与发展儒家思想的欲望，当然考虑日本哲学思想相对中国的落后性，也不具备这样的能力。所以，几百年时间内汉学在日本的全面兴起和儒学的日趋衰落形成了鲜明的对比，这也体现了历史层面日本对外来先进文化的一个基本态度，只求其形不求其实，而无法植根日本民族文化深层的儒家思想，在经历了早期的繁荣之后走向衰落就成为必然的现象。

室町幕府后期的天下大乱引发日本进入绵延一百余年的战国时代，但如一句名言所说，战争是历史的催化剂，战国时代的动荡改变了日本原有的封建统治关系以及经济关系，而在这个过程中，以佛教为主的统治思想逐渐趋向没落，而主要通过禅僧传播，作为禅宗附庸的宋明儒学则获得了发展的良机。至江户幕府建立之后，儒学摆脱了禅宗的控制，开始独立进行发展。其中，由藤原惺窝和林罗山创立的，以宋代理学作为蓝本的日本朱子学逐渐同德川幕府的官方统治相结合，成为江户时代的官学。至此，儒学在日本成为显学，迎来了其在进入日本之后的全盛时代。朱子学能够成为江户时代的日本官学并非偶然，众所周知，宋学包括以朱熹为代表的理学和陆九渊为代表的心学，从哲学观来看，前者属于客观唯心主义，而后者属于主观唯心主义。而德川幕府在建立之后的选择同宋学之后的中国历代王朝的选择如出一辙，皆以前者作为其统治思想，这表明江户时代的日本社会形态已经趋于稳定，一方面需要通过等级制理论维护社会阶层的稳定和秩序，另一方面基于镰仓时代以来战乱不断和"下克上"的现象频发，维护幕府自身统治的需要，江户幕府创始人德川家康及其后代也不遗余力地去宣扬儒家思想中的纲常理论。而从儒家思想自身的角度来看，程朱理学在系统性、宏大性上也达到了儒家的巅峰，在思想体系的完善性上也已经超越了日本的佛家思想，这也导致很多饱学僧侣，如朱子学的创始人藤原惺窝，转向儒学。此消彼长之下，儒学的兴盛就成为必然结果。

儒学的兴盛局面延续了数百年，在此期间以宋明儒学为蓝本，结合日本哲学自身的发展，衍生出日本儒家的诸多学派，各个学派之间的竞争也是相当激烈。直到江户幕府的末期，社会矛盾日趋激化，而幕府闭关锁国的政策对于国家发展的阻碍亦日趋明显。在西方思想浪潮的冲击下，日本儒学在这样一个历史转折点上开始走向没落，而随着幕府统治的终结，"和魂汉才"被"和魂洋才"所取代，儒家思想也不再占据日本哲学思想的制高点。但需要注意的是，明治维新和中国新文化运动在思想领域的最大区别在于，前者并没有基于对儒家文化的整体性批判而重构国家的社会文化体系，儒家的支持者也并未被排斥于新体制之外。在明治维新之后，以天皇为主导的国体取代幕府体制，儒家思想在适应了这一新制度的基础上，依然保持着鲜活的面貌，并进一步开始与西方思想相互融合。

二、日本儒学的主要流派

江户幕府建立之后，儒学渐渐上升为日本统治阶级的官学，在日本致力于儒学研究的人也逐渐增多，而在研究内容上也突破了以往仅仅是思想传播的窠臼，开始具有主动性思维并且将儒家思想同日本的国情以及本土文化相结合。由此形成了日本儒学的若干个流派，在这里我们只介绍主要的三个，即朱子学派、阳明学派和古学派。

（一）朱子学派

遣唐使的终止标志着中华文化在日本的衰落，平安时代后期至镰仓时代，佛学，尤其是禅宗，成为日本思想界影响力最大的意识形态。而此时的中国，儒家思想早已发生了翻天覆地的变化，以程朱理学为代表的新儒学如日中天，但由于官方的传播途径的断绝，理学只能通过禅僧这样一个特殊群体传播到日本。简单来说，禅僧能够作为儒家思想的传播载体，原因有两个：第一，禅宗产生于中国，而日本的禅宗要想获得更大的发展，除了到中国进行学习别无他法，这决定了禅僧作为这个载体的可能性；第二，中国的儒家思想在经历了南北朝时期的儒道佛三教竞争的阶段之后，至宋学已经完成三者的整合，包括朱熹本人早年亦曾出入佛道，"宋学吸收佛教华严宗、禅宗的思想和道教的宇宙生成论及万物化生论，将儒家思想哲学化，因而宋学与禅宗在许多方面是脉络相通的"①。因此，禅僧到中国学习禅宗，不可能不接触宋学。

宋儒自镰仓中期开始在日本广泛传播，关于最早的传入者有很多种说法，日本的东洋文库保存最早的朱熹《中庸章句》抄本，卷末署有"正治（日本土御门天皇的年号）二年三月四日，大江宗光"的识语②，而这一时间恰好是朱熹亡故的那一年。但是传入并不等于传播，在日本的典籍中并无大江宗光的事迹，因此也无法表明其在宋学传播中的作用。所以，公认的对宋学有一定理解并且真正进行传播的是禅僧园尔辩园，此时以禅宗五山为代表的日本佛学已经达到极盛，"来宋僧"已经完全取代了"遣唐使"在中日文化传播中的作用。但是我们应该看到，禅僧学习和传播宋学的真正目的并不在于传播儒学，基于前述宋学和佛学的关系，他们更多的是把学习儒学看作是"助道之一"，即通过对于宋学的学习对禅宗本身有更深刻的认识和了解。在承认宋学与禅宗思想的关系的同时，再说明禅宗比宋学的高明之处，这样可以让信徒更加虔诚地笃信禅宗。在整个镰仓时代，儒学一直是作为禅宗的附庸而在日本传播的。到了室町幕府时期，随着传播的加强，宋学开始在社会顶层产生影响，儒学在政治领域，尤其是政治统治的意识形态中相对于禅宗的优越性越发凸显出来，在后醍醐天皇发动的"建武中兴"中，宋学的"大义名分"论成为变革的思想武器，这也意味着此时的宋学已经强大到足以挑战日本的传统儒学，即以家传秘抄的汉唐古注为衣食之源的日本博士家。到了江户时代，江户幕府总结了前两代幕府的成败经验，更为强化统治阶层的中央集权，"将军作为武士阶层的首长成为全国统一的中心，具有君临士民的绝对权威，并用相应的官僚体制和法令（如禁中并公家诸法度、武家诸法度等）支配大名，严格限制诸大名的权力，统治人民、分配土地。正是在这个意义上，江户幕府成了武家政治史上最后的、也是最强大的政权"③。这样的社会背景为朱

---

① 王家骅.儒家思想与日本文化［M］.杭州：浙江人民出版社，1990：57.
② 王家骅.儒家思想与日本文化［M］.杭州：浙江人民出版社，1990：7.
③ 王仲田.江户时代日本儒学研究［M］.北京：中国社会科学出版社，1994：9.

子学在日本思想领域的崛起并最终成为正统提供了充分条件。

江户时代对儒学的重新推崇和禅宗自身的衰落推动了朱子学的产生。其中，藤原惺窝脱离禅门还俗并转向儒学成为日本朱子学诞生的标志性事件。作为僧侣的藤原惺窝早年曾做过德川家康的教师，虽身在僧门但志向儒学。37岁时在伏见城与朝鲜学者姜沆相会，通过姜沆了解到朝鲜朱子学大师李退溪的思想，深受触动而决意脱佛入儒，次年在入见德川家康时公开穿上既非僧服又非和服的深衣道服，以示其学术立场，自此儒学摆脱了400年来依附佛教的历史，日本朱子学开始以独立姿态展示于世人面前。藤原惺窝44岁时，林罗山投入其门下，并在藤原的推荐下进入德川幕府为官，并最终成为第三代将军德川家光的老师。与藤原惺窝淡泊名利不愿入仕不同，林罗山积极参与德川幕府早期的政治活动，在他努力下朱子学最终成为德川时代的官学，此后三百年间其后人一直以"大学头"的身份掌管幕府的官方儒学机构。在藤原惺窝和林罗山的努力下，朱子学在江户幕府初期的几十年时间里迅速崛起，也分化出若干个流派，以研究内容划分，"有以昌平坂学问所为核心的林家官学朱子学；有崇信朱子、退溪，唯朱子是从，严肃整齐的暗斋学；有批判朱子学与暗斋的教条主义，主张宇宙内事，皆吾儒分内事的益轩学；有只推崇周公、孔子，以儒家的伦理道德，建构日本武士道的素行学；有否定《大学》《中庸》，视《论语》为宇宙第一书，而将儒学平民化为大众日常伦理规范的仁斋学；有将圣人之道看作是治国之道，从根本上否定学问的目的在于修养成圣，进而把朱子学的道德性转化为政治性，将儒家修身、齐家、治国、平天下的一元体系割裂为个人道德与国家政治二分野的徂徕学等等"[①]；以地域来划分则可以分为京师朱子学、海南朱子学、海西朱子学、大阪朱子学以及水户朱子学。

（二）古学派

朱子学在日本的兴盛成就了儒家在日本的再度辉煌，但也为其带来了反

---

① 潘畅和.朱子学在日本江户时期急速兴起的原因及特色[J].东北亚论坛，2005（3）：83-84.

对力量。德川中期开始，一些原本追逐朱子学的学者开始转过来怀疑并挑战朱子学的普遍教义，而他们的立论基础则是宋学和先秦儒学，尤其是孔孟在理论构建上的差异和矛盾。"宋学和阳明学的对立，导致了人们对后世儒学的疑惑，从而产生了试图直接从儒教古典出发的趋势，这就是日本儒教中出现古学运动的思想根源。"① 这些研究者以山鹿素行、伊藤仁斋、荻生徂徕为代表，在学术上虽然归属于当时日本儒学的不同学派，但由于他们在理论上都以回归先秦儒学为特征，因此被统称为古学派。从来源上看，古学派是从朱子学的内部衍生出来的，所谓盛极而衰，朱子学在成为官学之后，其发展确实一日千里，同时由于获得了官方的支持和拥护，在思想领域的话语权上也掌握绝对主动。但这种状态也使其弊端日益表露出来。如前所述，江户幕府之所以以朱子学为官学，其目的是维护幕府的统治。因此朱子学和幕府统治的结合可以看作是一种交易，而基于维护幕府统治的需要，朱子学也必然要进行调整和变化，其结果是"从理论上看，继承了中国朱子学的理论特点、以理为核心，以理为先，走向了唯心主义，走向了极端；从政治上看，与幕府后期的封建专制政治紧密结合在一起，成为官方的意识形态，日本儒学的政治化色彩更加浓厚，也使这种理论更加绝对化；从社会发展上看，以朱子学为正宗，大力推崇朱子学，压制其他学派的发展，这种情况的出现，其负面作用是非常大的，既不利于本学派的发展，也必然导致其他学派的出现并起来反对"②。古学派正是应这种潮流而生，在理论上，他们代表的是宋学的怀疑者；而在政治上，他们则是代表了德川时代失去政治地位的贵族和中小地主阶级。

山鹿素行早年入林罗山师门学习儒学，算是朱子学登堂入室的弟子。在40岁之后其思想发生改变并辞去在官方机构中的职务，回到江户开设私学，宣讲其反朱子学理论。由于其对官方学术的反对态度过分鲜明，一度被视为异端而遭到流放，但这并未改变其学术态度，在他此后的大量著作中依然以反朱子学作为论述核心，因此被称作是古学派的开创者。山鹿素行的古学观

---

① 永田广志.日本哲学思想史[M].陈应年，等译.北京：商务印书馆，1992：88.
② 王仲田.江户时代日本儒学研究[M].北京：中国社会科学出版社，1994：41.

点在其42岁之后初步形成,从其著作《圣教要录》来看,山鹿认为儒家从孔子开始一直在传承一个"道统",但是到了宋学兴起的时候,道统断裂了。"孔子没而圣人之统殆尽。……道统之传,至宋竟泯没。况陆王之徒不足算。唯朱元晦圣经。然不得超出余流"[①]。虽然表达上他对朱熹的态度还算客气,但是在核心观点上他却与朱子学大相径庭,比如,他排斥朱子学"理"的形而上学,主张理气合一而不是理先气后;认为天地无始无终,而非朱子学认为的天地循环;他把"太极"这种说法看作邪说,否定理学把"太极"看作万物开端的概念等。但是,山鹿素行在日本思想史中最重要的意义并非于此,而是作为一个兵学家,对"武士道"精神的倡导,这个问题我们将在后面详细介绍。

与山鹿素行同一时期,伊藤仁斋、伊藤东涯父子也先后放弃宋学转而倾向于古学。由于伊藤仁斋父子在研究方法上采取古文释义的方法,因此他们所开创的学派也被称作古义学派。虽然学术生涯并无交集,但仁斋与素行几乎在同一时间(1662)转向古学,这其实也体现出朱子学极盛之下的思想危机。伊藤仁斋早年亦是朱子学的狂热拥趸,但经过不断的思想探求,他逐渐领悟到"朱子学、阳明学以及佛老之道都脱离'人伦日用',决意回到孔、孟的古典《论语》和《孟子》中去寻求真正的'圣人之道',而不是借助后人(也包括中国宋明大儒)的诠释乃至歪曲"[②]。因此,他认为《论语》是至高无上的圣经,其次是《孟子》,可以作为《论语》的解释之用,而朱子派所推崇的《大学》则被其看作是伪书而摒弃,由此朱子学的"太极""理先气后"说法也自然成了无源之水。仁斋的哲学思想由《孟子》所提的性道教三者之间的关系而展开,"道是其世界观,教是其教育哲学,性是其人生观和社会哲学"[③]。以这个体系为基础,仁斋构建了他不同于朱子学唯心主义的"气一元论"的唯物主义和无神论的世界观,并且进而提出了为其独创的生之辩证法,"生之辩证法原理,根据于流行与对待的区别,而对待乃自在于流行之中,天地间对

---

① 永田广志.日本哲学思想史[M].陈应年,等译.北京:商务印书馆,1992:90.
② 王家骅.儒家思想与日本文化[M].杭州:浙江人民出版社,1990:132.
③ 朱谦之.日本的古学及阳明学[M].上海:上海人民出版社,1962:72.

待都是相对的，而一元气的流行才是绝对的"①。在道德论方面，他也不赞同宋儒所讲的"性"即"理"的说法，主张"仁"是道德的核心，这一点也和朱子学不重视"仁"在伦理体系中的地位有着本质区别。与山鹿素行的落落寡合相比，伊藤仁斋门人众多，在江户时期的思想领域影响极大，古学派的兴盛与他的努力有极大的关系，除了自身门人弟子外，其后的荻生徂徕转入古学也与仁斋有着非常密切的关系。

荻生徂徕在1717年写了《辨道》一书，开始展现他独特的古学主张。而此时儒学各派都处于相对的低谷之中，徂徕的崭新学说迅速在思想界获得阵地，并拥有了大批的追随者。徂徕的哲学思想一度游疑于朱子学和伊藤仁斋古义学之间，而最终成型则受到了此时中国明朝由李攀龙、王世贞所倡导的"古文辞运动"的影响，因此徂徕学在日本亦称古文辞学派或萱园学派。徂徕学站在日本儒学极盛时期的制高点上，同时亦是儒学走向衰落的起点，其在日本的影响远远超过了中国的古文辞运动。徂徕的思想发展大致经历三个阶段：第一阶段可以把他看作是典型的朱子学儒者；40岁前后在受到古文辞学影响之下开始倾向古学；在50岁之后，他将李攀龙、王世贞等人的文学主张移植到儒学之中，并进而同之前包括伊藤仁斋在内的所有儒学传统决裂，完成了自己的儒学体系的构建。荻生徂徕批判朱子学的思路和伊藤仁斋一样，差别只在于徂徕认为《孟子》只是为了同他人进行争辩而作，并不能真正代表古道，而古学的研究基础只能是儒家的六经；而在研究方法上，徂徕之学不同于仁斋及其后继者的古义研究，而是从古文辞入手，在他看来，宋儒不通古文辞，因此其哲学背离了儒家的真谛，而仁斋等人虽然找对了方向，但由于语言自身的变迁规律，所以不对六经中的文辞本身进行深入研究，因此其结果同朱子学是一样的，即只是在以自己的片解和自创理论去理解儒学。而他本人所追求的则是对先秦儒学，尤其是孔子的直接回归，这里的指导思想当然是先秦儒家的"今时不如往世"的复古主义观点。因此，徂徕学并不关注朱子学中所谓的"天道"问题，他认为这并不是先秦儒学中所涉及的问

---

① 朱谦之. 日本哲学史 [M]. 北京：人民出版社，1962：68.

题，同当代很多人的看法一样，他更多地把儒家看作是政治学或伦理学，而不是哲学。在他看来，"道"只是人间规则，而不是自然法则，在天人关系上，他坚持人不能认识天，只能怀着敬畏之心面对上天的安排。"对徂徕来说，天是否有心不是人类理性所讨论的对象，这主要是因为在天人之间有着深深的鸿沟。"① 所以徂徕所说的"道"不是朱子学的"天道与性"，而是具体的"礼乐刑政"，从神秘的天人关系回归生活世界，这也是他的学说在当时获得广泛支持的一个根本原因，"世之人喜其说，习之如狂"②。

古学派本质上来说并不反对当时的统治模式，但是在"复古"的旗帜引领之下，他们的学说和传统的朱子学却差异极大，有的产生了唯物主义的观点（伊藤仁斋），有的则成为宋明理学禁欲主义的反向（荻生徂徕），这些都已突破了儒学原有的理论范畴。所以古学在德川中后期的兴盛既是日本儒学的一个巅峰，同时也可以被看作是日本儒学崩溃与衰落的源泉。而此时，新的思想已经开始在日本落地生根。

（三）阳明学派

明朝中期，王守仁（王阳明）在陆九渊去世三百年之后再一次高举"心学"大旗，其崛起不仅改变了中国思想体系的格局，亦被看作中国思想解放最早的理论萌芽。王阳明去世之后，心学大盛于中国，其影响也开始向儒家文化圈之内的其他亚洲国家扩散。

日本的阳明学虽然和朱子学、古学派并称日本儒家的三大学派，但是在体系上存在时间上和思想上的断裂，并未形成真正的学派。尽管在王阳明本人在世时就有日本禅僧了庵桂梧曾与其会见，但是江户时代的日本儒学是朱子学的天下。当时的著名学者如藤原惺窝、林罗山等人在进行朱子学的研究和教育时也会顺带介绍一些陆王的思想，不过这种研究多数都是一带而过，没有确定的研究方向。在日本真正出现阳明学的学者是在17世纪之后的事情。一般认为，中江藤树是日本阳明学的创始人，其出生和活跃时间要比朱子学

---

① 丸山真男.日本政治思想史研究[M].王中江，译.北京：生活·读书·新知三联书店，2000：52.
② 王家骅.儒家思想与日本文化[M].杭州：浙江人民出版社，1990：141.

大师林罗山晚20年左右的时间。被称作"近江圣人"的中江起初所研习的并非阳明学，而是朱子学，在其33岁时偶然读到王阳明弟子，同时也是心学大师的王畿（明溪）所著的《语录》，似有所悟，其思想开始从朱子学向阳明学转变，但直到37岁时读了《王阳明全书》之后才真正决定倾向于阳明学，这时候距离王阳明去世已经只有三年的时间了。中江藤树的著作中，《大学解》和《中庸解》是可以体现其阳明学立场的著作。中江藤树的门人中，最为优秀的是熊泽蕃山和渊冈山，藤树的门人也以这二人为代表形成事功派和存养派，两者当中熊泽蕃山主张在学术上不必盲从师说，在学术上亦多有开拓。熊泽在冈山藩从仕期间，致力于推广阳明学的影响，藩主池田光政在其熏陶下也逐渐趋向阳明学的教义。但其活跃的学术生涯最终引起了幕府的注意，并在1657年被迫辞去职务，最终在贫病交加中去世，阳明学在日本的发展遭到了严重挫折。

中江藤树和熊泽蕃山在成为阳明学学者之后其仕途都遭受重大挫折，根本原因是在他们生活的时期朱子学是作为统治思想而存在的，阳明学的信仰者往往被看作异端而遭受孤立和打击。因此熊泽蕃山之后近百年的时间里，日本的阳明学没有取得丝毫进展，也没有产生相应级别的大师，直到佐藤一斋的出现。此时幕府的统治已经进入后期，幕府统治力下降的同时，作为幕府统治思想的朱子学亦失去原有的活力和影响。同前辈不同，佐藤一斋始终在官学中担任要职，在表面上标榜朱子学的同时，暗地里从事阳明学的研究和宣传。利用自己的身份，佐藤影响了一大批当时的青年才俊，其门下弟子以及再传弟子，如佐久间象山、吉田松阴、西乡隆盛等人，成为幕府末期风起云涌的倒幕运动中的主要角色。比佐藤出现的时间略晚，在大阪出现了日本阳明学第一个真正意义上的行动者大盐中斋，他还有一个更为人熟知的名字，就是大盐平八郎。1837年，在全国性的大饥荒中，大盐平八郎率领大阪平民发动起义，袭击富商，捣毁其粮仓分给平民。虽然起义很快就被镇压，但其影响在之后的很多年里一直没有淡去，大盐平八郎因此也被称作日本"民权的开宗"。对于大盐来说，阳明学的"致良知"和"知行合一"等观点，是支撑他在毫无取胜希望的情况下发动起义的精神支柱。而从他开始，日本的阳明学已经不再仅仅是理论的探讨，越来越多的阳明学学者开始身体力行地投身到现实的斗争当中。

通过上述回顾，我们可以看到，日本的阳明学自传入之日起就始终处于在野地位，代表了日本社会渴求变革、抨击不公的力量，尽管在理论上并未超出王阳明的思想范畴，但是其否定现存制度和后期重视行动的行为倾向，在日本的社会变革中发挥了重大的影响。王阳明所倡导的心学就其哲学属性来说是高度唯心主义的理论范式，讲求心外无物，在本质上强调生命活泼的灵明体验。但在阳明学的范畴当中，亦蕴含着丰富的辩证法思想，著名的心学四诀"无善无恶心之体，有善有恶意之动，知善知恶是良知，为善去恶是格物"就包含着否定之否定的辩证法精神，因此在认识论和方法论意义上阳明学在当时也有着巨大的贡献。日本的阳明学虽然和朱子学、古学派并称日本儒家的三大学派，但是在体系上存在时间上和思想上的断裂，如同中国学者王家骅所说，并未真正形成学派。尽管如此，基于对中国阳明学的吸收和继承以及特定时代特质和文化背景下的发扬和转变，日本阳明学具有其鲜明的思想特色，具体包括以下几点：

第一，反体制的平等主义思想。

从历史的角度看，日本的阳明学从未获得像在中国一样的尊重和欢迎，反而其早期的代表人物大多是在野身份，在传播思想的时候也深受主流的压制和迫害，但是这样的境遇也使其与社会底层更加接近，所以中江藤树说，"天子以至于庶人，皆有天事。唯天官，唯天职。唯帝命之人所以，人受之以人为也"。很明显，这种观点和他所在的幕府时期严格的身份等级制度以及人与人之间的尊卑从属关系是格格不入的。朱子学以理为本，阳明学以心为本，严格来说，都是在为儒家以伦理为本的哲学体系寻找内在依据。但两者同在江户时代传入日本，其影响和作用却又大相径庭。作为客观唯心主义的朱子学，恰好迎合了德川幕府为了维护其统治而强化礼仪法度的政治主张，因此上升为官学；而阳明学所倡导的基本范畴，如"心""意""良知"等，则是发自人的本心，虽然也可以理解为让人去追求内心的伦理化，发自内心去服从道德规范，但是在事实上降低了宗法伦理这些外在因素的权威地位。而在社会矛盾尖锐的情况下，则有可能成为引导人反抗压迫的思想解放工具。因此，日本的阳明学近似于中国心学中何心隐、李贽等较为激进的一派，成为主流社会的异端思想。

第二，行动性更强的"知行合一"观。

"知行合一"是阳明学的核心思想，中国的阳明学在这一点上更多体现为王阳明所讲的求诸内心的"省察克制"的道德修养学说，强调内在修为在人的行为上的外化，虽也有推动社会进步的效果，但并不会成为反对现存体制的工具。而日本的阳明学在这一学说上虽无发展，但却把着眼点更多放在"行"上，认为认知的形成必须与实践和行动相结合，否则毫无意义。比如在大盐平八郎看来，王阳明所讲的"为善去恶"不仅仅在于自身的修炼和践行，更要为我心中之善，去他人之恶，这样，王阳明的自我道德修养在他这里就转化成为一种改造社会的行为哲学。从大盐平八郎开始，到倒幕运动前后的吉田松阴、高杉晋作以及西乡隆盛，这些日本阳明学的信徒本着这样一种以内心之善改造社会的信条，更进化为勇于践行无畏牺牲的战斗精神，这种变化恐怕是王阳明本人都未曾预料的。虽然国内的很多研究者都认为这种现象的出现是日本人不善思辨而盲目践行的产物，但从结果上来看，从明治维新直到今日，日本人在"知行合一"甚至是"未知而先行"这方面所获得的收益着实是让所有人羡慕的。

关于阳明学的现实意义，最为人称道的是在明治维新前后，以阳明学"自尊无畏"精神为指引的维新派志士前赴后继，披肝沥胆，最终完成国家复兴的事迹。其实阳明学对于近代日本的意义并不止于此，文章开始时谈到，以涩泽荣一为代表的第一代日本企业家，同时亦是日本管理哲学的最初奠基者，同样也是阳明学的信奉者。因此，在日本管理哲学的形成过程中，阳明学同样起到了不可或缺的作用。

第一，"知行合一"指引之下的实业救国主张。

明治维新前的日本深受中国"重农主义"思维影响，商人即使拥有大量财富，其社会地位也无法同武士相比，然而第一代日本企业家多数具有武士身份，如涩泽荣一出身于豪农家庭，明治维新之前就已经在幕府身居要职。能够毅然投身商海，除了西方工业文明的影响之外，其本身作为阳明学的信徒也是推动这种转变的重要原因。涩泽认为，"个人之富即国家之富，个人如无欲求富，国家之富如何可得？正因为国家之富与个人之荣达，人人才能夙夜匪懈，自我勉力"。这种观点正是日本阳明学"知行合一"的外化体现，因此涩泽荣一格外强调"士魂商才"，在他看来，日本的武士道精神是做人的根本，但是如果没有商才，即具体的执行能力，在经济上也会招致自我灭亡。在义利观的问题上，涩泽认为两者并非如传统观念认为的那样具有先天的矛盾性，《论语》与算盘的距离并非想象中那样遥远，即使在商界，个人财富的积累和国家的富强其实可以成为同一的过程。

涩泽荣一本人弃官从商就是对这种知行合一思想的践行。从当时日本的角度看，西方的优势是全方位的，而作为日本社会的普通一员，救国似乎是毫无头绪的事情。但是如果从自身入手，那么身体力行的每一件事都是振兴国家的一种努力。在这种情况下，身份、职业的差别已经毫无意义，重要的是能够去做。明治维新给了日本第一代企业家这样的机会，而从其内在角度看，阳明学的"知行合一"也是推动其放下固有偏见，把家国天下联系在一起而投身商海的重要动力。

第二，"致良知"与日本管理哲学中的人本主义。

"致良知"是心学的一个重要范畴，语出《孟子·尽心上》："人之所不学而能者，其良能也，所不虑而知者，其良知也。"儒家的格物致知在王阳明这里被看作是回归人的内在良知的过程，而这里的良知既是道德意识，也是本体之所在。日本阳明学把"心"放在至高无上的地位，其实质正是对于人的自我价值的一种尊重和关怀。这在日本的管理哲学中升华为"以人为本"的经营理念。当代日本管理大师稻盛和夫将其管理哲学浓缩为四个字——"敬天爱人"，其中"天"指的是道理，即经营管理中的规律性，而"爱人"则是指管理要按照人的本性来作为。因此，日本的管理哲学特别强调对人的关爱，甚至是用一种"利他主义"的思维去看待企业同员工的关系。在实践中表现为日本企业家把"得人心"作为其管理的核心工作，强调对于员工的关爱，并把企业的兴衰与员工的个人成就紧密结合在一起，从而形成企业中上下一心的良性互动。这是中国传统儒家文化同现代管理哲学的完美结合，也是日本企业在激烈的国际竞争中常常处于领先地位的关键所在。

第三，内心的修炼与管理者正人正己的管理作风。

日本企业惯于产生伟大的领导者。第二次世界大战之后的日本产业浪潮中，先后涌现了本田宗一郎、盛田昭夫、松下幸之助、稻盛和夫等优秀企业家。这并非偶然现象，管理者本人的自我修炼和以身作则是日本管理哲学的重要构成部分，所以日本的企业家往往能够用更加严格的标准来进行自我要求。阳明学中所强调的格物致知本身就是一种自我修炼的过程，知行合一，就是要将知识与实践、功夫与本体融为一体。要想达到这一目标，必须要经历艰苦的过程。王阳明本人的"龙场悟道"就是这样一种修炼过程，此后他的战无不胜和虚怀若谷，其实都是在内心完成修炼之后形成的结果。因此，成败的关键不在于外在的环境，而在于内心的强大，佐藤一斋在论顺境和逆境时总结说，"如顺境则虽不心归乎虚者，亦善应焉；而至逆境，则非心归乎虚者，不足应之也"讲的就是这个道理。

二、儒家思想对日本文化的影响

儒家思想对于日本的影响毫不逊色于它的发源地中国，但日本哲学思想的形成是多元文化共同作用的结果，因此日本儒家思想在日本文化中的影响和作用机理，要比中国复杂得多。任何武断的判断，都可能夸大或贬低日本儒学在日本思想史中的价值和意义。

对儒家思想在日本文化中的影响，一直以来都有两种截然不同的观点。第一种观点认为，儒家思想是日本民族文化的根源，在日本的近代化过程当中，儒家思想不但没有被抛弃，而且起到了基础性的作用。美国环太平洋研究所所长弗兰·吉布尼曾经提出过一个"儒家资本主义"的说法，认为日本以及受儒家文化影响之下的东亚诸国所建立的现代化模式，与西方资本主义体制具有根本性的差异。"日本取得经济成功的真正原因，乃是将古老的儒家伦理与战后由美国引入的现代经济民主主义两者糅合在一起，并加以巧妙运用。日本是东西合璧的'儒家资本主义'。"[1]这种观点在当代新儒家崛起之后获得了越来越多的支持,也直接影响了对于日本管理哲学的理论基础的判断。

基于这样的观点,研究者认为日本明治维新之后的迅速发展,包括其在企业管理中所获得的成功,与其说是儒家文化的推动,倒不如说是放弃儒家文化的结果,其佐证就是明治维新之后以福泽谕吉为代表的部分学者所提出的"脱亚入欧论"。基于以上充满矛盾对立的观点,研究儒家思想在日本管理哲学当中的价值影响,就必须还原出儒家思想在现代日本文化发展中的真实影响,以及日本对于儒学的真实态度。

(一)日本学习儒家思想过程中的实用主义态度

客观地看待儒家思想在日本文化中的作用,一方面,要明确一个基本前提,即无论对于"东学"还是"西学",日本体现出来的都是一种实用主义的态度。日本的历朝历代都有儒家思想的忠实拥趸,也不乏为了追求理想而舍生取义的志士,但是如果从主流来看,日本人能够接受儒家教义的前提是儒家思想与日本民族传统具有很大程度的吻合性,也就是说日本人接受儒家思想的原因就是他们的思维方式本身就是倾向于这样一种趋势的,而儒家则恰好是能够在更系统和更高层次解释和阐述这种知识和情感的理论体系;另一方面,我们着重看大化革新和江户时期这两个日本儒学最兴盛的时代,日本人对于儒家的接受和认可其实都带有很强的功利主义色彩。大化革新是把儒家思想和中华典制当作推动历史变革的工具,而江户幕府对于朱子学的推崇则是希望通过儒家思想维护幕府建立的等级制度。从根本上来讲,儒家思想对于日本属于外来文化,而日本人对于外来文化的接纳态度始终是没有发生变化的,就是这种实用性和功利性。当这种思想对日本的发展不再起到推动作用的时候,他们也会毫不犹豫地抛弃掉这种思想。从一开始的"和魂汉才"到近代的"和魂洋才",其实都带有明显的实用主义目的。也正基于此,日本并不需要,也没必要通过类似中国五四运动那样的方式来同儒家思想决裂。

---

[1] 唐任伍."儒家资本主义"——日本现代企业管理基本模式[J].经济纵横,1996(4):46.

"由于日本人只是借用儒学，而不是把儒学作为其民族文化的精神支撑，所以他们对儒学的取舍非但完全秉着为我所用的原则，就连对儒学的基本范畴的理解也是功利性的。"[1]这种功利性表现为日本人对于儒学的态度，他们只是在学习、模仿对其社会文化进步具有推动作用的思想，甚至表现为尚未完全理解和体会儒家思想的精髓，即开始以自己片面、肤浅的理解指导社会文化的建构以及人的日常生活。近代以来的日本思想家对此体会颇深，他们承认日本在思想发展中缺少哲学的根基，因此无论是对于东方文化还是西方文化的接纳和学习，都是带有这种实用主义色彩的。江户时代以来的日本儒家看起来红极一时，但其理论实际上都是对于中国儒学的简单模仿（朱子学、阳明学），一旦进入其自身的原创层面（古学派），哲学素养低下的根本缺陷即暴露出来。其原因就在于他们没有能力，当然也是没有意愿进入儒家思想的更为深邃的领域，或者通过对于中国儒学的学习和解读，开发出真正具有原创性的日本儒学思想。

（二）日本对儒家思想的选择性接受

日本对儒家文化的吸收并非原封不动一成不变的接受，而是在与本国国情相结合的基础上进行选择性的接受。因此，日本儒学在一些基本理念上与传统中国儒学有着显著区别。最典型的一个差异在于，中国儒学的核心观念是"仁"，在其伦理体系中，仁既是社会秩序的建构基础，又是个体行为方式的价值指引。但是在日本儒学中，"仁"几乎是看不到的。日本儒学所构建的伦理体系中，"忠"居于核心地位，它既是社会生活中的最高美德，又是个体修身律己所追求的完美境界，而且，日本儒学里的"忠"的概念，并非完全照搬中国。中国儒学中的"忠"，经由宋代儒学的改造，已经超越了狭隘的"忠君"的范畴，代表了更为广义的社会关系的集合。而日本儒学对忠的理解则是狭义的，在第二次世界大战结束之前，"忠"就是所有国民都对天皇绝对服从和崇拜，除此之外的社会关系中，则表现为下级对于上级的忠诚。在这些对应关系中，他们只规定了下位者对上位者的义务，上位者对下位者的义

---

[1] 启良.日本"儒教资本主义"说驳议[J].求索，1996（5）：126.

务则是模糊不清的。因此，同中国的"忠"的概念相比，日本的对应概念既粗糙又简陋。孔子所说的"臣事君以忠"在日本被理解为臣子必须绝对服从自己的领主，甚至需要付出自己的生命，这与中国通行的理解，即臣子必须以一种不违反自己良知的真诚去侍奉君主，已经相去甚远了。

综上所述，儒家思想在日本的影响并未达到绝对主导的程度，除儒家思想外，神道和佛教的禅宗思想同样在日本国民性的形成中具有重要影响。日本在学习儒家思想的过程中也并非完全照搬中国的成功模式，具有一定的主观选择性。基于这些原因，日本的儒家思想在日本的近代化道路中并未如其在中国一样形成巨大阻力，甚至与西方文化呈现了一种相对"和谐"的状态，这一方面说明儒家思想在日本的改造是更适应现代社会的要求，但另一方面也显示出儒家思想在日本现代化过程中的影响是有限的或者是间接的，在与日本现代社会以及资本主义生产方式发展的关系上，它也只能做到这种"无害"的程度而已，其真实影响远未达到"儒家资本主义"所标榜的高度。从本质上来说，儒家思想本身不可能催生资本主义生产方式，而且这种对立性会随着资本主义精神的自身发展而越发显著。

三、儒家思想与现代日本管理哲学的融合

尽管现代化进程中的日本并未真正走向"儒家资本主义"的道路，但是儒家思想对日本文化的影响依然是不容忽视的，"正是由于日本以合理的方式吸收和改造了儒家文化，并使之与日本的社会结构及历史文化特点相适应，最终使儒教不仅成了日本人安身立命之道，并最终成为导致日本跻身世界强国，创造经济奇迹的重要因素"[①]。儒家思想对日本管理哲学的影响，可以从以下几个方面进行理解。

（一）儒家思想为日本管理哲学提供了理论构建的素材

日本的早期实业家都受到过良好的儒家文化教育，而此时西方文化在日本的影响更多还是停留在技术层面，所以他们经营企业的基本理念大多来自

---

① 张浩帆. 儒家思想与现代日本企业管理的融合 [J]. 日本研究，2008（3）：95.

传统的儒家思想或者经由儒家思想改造的日本国民文化，儒家思想对于日本管理哲学形成起到了引导和示范的作用。首先，日本管理哲学的先驱涩泽荣一提出"论语与算盘"的理论，是因为他认为要改变轻商贱利和权力本位的风气，必须在日本传统的儒家思想和资本主义精神之间找到一个适当的结合点，这实际上就是儒家的"义利观"问题在管理中的体现。传统观念中经常会把"义"和"利"对立来看，取利就要废义，而涩泽荣一则希望通过儒家思想的教化来提高商人的道德，从而做到"义利合一"。事实上中国北宋的儒学家李觏已经运用儒家学说论证过求利的合理性和利与义的统一性的相关问题，涩泽的这种思路和中国儒家中的功利主义思想是具有异曲同工的效果的。其次，尽管在日本儒学中"仁"被有意忽略，但是这并不意味着这一理念是毫无影响力的。日本管理哲学中的人本思想，其实也是以儒家仁学观念作为思想渊源。在儒家学说中，仁是层次复杂含义广泛的概念范畴，但普遍认为其核心为忠恕爱人，即"仁者爱人"。日本企业管理倡导的"人本主义"管理，其实就是仁的理念通过伦理教化的方式在企业当中的体现，由此引申出的人是企业的中心、重视人才培养的价值等一系列管理理念，其实都是这种本质思想的外化。最后，日本管理中倡导人际关系协调，强调企业内部的和谐以及共同进取的精神，这是对儒家"和为贵"思想的吸收和贯彻。孔子在《论语》中即提到"礼之用，和为贵"的说法，而在儒家思想源远流长的发展历程中，追求以人际关系和谐为基础的社会和谐一直是其致力的目标，这一理念在日本管理哲学中的出现，同样也体现出儒家思想作为思想渊源对日本管理的直接影响。

（二）儒家思想规范了日本管理哲学的伦理标准

江户时代中国儒家的两大流派——理学和心学先后传入日本，但是在社会影响上却大相径庭，这实际上是以德川幕府为主导的日本社会制度构建者价值选择的结果。朱子学之所以能够成为日本的官学，主要原因是它的伦理思想迎合了逐渐趋向中央集权化的德川幕府为了维护自身统治而强化礼仪法度的政治主张。而这一过程中，以理学为基础的儒家伦理思想成为构建日本封建社会的伦理标准规范的基本依据。近代日本企业的兴起，虽然在技术上模仿西方，但是在道德规范上仍然奉儒家伦理为基本准则。这些准则包括对企业的忠诚、对合作者的信用等，虽然也可以从直接来源上归为武士道精神或者町人伦理的影响，但是从原创性上来说，这些伦理价值都是来自儒家思想，这也充分体现出儒家思想在日本管理哲学的伦理规范形成中的根本性影响。

（三）儒家思想为日本管理实践提供了行动指引

在日本主要儒家流派中，阳明学的思想观念更符合日本实用主义的价值观，因此在明治维新以后其直接作用更为明显。阳明学秉承王阳明"心外无物"的主观唯心主义思维，倡导的主要概念范畴，如"心""意""良知"等，从本质上都是从人的本性出发，号召人去追求内心的伦理标准，发自内心去服从道德规范而不是借助外在的伦理教条，尤其是"知行合一"的理念，对日本管理哲学的影响尤为重要。

日本阳明学在继承"知行合一"这一理念时，重点强化了对于"行"的重要性的体认。阳明学后期的主要人物，比如大盐平八郎、吉田松阴、高杉晋作等人，都有很强的实践意识，也都希望通过勇敢而无畏牺牲的方式践行自己的理想，推动社会进步。在这一点上，阳明学在日本的影响甚至超过了其在中国的影响。儒家思想所推动形成的这些优良品质在现代管理形成过程中，也引领着日本企业革故鼎新，以积极的态度去学习西方的先进知识，构建现代日本的企业管理制度。在明治维新之后，"知行合一"的理念渗透到了日本的企业管理中，经营者亦抱有以改造社会为宗旨的企业经营信条。一方面通过企业的经营提升国力，争取富强；另一方面，也以教育家的姿态出现于国民文化之中，将企业管理的思想理念向社会传播，从而影响更多的人投身于产业报国的实践当中。从这个意义上说，儒家思想对于日本管理实践模式的形成也具有很强的推动作用。

第二节　西方文明对日本管理哲学的影响

不可否认，日本是东方世界迄今为止能够将西方文明的吸收和本国文化的传承结合得较为理想的国家，"在非西方国家中，唯有日本能够非常迅速地吸收它所需要的西方文化，以把自己变革为一个现代化的工业国。日本的成功并不能归因于人们所想象的日本人所具有的某种神秘的模仿能力，而要归因于为日后发展奠定了基础的前现代时期中的某些因素"[1]。这种观点被很多人看作是近百年来日本国势强盛的基本原因。日本对于西方的学习分为三个阶段：第一阶段是江户时代中晚期西方思想在日本的缓慢渗透，形成具有代表性的"兰学"思想；第二阶段是明治维新之后，日本开始对西方文明进行全方位的学习，也形成了"脱亚入欧"这种系统地论证完成西化的理论；第三阶段是在第二次世界大战结束之后，以美国占领当局的外部力量作为主要推动，进行更为彻底的西方化改造，由此也彻底奠定了日本"地处亚洲的西方国家"这一国际地位。对应这三个特定阶段，日本管理哲学通过对于西方先进思想的吸收和理解，也在不断地进行发展和改造。因此，日本与西方文明的结合同其他亚洲国家差别何在，并且是如何在接受西方文化的同时不对自身文化形成颠覆性破坏，这是我们理解日本管理哲学的一个重要出发点。

一、西方文明在日本的早期传播与影响

同大多数东方国家一样，西方文明最早和日本产生关系的是两样东西——铁炮和天主教。1543年8月25日，三名葡萄牙人因暴风雨漂流到日本南部的种子岛，其携带的铁炮为岛上日本人所接触。5年后（1548年）耶稣会传教士沙忽略经印度到达日本鹿儿岛，开始传教活动，正式揭开西方文化传入日本的序幕。此后，在幕府将军足利义辉和织田信长等人的支持下，天主

---

[1] 贝拉.德川宗教：现代日本的文化渊源[M].王晓山，等译.北京：生活·读书·新知三联书店，1998：3.

教在日本迅速传播。1570年，大名大村纯正将其领地内的长崎献给教会作为传教之地和葡萄牙的贸易开放港，此后这里逐渐成为西方文化传入日本的主要渠道。作为海上的霸主，西班牙和葡萄牙成为室町时代和战国时代对日贸易的主导，这一阶段经由天主教传教士引入日本的西方科技、文化知识被日本人称作"南蛮文化"。但是天主教的迅速发展让之后的统治者感到了危机，丰臣秀吉和德川家康先后发布了禁教的命令，至江户幕府第三代将军德川家光当政时期，锁国政策基本成型，西班牙和葡萄牙船只被禁止来日。所谓的"宽永锁国"，是当时日本国内外多方因素形成的结果，其目的当然不仅仅是针对天主教和西方国家，像明末大儒朱舜水避难日本之时，就因锁国政策而被困于舟中多时，经多方斡旋方能登岸。但事实是在对日贸易上，新兴的荷兰成为最后的胜利者，荷兰人被准许在长崎出岛活动，虽限制很多，但保留了文化传播的窗口。"由于此时日本人只准许与荷兰商人进行贸易活动，所传入的欧洲近代科学又都是以荷兰语作为媒介，故把这一时期传入日本的西方文化称之为兰学。"[①] 兰学并非概指荷兰文化，所有通过荷兰人传入的西方文化都可以归结为兰学的内容，因此兰学的构成非常复杂，包括医学、天文学、物理学、化学等都是兰学的内容，但最为重要的是，这些学科中所内含的科学主义和反对封建专制的民权主义才是兰学对日本的真正贡献。

除了兰学本身的因素外，日本人对于西方文化的求知欲望也是这一阶段西方文化能够迅速在日本发展的重要原因，"工业化在日本，较在远东其他各地区发展得都要早，进步的速度也都要快。原因之一，就是日本在开始与西方交通之时，对西方的知识，尤其是科技方面的便已经相当地先进。这是很值得注意的，因为正在欧洲由于伟大的科学成就而间接地推动了工业化发展的前夕，德川幕府在17世纪的初期，却将曾经一度与西方自由交通的日本，除了保持与荷兰人在长崎有限度的通商外，和欧洲的来往整个切断。但是由于日本人好奇的性格，不但没有因为孤立而窒息，倒反而更使之增强。一种对外国知识的强烈欲望，驱使了在德川时期中逐渐增多的人民尝试着学习荷

[①] 汤重南. 日本文化与现代化 [M]. 沈阳：辽海出版社，1999：28.

兰文"①。

与儒学相比，兰学被看作"实用之学"，所以早期借由荷兰语所引入的都是自然科学知识，但是在医学以及天文学等方面通过实证而得出的科学结论，成为日本的有识之士认识世界的方法亦在改变日本人的认识观和价值观。早在1709年，儒学家新井白石作为负责外交事务的政府官员与意大利传教士西斯蒂进行了谈话性质的讯问，结合谈话的记录以及之前掌握的西方知识，新井白石写成了《西洋纪闻》《采览异言》《西洋图说》等著作。在这些著作中，他提出了对待西洋文化的全新看法，认为应该把西洋文化和天主教分开来看，"西方人重视具有形象和资料的东西，重视从实际调查和生产制造中得来的科学技术文化知识，是一种比中国式的儒学和日本传统文化知识更为先进优越的知识"②。此后，奉将军所命，青木昆阳、野吕元丈等人开始直接学习荷兰语，并从事翻译工作。但兰学的真正产生标志是杉田玄白等人在1774年翻译出版的《解体新书》，从这部医学著作开始，日本学者不再是简单地翻译和介绍西方文化，而是直接通过荷兰书籍来研究、移植西洋学术，具备了学术意义上的主动性。此后兰学开始大兴于日本，呈现各学科百花齐放的态势，司马江汉的平等主义观点和渡边华山的重商主义主张都反映了在资本主义萌芽时期的思想精神，也有大量学者从儒学者转变为兰学家。荷兰语翻译、荷兰商馆的馆员以及由儒学转为兰学的兰学者是这一阶段兰学传播的主要推动者，尽管作为新教国家的荷兰在对日关系上只进行贸易而不传教，但是这些新思想当中所蕴含的反对封建文化和等级制的精神，还是对幕府的统治产生了影响。基于维护自身的统治的需要，德川幕府对兰学进行了镇压，代表性的事件是1828年的"西博尔德事件"，此后兰学在重重阻力下势头逐渐衰微，这一轮次的西方文化传播暂时告一段落。

尽管兰学在日本没有形成持续的影响，但是其给日本思想领域带来的突

---

① 史密斯.百年前日本政治变迁与工业发展［M］.贺允宜，译.台北："国立"编译馆，1982：2.

② 王守华，卞崇道.东方著名哲学家评传：日本卷［M］.济南：山东人民出版社，2000：125.

破还是非常巨大的。与中国的洋务运动相比，日本在西方文明的初始传入阶段就表现出不同的接受态势。从"南蛮文化"到兰学，日本从早期的"铁炮迷恋"中迅速摆脱出来，并进而形成科学主义精神，体现出日本的西方化并非停留于器物层面，而是更加深层次地植根于文化之中。另外，兰学也不能单纯看作是反儒学传统的做法，"兰学是从异国趣味的时代潮流中，在统治者的保护和奖励下发展起来的。兰学创始人都有高深的儒学修养，一般都是有了丰富的儒学系统科学知识和技术之后才学习兰学的"[1]。所以，初期的兰学是作为儒学的补充而出现的，其发展过程是从科学知识的引入再到思想文化领域，这种渐进性的方式和日本人对西方文化的态度是对应的，结果是兰学的兴盛并没有破坏儒学在日本形成的文化模式，这一点和日本历史上取长补短、兼容并蓄地吸收外来文化的传统有密切的关系。

二、明治维新前后西方文明在日本的传播与影响

明治维新是近200年间对日本影响最大的事件，同时也是认识近现代日本文化的一面镜子。在这个风云激变的年代，各方思想不断地进行摩擦和碰撞，方形成日本近代思想体系的基本格局，真正意义上的日本管理哲学也正孕育于这一时期。不同于西方的资产阶级革命，日本的近代化是西方文明与日本传统文化相互融合的产物，"构成明治精神骨架的一个总体特征，这一特征主要表现为以下三点：一是国家精神；二是进取精神；三是武士精神，这三点就是明治精神的共性"[2]。这些固有的传统文化精神同西方文明所承载的理性精神相结合，推动了资本主义精神在日本的建立和发展。

明治维新可以分作"倒幕"和"新政"两个阶段。前期倒幕运动的思想基础最早来自水户学派的尊王攘夷论，而水户学明显地受到了旅日学者朱舜水的影响，所以最早倒幕者在群体上来自下级武士，而在思想上则依然是儒家思想为主导。但是1853年的黑船事件改变了日本的政治走向，以吉田松阴

---

[1] 郑彭年.日本西方文化摄取史[M].杭州：杭州大学出版社，1996：134.
[2] 松本三之介.国权与民权的变奏——日本明治精神结构[M].李冬君，译.上海：东方出版社，2004：11.

为代表的倒幕志士提出了不同于水户学"锁国攘夷"的"倒幕开国"主张，倒幕思想由此而大变，而最终领导明治维新的主要代表人物，如久坂玄瑞、高杉晋作、木户孝允、伊藤博文、山县有朋等人都出自吉田松阴门下，倒幕开国成为明治维新前期的思想主导。在倒幕成功明治政权开始执政之后，也存在着两种路径的斗争问题，1877年的西南战争结束之后，革新派获得最终胜利，政府的统治基础逐渐转化为现代资产阶级，日本也明确了以富国强兵、殖产兴业、文明开化三大政策为基础的资本主义现代化路径。在这个关系的调整当中，我们可以明确地看到两条线索：其一，是明治维新后的日本需要西方文明思想的推动来进行国家的现代化建设，而非西方思想造就了明治维新；其二，儒家思想并未如在中国那样成为革新的主要阻碍，日本情况似乎让人看到，"一般地来说阻碍近代化过程的儒家政治思想，在特殊的历史环境中并非必定与近代化的进程毫不相容"[①]。这两条线索注定了明治维新之后日本将迎来西方资本主义思想与文明的爆发，但儒家也并未因此退出思想舞台，也因此就有了前面所谓"儒家资本主义"的说法。

明治维新前后对西方文化的吸收，已经具备了典型的思想启蒙的特征。这一时期的代表性学者，如西周、加藤弘之、福泽谕吉、中江兆民等人，在传播近代西方思想的同时，也推动了明治时期日本文化的繁盛和哲学思维的转型。西周（1829—1897）是日本传播西方思想的先驱，其早年思想从朱子学转向徂徕学，中年之后受幕府派遣赴荷兰留学，开始接受西方思想，明治维新之后在新政府中担任诸多要职，并将西方哲学思想系统地介绍到日本。在留荷期间，西周深受孔德和密尔的实证主义哲学影响，并以此为基础改造了朱子学中"理"的概念，使其从空理转为实理。而其对西方思想的介绍，并不局限在哲学层面，包括政治、经济、法学、语言等领域他都起到了开拓者的作用。加藤弘之（1836—1916）早年亦曾接受儒家系统学习，其西学思想主要集中在政治学领域，思想经历了从早期民权主义到后期进化论思想的转向。加藤的思想创见是把达尔文的进化论应用于国家社会的层面，主张自

---

① 王家骅. 儒家思想与日本文化[M]. 杭州：浙江人民出版社，1990：239.

然界的优胜劣汰可以应用于人类社会的演进当中,"只要为自己的利益幸福,则对于他国而起的侵略战也没有可非难的理由",由此也为日本的军国主义和对外扩张提供了理论的基础。福泽谕吉(1834—1901)被看作是日本近代文化的缔造者之一,其《劝学篇》和《文明论概略》在近代日本影响极大。在《劝学篇》中他提出了独具特色的实学观,"我们应当把不切实际的学问视为次要的东西,而去专心致力于接近一般日用的实学"①。而他提出的这个实学,乃是以欧洲近代文明的物理学知识为基础,这同传统的认知观念是有本质区别的。在政治思想上,福泽谕吉对内倡导保皇论,对外则主张"脱亚论",他认为亚洲文明已经落后于世界,日本要想成为世界强国,就必须要在思想上脱离亚洲,与西洋文明共进退。中江兆民(1847—1901)认为明治维新自上而下的改革并非彻底的资产阶级革命,根深蒂固的封建势力并未彻底受到打击,因此需要进一步的思想启蒙来推动社会民权的发展。作为卢梭思想的信奉者,中江在哲学上趋向唯物主义,在政治思想上则倡导西方式的民权与独立,也因之受到政府的镇压和驱逐,在政治上和实业上都未能取得成功。在其著作《三醉人经纶问答》中,借三个喝酒的醉人之口,描述了近代日本发展的三条道路,包括民主主义、扩张主义和自由主义,在批判当时甚嚣尘上的"脱亚论"基础上,阐述自己自由民权的主张。在他看来,民权之路是社会开化之后的必然选择,"知识一旦充分发挥作用,政治议论一旦活跃起来,争取自由的主旨,立刻成为各项事业的大目标。因为作为学者、艺术家以及农、工、商等从事各项事业的人,都希望不受束缚,充分发挥自己的思想,实现自己的意志"②。这一看法和大革命时期欧洲的民主主义思想是契合的,但在彼时即将走向扩张之路的日本显然缺少现实的应和者。

三、西方文明与日本管理哲学的融合

以上列举明治时代思想领域影响较大的洋学家,虽然观点各不相同,甚至学术立场针锋相对,但在时代影响上还是有较多的共性。首先,他们的活

---

① 福泽谕吉.劝学篇[M].群力,译.北京:商务印书馆,1984:3.
② 中江兆民.三醉人经纶问答[M].腾颖,译.北京:商务印书馆,1990:10.

动主要集中在思想文化领域,并未对明治维新的变革产生实质影响。推动倒幕成功的主要人物是坂本龙马、高杉晋作以及明治三杰等人,而明治政府真正走向资本主义政权道路,则是在木户孝允和大久保利通等人海外视察之后。西周等人既非实力人士,在此风云激变年代也并非有卓著贡献,因此由他们所代表的西学思想并非明治维新的主要推动力;在对于东西方思想的态度上,这些学者在学术上都经历了从儒学到西学的转变过程,但大多数人对儒学并不持完全否定的态度。

福泽的一句话可以代表这一时期,甚至是日本民族一贯以来对于外来文明的态度,"大体上看来,西洋各国有朝向文明方面发展的趋势,而决不可认为目前已经尽善尽美了。假如千百年后,人类的智德已经高度发达,能够达到太平美好的最高境界,再回顾现在西洋各国的情况,将会为其野蛮而叹息的。由此可见,文明的发展是无止境的,不应满足于目前的西洋文明"[①]。由此可见,他们只是承认彼时西洋文明的优越性,但并不认可西方文化一定强于日本或东方,因此在追求西方先进精神成果的同时,并没有放弃日本固有文化全盘西化的打算。欧洲文明在他们看来,是一个赶超的目标,而在这个过程中,他们所看重的是对于文化的学习、模仿和综合性的再创造,在本质上和儒教在日本的传播过程并没有区别;在价值理念的接受上,从以上学者身上我们同样可以看到明显的选择性。这体现为日本对于西方文化采取的是有选择的接受态度,从西方文化传入的初始阶段开始,日本人所关注的就是西方的物质文明以及产生这些文明的直接条件,如科学知识和认知方法,但是对于同时代传入的基督教教义信仰并未表现出足够的兴趣,甚至在多数时间是具有排斥情绪的。这和日本一贯以来的实用主义认知倾向是密切关联的,所以在明治时期的西方文化传播和接受上,科学主义和实证主义受到了广泛的关注和支持,而中江兆民等人所倡导的民权思想,则并未受到足够的关注甚至在思想领域沦为边缘;最后,以上学者都非常注重教化的作用,在学术思想成型之后亦都进行了大规模的思想传播工作,这其中最为成功的学者当

---

① 福泽谕吉.文明论概略[M].北京编译社,译.北京:商务印书馆,1992:12.

属福泽谕吉，其当年所创的庆应义塾（今日的庆应义塾大学），在思想启蒙过程中起到了极为重要的作用。

因此，明治维新前后的西学传播虽然既不彻底也不全面，但是毕竟冲击了以儒学为主导的意识形态，也培植了日本民族的科学精神与政治主体意识。而对儒学批判的有限性也保留了自大化革新以来奠定的道德精神基础，对应日本儒学自身的反省与变化，基本上形成了日本本体文化当中"东西方共存"的状况，这是我们在总结日本管理哲学本质特性的时候必须要考量的问题。作为现代日本管理哲学思想渊源的西方文明，提供给日本管理哲学的只是尊重科学的理性精神和在企业建立过程当中所应该遵循的客观规律。"和魂洋才"中的"洋才"，在经营管理当中的表现更多还是体现在技术和制度层面，就精神层面来说其影响力是远远弱于儒家思想和日本本国的国民文化的。

第三节 日本国民性的形成及其对日本管理哲学的影响

"1615年4月发动的大阪夏季战役以翌月大阪陷落，丰臣秀赖、淀君等自杀而告结束。德川家康成了名副其实的霸主……自此以后直到1867年大政奉还朝廷的约400年间，日本一直是由同一政治体制、同一家族统治着。"[1]德川家族对于权力的垄断形成了这一时代的典型特征，同时相对稳定而牢固的统治也使国民文化得到了沉淀和生成的机会，"德川时代以其安定的特征和与外部世界的相对隔绝而与它前后的时代形成了最为显著的区别"[2]。在贝拉看来，德川时代存在着一种对各个阶级身份伦理起核心作用的中心价值体系，而这种体系又与之后的产业化发展具有高度的适应性。在这几百年间，日本自开国以来形成的国民文化，在东西方文化的熏陶和渲染下，从之前阶段的蒙昧

---

[1] 速水融，宫本又郎.日本经济史1：经济社会的成立[M].厉以平，等译.北京：生活·读书·新知三联书店，1997：88.

[2] 贝拉.德川宗教：现代日本的文化渊源[M].王晓山，等译.上海：生活·读书·新知三联书店，1998：15.

混沌逐渐清晰起来，自上承接自大化革新以来的日本民族的成长和发展，至下则引领着此后日本近代化的路径，甚至是第二次世界大战之后的一飞冲天。对德川时代及其之后日本国民文化的生成和发展的研究，也是寻找日本管理哲学产生的思想渊源的重要脉络。这种人性上的复杂与矛盾，在宗教信仰、精神气质直到生活习惯等方面从宏观到微观的过程中都能有深刻的体现和辨识。

一、武士道精神及其对日本管理哲学的影响

武士道精神是武士阶级共同遵守的行为守则，同时也是日本民族内在精神和价值理念的基本来源，"武士道，如同它象征的樱花一样，是日本土地上固有的花朵"[①]。武士道精神建立在日本封建制当中贵族与武士、武士与武士之间的一种主仆契约关系的前提下，基于武士早期生存环境的艰辛和共赴战场时这种契约关系的进一步加强，武士道得以超越简单的主仆关系而进一步明确和深化，"为拼死战斗而结成的人际关系，不可局限于单纯的利害关系，需要拔高到新的精神境界。这种需要促成了武士道的形成"[②]。

（一）武士道的形成过程及其精神要义

武士道起源于日本历史上的公家与武家之争。所谓公家和武家之分，实际上代表了日本早期国家成立过程中不同的权力阶层。公家最早指代的是天皇或者朝廷，后来扩展成为在朝中具有主导作用的贵族官僚阶层；而武家则指代的是武士系统的家族与人物，这些人最早是在公家的领地之中负责护卫的守备力量，但随着实力的增强逐渐有了和公家一较高下的能力。经历了平安时代末期的源平合战，源氏家族的源赖朝最终获得胜利并建立镰仓幕府，这意味着武家天下的正式建立。随着武士阶层上升为日本社会的支配力量，而其作为一个群体的行为规则和价值体系也越发受到重视，这是武士道精神产生的社会背景。新渡户稻造认为，"武士道在字义上意味着武士在其职业上

---

① 新渡户稻造. 武士道 [M]. 张俊彦，译. 北京：商务印书馆，1993：14.
② 张万新. 日本武士道 [M]. 海口：南方出版社，1998：5.

和日常生活中所必须遵守之道。也就是随着武士阶层的身份而来的义务"[1]。武士阶层的产生虽然较早,但镰仓、室町两个时代还没有"武士道"这一说法,显示了当时武士作为一个阶层的独立性还未完全生成,虽有武士的生活习惯和行为操守,但并未上升为道德层面的共同价值观,尤其是战国时代,武士群体背叛主君、弑主、以下克上等现象层出不穷,显然同武士道中的"忠"有天壤之别。直到江户幕府建立,武士阶层上升为日本政治与社会生活的核心,武士的社会地位得到官方的确认,武士道精神才随之得以建立和推广,成为所有武士阶级共同信守的戒律。

(二) 武士道精神对日本儒道佛三教思想的融合

从思想根源看,佛教、神道和儒家思想是武士道精神主要来源。儒、佛、神三教,是早期日本文化的主要来源,1000多年来三教之间的相互对抗与融合,造就了当代日本的国民文化。除了儒家思想之外,神道思想和佛教思想都表现为特定的宗教信仰。神道是日本的原始宗教,是不受到外在文化影响之下在岛内自然生成的信仰体系,但就其本质来看,神道的原初状态具备了大多数原始宗教的典型特征。"形成日本民族宗教的这些因素,本来并不是日本独有,而是原始农耕社会宗教共同的观念与礼仪。"[2]类似犹太教与印度教的起源,神道教没有明确的创始人,甚至早期的时候也没有明确的名称,因此属于典型的自然宗教而非创唱宗教。而作为多神论的信仰形态,除公认的创世神天照大神之外,天、地、人甚至山神和树木、狐狸等动植物的灵魂都是神道膜拜的对象。关于神道的种类有多种理解,按照村上重良的说法,"作为神道概念所应包括的主要构成因素,可以举出五个领域,就是神社神道、皇室神道、学派神道、教派神道、民间神道"[3]。早期的神道表现的只是流行于日本人中间的对于神祇的信仰以及相关的祭祀活动,多活跃于民间,而且并未形成真正的具有理论性的教义。直到8世纪之后的平安时代,随着佛教的传入和影响的逐渐加强,受其影响的神道才渐渐形成自己的教义并且具备了作

---

[1] 新渡户稻造.武士道[M].张俊彦,译.北京:商务印书馆,1993:14.
[2] 村上重良.国家神道[M].聂长镇,译.北京:商务印书馆,1992:9-10.
[3] 村上重良.国家神道[M].聂长镇,译.北京:商务印书馆,1992:15.

为一种信仰模式的充分条件。日本传统社会中，每个村落都有自己信仰的神，村落本身作为集团的权力是不可逾越的。而在社会一体化过程中，作为岛国的日本逐渐形成了以天皇为核心的共同体，也是所有国民共同所属的集团。经过与儒家思想和佛教思想的结合，神道得到了充分的补充和完善，其在日本文化的形成和发展中，影响是更为牢固和深远的。比如在对日本管理哲学有着深远影响的集团主义精神的生成过程中，儒家思想的作用其实并没有神道显著。

佛教在公元5世纪传入日本，随即在日本国内迅速传播。"虽然它在各个时代有不同的盛衰变化，从而对国家的利害也不尽一致，然而它对国家进步具有伟大的力量，是无可争议的。"[①]单纯从对于历史发展的作用看，佛教也是在日本唯一能与儒家相抗衡的思想因素。从飞鸟时代直到当代，佛教在每个时期亦都有特定的表现形态与主导流派，包括儒家在内的多种思想形态都曾经借助佛教的载体来进行传播；除了精神领域的影响，佛教组织在各个时代还拥有极强的世俗力量，在日本的各个历史变革阶段也分别发挥积极或消极的作用。直到明治政府颁布"神佛分离令"，以神道教作为日本国教，佛教在日本世俗生活中的作用才稍稍转弱。佛教虽然来源于日本之外，但在进入日本之后很快地就和日本文化结合，从对日本国民的影响方式来看，与土生土长的神道并无本质区别。从影响上看，固然佛教在各个时期的影响更大，但在日本的内在精神里，神道的地位却高于佛教，"就表面上看，日本最盛的宗教是佛教，其实日本治者阶级的宗教，却是神教"[②]。两者的融合过程，看似佛教占据了上风，但其实神道里所体现的日本文化的本质性东西并没有被否定，相反是得到了加强。

作为封闭的岛国，日本固有的文化思想无论同东方文化还是同西方文化比起来，都是幼稚而肤浅的，但是通过对于外来文化的吸收和改造，日本人的精神世界也逐渐丰富起来。而作为信仰层面的佛教与神道，也逐渐深入世俗生活当中，影响了江户时代的主要阶层群体，并且在这些广泛而基础的群

---

① 村上专精.日本佛教史纲[M].杨增文译.北京：商务印书馆，1992：3.
② 戴季陶.日本论[M].北京：九州出版社，2005：11.

体中，为现代企业家及其精神的产生提供了思想来源。作为日本本土宗教，神道的缺陷是显而易见的。因此，尽管历经时代的变迁日本人对神道的崇信并未发生变化，但是其精神影响却受到了佛教的深刻挑战。

  佛家思想，尤其是禅宗在日本的发展，是武士道精神得以形成的最终动力。"佛教给予武士道以平静地听凭命运的意识，对不可避免的事情恬静地服从，面临危险和灾祸像禁欲主义者那样沉着，卑生而亲死的心境。"① 从平安时代武士初步产生开始，日本就一直处在战乱不断的状态当中，而作为战争主要载体的武士阶层，尤其是下级的武士群体，既是战争的发动者，也是战争最直接的受害者。在持续不断的战乱中，每个人都无法保证自己的生存，而生者活着的目的性也无法得到明确，所以武士大多充满了对于末世的恐惧和生存的困惑，佛教的出现给了他们获得解脱的途径和自我修炼的方式。在这种动荡的社会环境之下，佛教给予武士内心的平静，这种方式是非常简单而又易于修炼的，就是禅宗的冥想，静坐参禅，而通过这种修炼，武士可以做到对于一切外在灾异平静地接受，尤其是生死无常之事；神道带给武士的则是另外一种精神寄托，"对主君的忠诚、对祖先的尊敬以及对父母的孝行，是其他任何宗教所没有教导过的东西，靠这些对武士的傲慢性格赋予了服从性"②。作为一种系统化的精神信仰来说，神道虽然与其他思想相比略显简陋，但是对日本民族本身就简单直接的性格来说却是最为适合的信仰形态。因此，神道的教义中所包含的日本国民情感中最核心的两个特点——爱国心和忠义，也是武士道精神的基本构成；如果说早期的武士道只是所谓战争道德的话，江户之后武士道精神同儒家伦理思想的结合真正形成了体系化的思维模式，也只有在这种结合之后武士道精神才真正地形成系统的教义，并且突破武士阶层本身的群体限制，成为日本人所共同遵守的道德律例。孔孟的教诲被看作是武士道思想的最丰富来源，在这个基础上，儒家思想的五伦五常（父子之亲、君臣之义、夫妇之别、兄弟之序、朋友之信）的人伦关系、忠、孝、诚、信等行为守则都为日本所接受和吸收，而对于武士来说，儒家思想既是

---

① 新渡户稻造.武士道[M].张俊彦，译.北京：商务印书馆，1993：18.
② 新渡户稻造.武士道[M].张俊彦，译.北京：商务印书馆，1993：18.

他们作为一个职业的职业道德，又是他们在日常生活当中的行为守则。

综合以上论述，武士道精神是日本进入江户时代稳定的封建集权国家治理方式确立之后，统治阶级对存在于日本文化中的各种思想进行融合的产物，在内涵上兼具儒道佛三教特质，是日本国民精神的核心构成。

（三）武士道精神对日本管理哲学的影响

武士道精神在明治维新之后达到了巅峰，由于下级武士在倒幕运动中起到了主导性的作用，同时也是明治维新之后日本走向现代化的核心，所以武士道精神也突破了阶层限制，成为所有国民的共同精神追求。因此，虽然明治维新之后作为单一社会阶层的武士已经消失，但是武士道精神却已经融入日本国民文化的灵魂当中。

武士道的精神的基本内容，如义、勇、仁、礼、诚、名誉、忠义、克己等，在新渡户稻造看来并不存在相互之间的内在逻辑性，在行为层面应该是平面化展开的，武士可以同时修炼亦同时具备这些优秀的特征，达到精神层面的升华。在江户时代，武士既是社会的统治阶级，又是整个日本社会所效仿的典范和楷模，如果不算成为武士要进行的艰辛的身体意志训练的话，在精神上和行为上向武士的高尚与崇高靠拢成为平民的追求；而在明治维新之后的日本，则把武士道精神直接作为国民精神的典范加以推广，导致武士道精神一度成为日本国民的全民信仰。作为普通民众，武士的精神境界是他们向往追求的理想生活模式，他们希望在自己的能力范围内，通过与武士类似的刻苦磨炼，达到自己人生的巅峰。因此，虽然武士作为一个社会阶级已经走进历史，但是武士道精神与日本的国民性已经融合成一体。这种精神虽然一度为军国主义所利用，成为日本对外扩张侵略的思想武器，但这并不代表对武士道精神的全盘否定。在现代商业文明主导的社会生活中，武士道精神中的伦理规范直接作用于各个阶层，在管理哲学中，武士的"忠义"精神一方面使企业的社会使命得到升华，从而推动了"家国一体"的理念体系的形成；另一方面则将企业的伦理规范提升到了社会道德的层面，催生了自律精神的形成。因此，武士道精神也是现代日本管理哲学的直接渊源，同时提升了企业文化的精神境界。

二、町人伦理及其对日本管理哲学的影响

町人是日本古代对商人和手工业者的统称。在日本语里，"町"（まち）这一词语最早是指京都内部的区域划分单位，后来逐渐演化为街道、城镇的统称。从镰仓时代开始，商人开始在街道上的町屋里进行买卖，成为所谓的"坐商"。基于活动场所的原因，他们开始被称为町人。这个时候"町人"的范畴除了商人之外，还包括在市町内生活的、工作方式比较近似的城市手工业者（职人）。江户幕府建立之后，随着商品经济的日渐发达，商人也越来越多地聚集到江户、大阪等城市当中，成为城市里除了武士之外数量最多、影响最大的社会阶层。在此之后，"町人"这一词汇也开始直接指代商人群体。町人在长期的共同生活以及国家的统一管理之下逐渐形成了具有自身特色的价值观和思维方式，统称为"町人伦理"。尤其是在日本资本主义近代化发端过程中，町人阶级及其伦理价值和精神指向，发挥了孕育和营造近代资本主义因素、瓦解和毁灭幕藩封建统治的主体作用。町人作为日本近代企业家群体的最直接来源，其伦理价值也构成了日本管理哲学最为直接的思想渊源。

（一）町人和町人伦理的形成过程

虽然町人的说法在平安时代就已出现，但是真正意义上的町人阶层以及町人伦理的形成，还是在江户时代。在江户时代的日本城市里，町人是武士之外最普遍的一个群体。虽然社会地位和政治权力远逊武士，但是由于町人拥有的巨大财力，使他们的影响力日益加强，甚至连地方的大名在经济上都要依靠町人的扶持，因此有"大阪商人一怒，天下诸侯惊惧"的说法。町人能够在这个时代崛起，除了商品经济发展的客观环境之外，还受到从安土桃山时代到江户幕府建立之初的几代统治者——织田信长、丰臣秀吉和德川家康的治国策略的影响。为了维护社会的稳定，这些统治者在基本完成国家统一之后，都将大批武士从农村集中到城町，不再从事农业生产活动。这种"幕藩体制"是坚定而又牢固的屏障，使其家族在日本的统治绵延数百年，但是对作为统治阶层的武士来说，这种体制与其说是对其社会地位的肯定，倒不

如说是一种变相的限制。德川家康上台之后，把"兵农分离"这种政策扩展到"商农分离"，除了武士之外，大量的商人也被从农村迁移到了城市。对武士来说，与土地的分离使他们失去了扩大影响的基础，对统治者的影响降到最低；但是从町人的角度来说，这种迁移却使他们得到了强化实力的机会。本来作为日本社会"士农工商"阶层划分最底层的商人，对统治者而言他们的存在意义仅仅是"为领主的城市建设等提供夫役和技术，经办年贡米和特产物的贩卖，以及购买供领主阶级消费的非自给性物品等"[①]。但是在江户时代"武士不能经商"的国策影响下，武士日趋贫穷，财富越来越多地向町人集中，两者之间的社会地位也发生了微妙的转变。随着商品经济的发展，虽然武士依然是统治阶级，但是在经济上更加依赖于町人，富裕的町人借助经商活动积累了大量的财富，而各地的大名为了保障自己领地的繁荣也给予他们一定的经营特权。经济实力的增加给了町人谋求政治权益的条件，社会地位日趋独立化也给了他们形成自己独立的价值理念的机会。

（二）町人伦理的基本内容

早期对于町人的评价往往都以负面为主，在很多文学作品中，町人都被塑造成贪婪胆小、重利轻义、为达目的不择手段的小人，而对于町人伦理则被统一界定为具有贬义性的"町人根性"："唯有商人，在社会阶级上，既然处于被治的阶级，住的地方，又和统治者阶级接近，所营的生业，又要依赖治者阶级。只在一种极鄙陋暧昧的空气里面，做世袭的守财奴，性格上自然发生出很龌龊的鄙陋习惯来。"[②] 与之相对应，他们对社会的影响也被普遍认为是有害无益的，"所谓町人，乃只吸取诸武士俸禄之无益之徒，实为无用之废渣"[③]。这些充满嘲讽的论断代表着彼时日本社会对于町人这一群体的普遍看法，同时也是町人社会地位的直观体现。

到18世纪初，町人的经济实力已经发展到足以与统治阶级分庭抗礼的程

---

① 刘金才.町人伦理思想研究［M］.北京：北京大学出版社，2001：42.
② 戴季陶.日本论［M］.北京：九州出版社，2005：22.
③ 贝拉.德川宗教：现代日本的文化渊源［M］.王晓山，等译.北京：生活·读书·新知三联书店，1998：195.

度，他们不仅通过经营活动积累了大量的财富，与幕府和大名之间的复杂债务关系也提升了他们的政治地位。"町人阶级被推到了德川社会商品货币经济的主角地位，成为创造日本近世文化的'生力军'"。[①] 通过江户中期的元禄文化和后期的化政文化两个阶段的发展，町人伦理日趋成熟完善，町人文化也不再是下流而为人唾弃的所谓"根性"，其价值理念开始逐渐形成并为社会所接受和认可。具体来说，町人伦理可以概括为以下几个方面的内容：

1. "金钱本位"与"上下共利"的价值观

作为江户时代最具代表性的两个阶级，町人与武士对于名利的态度有着根本差别："武士之子受武士双亲教育，教授武士之道而成为武士，町人之子受町人双亲养育，教授商卖之道而成为町人。武士舍利德而求名，町人舍名而求利德，积蓄金钱，是以谓之道也。"[②] 具体来说，武士重名，可以"为名舍利"；而町人则重利，其伦理是"舍名而求利"。这种差异性来自两者不同的社会地位以及由此而赋予他们的社会责任。町人没有武士维护社会统治的使命，所以武士的伦理标准也并不一定需要他们承担。在町人伦理中虽然也包含了"义"的概念，但是更多体现的是"义即利"的功利思维。町人伦理倡导的"上下共利"的价值观，就是要将町人阶层自身的私利融入以幕府为代表的"公利"当中，代表了町人阶层追求政治上权利的诉求。但是在政治地位极度不平衡的情况下，这种诉求只能通过经济的方式来完成，由此对金钱的追逐成了他们衡量世间万物的标准和最直接的人生目标。金钱是最现实的，既能够带给他们安全与充实的感觉，又能够帮助他们博取俗世的名分，成为后世的楷模。

町人伦理的"金钱本位"表现为町人在生活中的唯金钱至上，为了获得金钱不择手段的行为特质。这种认识在化政时代的革新之后有了新的趋势，比如町人学者山片蟠桃认为金钱除了传统意义的价值之外，同时也兼具道德层面的价值。"若有金银，遂致家富，愚者可变智，不肖亦成贤，恶人也变善。若无金银，智者变愚，贤者亦成不肖之徒，善者也会变成恶人。终于，诸事

---

① 刘金才. 町人伦理思想研究[M]. 北京：北京大学出版社，2001：46.
② 刘金才. 町人伦理思想研究[M]. 北京：北京大学出版社，2001：109-110.

兴废继绝，生灭盛衰，皆以有无金银为凭，上自公侯，下至士农工商，皆以金银为保身命之第一宝物也。"①这种说法一方面将金钱至上的观念扩展到所有社会阶层，使其具有普遍的社会意义；另一方面则将金钱同人的道德水平直接对应，从而抬高了町人的道德伦理水准，总体上看已经初步具备了明治维新之后"义利合一"价值观念的雏形。

2. 享乐主义的消费观

从17世纪后期开始，町人在财富上已经凌驾于武士之上，但是政权仍然掌握在武士阶级手中，庞大的财富并没有带给町人足够的尊重和认可。同时由于产权关系并不明晰，其财产的所有权缺乏足够的保障，经常会出现幕府或者大名的一个命令就使町人倾家荡产的现象。基于这些原因，多数暴富的町人都抱有一种"今朝有酒今朝醉"的思想，在生活上追求奢华和享乐，这种享乐之风在元禄文化阶段愈演愈烈，演化为豪奢纵欲、攀比浪费的奢靡风气。享乐主义的消费伦理在桃山时代町人中形成影响，至元禄时期达到巅峰，也引起了统治者的关注，从而引发了德川家第8代将军德川吉宗在位时进行的"享宝改革"。

"享宝改革"表面看是为了平抑米价，稳定社会秩序，但实际上的目的是限制町人穷奢极欲的消费习惯，重建社会秩序。"享宝改革的基本方针和主要倾向是压抑町人及其商业资本，所以诸如紧缩通货、统制物价、禁止奢侈、取缔风俗、禁止新产品的制造和贩卖以及加强身份制统治和大造贱商思想舆论等，均制约了町人的发展。"②这种带有"重农主义"倾向的改革造成了大量町人的破产，同时也抑制了商品经济的进一步发展，显然是无益于社会的长远发展。但是从另一方面来看，这次改革所倡导的"禁欲主义"生活方式也是对日趋腐化堕落的町人阶级的一种震慑，在一定程度上减少了"享乐主义"带给社会的负面作用。

3. 正直营利与俭约齐家的商人之道

享宝改革之后，以石田梅岩为代表的"石门心学"开始崛起，也使町人

---

① 刘金才. 町人伦理思想研究[M]. 北京：北京大学出版社，2001：222.
② 刘金才. 町人伦理思想研究[M]. 北京：北京大学出版社，2001：156.

伦理上升到了哲学的高度。首先，在经营的正当性问题上，石田梅岩认为营利和道德是可以两全的，商人在完成其社会职责的过程中，应该获取正当的利益，以维系其事业的长久。因此他提出了"正直营利"的观点，即商人在追求获利的过程中，必须要做到"利人利己"，要求町人"珍惜一分一厘钱之心，对货物细心周到，不使用任何瑕疵之货卖与顾客，获取利润应该合乎时宜"。[①]他认为商人通过正直营利，是可以扭转外界于对这一群体的偏见的，从而形成一种良性的社会关系，进而推动其事业的持续发展。其次，石田认为，贪欲既是形成社会对于町人厌恶的主要原因，也是限制其进一步发展的基本阻碍，因此，他倡导"俭约"的价值观念。这里的俭约不仅仅在于能够节制欲望，节省财物，更是町人自我价值升华以及走向正直的必要条件。同时，通过俭约习惯的养成化私为公，以自我欲望的节制来回报国家，从而将个人的获利同国家的发展结合起来，推动社会发展。由此，町人逐利的本性就可以具备充分的社会正当性，从而获得普遍的认可和尊重。

石田梅岩以俭约和正直为基础构建了适合时代发展的"商人之道"，不仅指导了町人的言行，也让町人阶层认识到了自身的存在价值，积极地投身于社会活动之中，成为之后的社会大变革的重要推动力量。虽然据此就把心学和"町人伦理"的作用等同于加尔文教派在西欧资本主义中形成的精神原动力是过于武断的看法，其作用也远远未达到思想启蒙的高度，但是"在未来日本资本主义逐渐滋生、发展时，也不失为有利其发展的条件之一"[②]。

（三）町人伦理对现代日本管理哲学的影响

"商人之道"的形成意味着町人伦理走向成熟，同时也是日本社会从农业文明走向商业文明的显著表现。作为早期日本企业家主要的来源，町人的很多精神属性通过直接或间接的方式传承下来，甚至在当代的一些日本企业家的行为特质上都还能看到町人的影子。与之相对应，作为封建时代商人的经营思维和行为规则的町人伦理，虽然不能直接等同于现代企业家精神，但从

[①] 刘金才.町人伦理思想研究[M].北京：北京大学出版社，2001：172.
[②] 王家骅.儒家思想与日本文化[M].杭州：浙江人民出版社，1990：307.

两者一脉相承的关系看,其借鉴意义是非常深远的,具体来说表现为以下方面:

1. 町人伦理为日本管理哲学的兴起提供了思想基础

町人伦理的确立意味着日本的商人阶层不再是一个个松散的个体,他们有了明确的价值指引,也具备了共同的行为操守。到倒幕运动开始之前,这个群体无论是在经济上还是在政治上,都已经表现得足够强大。如果追溯家族背景的话,很多日本企业都出身于町人:具有代表性的如号称"日本企业之父"的涩泽荣一,其父亲是经商的豪农;日本最大的财阀三井财阀创始人三井高俊,其家族最早是开办当铺和酿酒业的商人,诸如此类,不胜枚举。同时,町人伦理也冲击了武士阶层"以经商为耻"的伦理观念,推动了很多下级武士走上经商的道路,近代企业家的群体来源也因此得到了丰富。由于他们的进一步发展受到幕府的抑制,因此在倒幕运动时他们成为倒幕派在资金上的资助者。而作为回报,明治政府在上台之后对这一群体在经济上和政策上给予了更多的支持。在明治政府推行的"殖产兴业"政策中,政府将自己兴办的大型企业转让给民间企业,除成就了三井、三菱、住友这些大财阀之外,一些依靠自身经营能力获得成功的普通商人,也获得了事业突飞猛进发展的机会,这也是他们从普通商人晋级成为企业家的重要条件。从来源上看,江户末期的町人是日本第一代企业家的最主要来源,而日本的管理哲学又产生于这些企业家的经营活动与管理理念当中,由此可见町人伦理在推动日本近代资本主义生成和扩展的同时,也为日本的管理哲学的产生提供了现实的条件。

2. 町人伦理为日本近代企业伦理的构建提供了蓝本

町人伦理中的"上下共利""正直营利"以及"道德营利两全"等观念,是町人能够接受并适应明治维新的时代浪潮的基本原因,同时也为新一代企业家构建具有日本特色的近代企业伦理提供了很好的借鉴。比如,涩泽荣一所倡导的"道德经济合一"的企业伦理,其依据就是商人的经营活动可以和社会的主流道德观形成一种有效结合,"为人处世时,应该以武士精神为本,但是，如果偏于士魂而没有商才，经济上也就招致自灭"[①]。涩泽荣一思想中作为基础的"士魂商才"理念，其来源正是町人伦理的"商人道"思想。同样地，早期日本企业家都认同"实业报国"的价值理念，其原因可以追溯到町人伦理对于创富观念的调整。从这些近代工商业者的角度看来，经营不仅仅是让自己获利，同时也会对国家产生正面的贡献。因此，从事企业经营既不低贱，也不是毫无社会意义的。

3. 町人伦理的内在精神直接转化为现代管理哲学的内容

从涩泽荣一到稻盛和夫，日本自近代化以来的每一代企业家都以"哲学家"自居，强调经营哲学在企业获得成功中的作用，由此也形成了独具民族和地域特色的日本管理哲学。虽然每位企业家的经营理念都各有不同，但是如果把他们的思想放在一起进行归纳，我们会看到一种一脉相承的传承关系，而町人伦理则可以看作是这种传承的源头。从对日本资本主义近代化的推动作用看，町人伦理在其产生的时代是具有先进性的，因此其影响也会比同时代的其他思想更为深远。这种影响不仅作用于明治维新前后所产生的第一代日本企业，对现代的日本企业经营也有着直接或间接的影响。比如俭约、正直的价值伦理以及"金钱为本""营利至上"的经营理念等，已经成为日本企业管理中的基本教义。生活在今天的日本管理哲学家，在对管理哲学的理论进行阐述时，都可以从町人伦理中吸取合理的内容，从而完善和丰富自己的理论体系。所以，町人虽然已经不再存在，但是町人伦理依然拥有其时代生命力，同时也体现出日本管理哲学拥有深厚的时代底蕴和历史传承。

三、职人气质及其对日本管理哲学的影响

如前所述，虽然町人是由商人和手工业者两个阶层构成，但是"町人伦理"基本上规范的都是町人中的商人群体，因此町人伦理其实可以看作是"商人伦理"。作为町人另一个构成的手工业者阶层，也在江户时期逐渐成熟，并形成了属于这一群体的思想特质，即"职人气质"。

职人（職人）是指自己能够熟练掌握特定的技术，以手工制造为职业的

[①] 涩泽荣一. 论语与算盘［M］. 王中江，译. 北京：中国青年出版社，1996：4-5.

人。从江户时代的行业划分来看，他们属于"士农工商"当中的"工"。由于职人都是拥有特定技术的工匠，因此国内也将职人翻译成为"匠人"。在进行群体分类的时候，由于生产产品的类似，职人会同特定领域的艺术家产生混淆。在对两者进行区分的时候，往往会以他们制作产品的用途作为标准，比如在陶瓷器制作当中，如果其产品是用来生活和使用，就是"工匠"，而这些产品如果是作为艺术作品进行欣赏的，则通常称其为"陶艺家"。

（一）职人的兴起与衰落

同商人一样，职人也是从农民中分化出来的职业。在日本，自古以来就有各种各样的工匠存在，在国家建立并延续的过程中，随着经济的发展，职人遍布于从日常生活到宗教祭祀等各种各样的领域。从平安时代末期（12世纪）到14世纪是职人作为特定阶层发展的初始阶段，基于商品经济的发展，在一些产品需求较高的领域中，从农民中分化出专门从事手工生产的群体，他们拥有制造的技术和工具，通过给贵族和地主提供手工劳动来维持生计。在这个过程中，从最初的木匠、瓦匠这些附属于建造行业的工人拓展到城市当中的基本生活用品的提供者，比如，裁缝、铁匠、陶匠以及制造家具的木匠等，生产方式也从来料加工演化成为直接的产品提供。江户时代之后，一度依附于领主而在城市之外立足的大量职人也被迁移到城市之中，其职业划分更为细致，同时由于其手艺的不可或缺性，职人的社会地位高于商人。

真正对职人产生致命影响的是在产业革命之后，手工作坊的生产方式受到工业化生产的挑战，职人的技术技能不再是不可或缺的，而在生产效率上则远远逊色于机械生产。这一过程中职人的危机在于，"一是产业化替代了传统的手工化，机械化的批量生产方式使匠人纷纷丢失了饭碗；二是全盘西化排挤和吞噬着民族传统文化，使匠人和传统手工艺逐渐失去了传承和生存的环境，面临消亡的危险"[①]。在产业革命之前，职人是生产活动的核心，其技术主要通过门人制度得到传承。师傅以极为严格的标准选拔学徒，而对学徒而言，在获得师傅真正的技能传授之前，要经过几年甚至几十年的刻苦训练，

---

① 赵洋. "日本制造"的文化基因[J]. 中国报道, 2015（4）：83.

因此在家族传承之外，职人的成才率并不是很高。但是随着近年来社会、产业、生活方式的变化，这种学徒制度由于过于严苛也招致了很大的争议，以工匠为目标的年轻人数量锐减，因此职人的传承制度也正面临巨大的变革。基于这些原因，产业革命之后职人的手工业生产开始瓦解，随着工业生产的规模化日益加强，他们得以生存的空间也变得逐渐狭窄，时至今日，典型的职人只存在于传统手工生产活动当中，比如，传统食物、陶器、祭祀道具、刀具、茶具、佛像等。

（二）"职人气质"的内容

在工业革命完成之后，日本政府和民间的有识之士意识到这种改变对职人的影响，也采取了了很多防范和补救措施。这些努力可以保护由职人世代传承的传统手工艺，但是却无法改变职人的生产方式逐渐被取代的趋势。尽管如此，由职人长期的生产生活经验所形成的特定精神，即"职人气质"（"匠人气质"），却一直传承下来，并对日本现代企业生产形成了独特的影响。

关于职人气质，维基百科上的解释是"探索自己手艺的进步，并对此持有自信，不会因为金钱和时间的制约扭曲自己的意志或做出妥协，只做自己能够认可的工作。一旦接手，就算完全弃利益于不顾，也要使出浑身解数完成"①。通俗地说，职人气质是对于技术和工艺的一种永无休止的追寻，通过这种追寻获得职人价值的最大的升华，在这个过程中，职人不为利益所动，不受环境干扰，在周而复始的寂寞工作中（一生只做一件事情）精工细作，一切的努力都是为了达到最高的品质，获得最好的产品。这是对职人最大的褒奖，也是职人生涯尊严的体现，"作为匠人最典型的气质，是对自己的手艺，拥有一种近似于自负的自尊心，并为此不厌其烦、不惜代价，但求做到精益求精，完美再完美"②。

从个人角度来说，"职人气质"并不是先天具备的，它来自后天刻苦的修

---

① 维基百科"職人"，原文为"という言葉がある。これは「自分の技術を探求し、また自信を持ち、金銭や時間の制約などのために自分の意志を曲げたり妥協したりすることを嫌い、納得のいく仕事だけをする傾向」、「いったん引き受けた仕事は利益を度外視してでも技術を尽くして仕上げる傾向」などを指す。"
② 唐辛子. 日本人的"匠人气质"[J]. 农机质量与监督，2014（11）：43.

炼和对于自我思想行为的严格控制。如果没有这种严于律己的精神，即使已经获得了熟练操作的能力，也不能被称作是真正意义上的职人。只有在树立一种对于工作的质朴的热爱情怀，对自己所生产的产品倾注所有心血的前提下，"职人气质"才能够真正地体现出来。

（三）"职人气质"对日本管理哲学的影响

职人气质不但在数以十万计的中小企业群中代代相传，同时也影响着机械生产线上从事生产的工人的思想行为以及这些现代化企业的经营者。所以，尽管职人的生产方式已经衰落了，但是职人精神和职人气质却在当代日本的企业经营中发扬光大。

"职人气质"带给日本管理哲学的影响首先是对于工作的态度。职人将工作视为生命中最重要的部分，将工作本身升华到自我价值实现的高度。职人的生活来源、社会地位、受尊重程度都来自工作，工作的成败也就是他们人生的成败。其实对于企业的员工来说，这种想法也并不为过，或者可以说作为企业的经营者，他们希望通过管理哲学的引导使员工都具有这种忘我奉献的精神。因此，在松下幸之助和稻盛和夫的管理哲学中，都有以工作本身引领人生前途的阐释。其次，职人对于品质的不懈追求，也对日本管理哲学产生了重大的影响。尤其是在生产领域，"日本制造"之所以能在20世纪80年代横扫全球，关键的原因就是对于品质的近乎偏执的追求。在丰田、本田等企业所出品的汽车里，在索尼、松下等企业所生产的电视里，既渗透着几代职人通过技术革新所形成的高品质零部件，同时也蕴含着"职人气质"的质量思维。最后，在作用对象的范围上，武士道和町人伦理的作用一般只针对企业的经营者和管理者，而"职人气质"不再是手工业者独有，其精神特质作用于企业从上到下的每个层级以及企业经营的各个环节当中。

本章小结

本章通过对日本文明社会形成以来的诸多思想体系的梳理与总结，试图从文化发展的角度寻找日本管理哲学的思想渊源。从这一章的阐释过程中我们大致可以总结出这样一条线索：日本作为封闭岛国所形成的以神道为主导的本土文化，在与外来的儒家思想、佛教思想经历了上千年的融合与竞争之后，最终在武士阶层当中与武士的固有思想结合为武士道精神，在商人阶层中与商人的本性结合成为町人伦理，在职人阶层中与手工业者的传统习俗结合成为职人气质。而这三种思想体系在经历了近代以来西方思想的冲击和影响之后，各自发生了转变与进化，促成了日本现代企业及企业经营思想的产生，而日本管理哲学的思想渊源，正是来自这一过程当中。

第二章

现代日本管理哲学的发展历程

从明治维新前后现代企业在日本出现以来,几代日本企业经营者通过自身管理经验与理性思考,为日本走向现代化的企业管理活动提供理论支持和思想创新。同时,对西方管理思想的传承与接纳也促进了日本管理学理论的建立与发展。本章我们将结合这些企业家和管理学家各自所处的时代特征,对日本管理思想发展过程中的各个阶段以及每个阶段的管理哲学的思想特质进行深入的探讨。

第一节 第二次世界大战前的日本管理哲学

日本管理哲学的产生基于江户时代晚期至明治维新这一历史时期特定的社会经济文化背景。在工业文明浪潮的推动下,现代意义的日本企业经由明治政府的推动和孵化开始出现,与之相对应的是,具有现代管理哲学意蕴的管理思想也开始在早期日本企业家的经营理念中体现出来。

一、现代日本管理兴起的背景

以明治维新为界,传统商业、手工业开始向具有现代意义的企业进行过渡,而只有在这些企业管理的活动中,真正意义上的管理思想才有可能发生。因此,要想更直接地认识早期的日本管理哲学,就必须从日本企业产生的基础来进行分析。

（一）明治维新前后日本的经济发展状况

江户时代早期的日本经济是典型的农业主导型经济模式，这和任何的农业文明社会没有丝毫分别。而幕府本着维护自身统治的目的，也坚定地推行重农抑商的治国策略。从人口比例就可以看到这种社会结构的特性，当时的日本农民占到总人口数量的85%，武士占7%左右，而商人与工匠加在一起只占整个人口的6%。在德川幕府所构建的"士农工商"的社会等级结构中，农民在社会地位上仅仅低于作为统治阶级的武士，而商人则居于末位。当然农民的排位顺序体现的只是农业在稳定社会秩序和经济发展中的作用，而并非农民实际社会地位的体现。这种社会结构在江户的前期能够发挥作用，要得益于以下几个因素：战国时代之后的人口减少与社会生产的衰弱，日本农业的家族化生产方式和围绕土地所进行的大规模开垦以及德川幕府采取的闭关锁国策略。但是，这种经济体制在日本并不能够长期维持。首先的一个原因是人口的问题。日本国土规模狭小，耕地规模的扩充有限，无法满足人口增长的需求。江户的和平时代形成了人口激增的局面，根据统计，关原之战——德川家统一日本的最重要战役——爆发之前，日本的人口大致是在1200万，而到了幕府末期人口已经达到了3000万。尽管生产方式得到了很大的改善，通过大规模的开垦也获得了更多耕地，但是在江户晚期日本的大米产量大概只在2500万石的水平，很多时候并不能满足社会的普遍需求，所以农民大多是处在非常贫苦而艰难的生活状态之下的。更有甚者，到江户晚期的时候，很多贫苦人家的婴儿在出生之后即遭到掩埋，此时的日本事实上已经深陷"马尔萨斯陷阱"之中。另一个原因是，商品经济的发展。尽管采取了一系列阻碍商品经济生成的政策，但是商品经济的萌芽还是在城市和农村分别出现了。在农村，生产工具和生产方式的进化提高了农村的生产力，从而在部分农民群体内部形成了剩余农产品，这给农村内部进行商品买卖提供了初始条件，进而随着农民的进一步两极分化，部分富农开始雇用贫苦农民进行种植，并且开设手工作坊进行农产品的进一步加工，在一些经济发达地区，经济类的农产品，如棉花、油菜籽、烟草和茶等开始大面积的种植。在这种情况下，农业主导的社会结构逐渐趋于瓦解。

（二）日本现代企业家群体的来源

明治时期的日本企业家从其身份来源看，一般有两种情况：政府中的辞职者和通过投机而暴富的城市商人。这两种人都有着非常典型的职业特质，前者与政府关系紧密，后者则唯利是图，仅仅分析这些个体的身份背景并不足以深刻领会其管理思想，因此必须要对他们的群体来源进行深入的分析。上一章我们分别对武士和町人（商人）两个阶层的内在思维方式进行了探究，如果单纯从家族传承关系来看，第一代的日本企业家的形成和这两个阶层有着千丝万缕的联系。如涩泽荣一的父亲是经商的豪农，三井财阀创始人三井高俊最早开办当铺和酿酒业，安田财阀的创始人安田善次郎的父亲是富士藩的下级藩士，三菱的岩崎家族和住友财阀的住友家族则都是武士家族出身，他们的创始人岩崎弥太郎和住友小次郎政友的上一代都失去了武士身份，沦为浪人。除了这些主要财阀之外，明治时期的其他主要企业家，如古河市兵卫、浅野一郎、久原庄三郎、川崎正藏、西村胜三等人，从出身来看也都没有离开这两个主要的阶层，但是，简单地认为武士和町人是现代日本企业家的群体来源显然是存在问题的，在这里必须要深入分析这两个阶层在明治维新前后所发生的群体内部的重大变化。

1. 下级武士的贫困化

德川幕府建立之后，武士看起来成为社会的统治阶级，但是真实的情况并非如此。江户时代的武士同前代最大的区别就是他们当中的大多数人的收入从封地收入转变为俸禄收入，这对于武士的生存样态所带来的影响是非常巨大的，"日本武士阶级的收入由源于封地到源于俸禄的变化，极大地削弱了这个作为统治阶级的阶级存在的根基，武士阶级从此割舍了他们与社会基层的血肉关系，迈出了自我消亡的第一步"[①]。从统治者角度看，武士离开农村当然更加便于控制，但作为武士自身来说，一方面他们失去了与基层的联系和支持，另一方面俸禄制也使他们更加依赖于自己的主君。而在经济状态不好

---

① 李文. 武士阶级与日本的近代化 [M]. 石家庄：河北人民出版社，2003：47-48.

的情况下，下级武士的俸禄不足以维系自己家庭的需求，其生活开始趋于贫困化。经济上的贫困让他们逐渐游离于统治阶层之外，其中一部分成为小生产者，另一部分则成为城市自由职业者或者无业的浪人。生存境遇的转变也使下级武士成为明治维新前后最为活跃的社会力量，倒幕的主要发起人和参与者大多出自这个阶层。从商业角度来看，虽然武士阶层在数量上并不是早期企业家的最主要来源，但学术界普遍认为这一阶层在日本的产业化形成过程中起到了非常大的作用。

2. 上层町人社会地位的上升

幕藩体制给了町人更好的发展机会，到江户中期之后，町人阶层也发生了重大的变化，其中富裕的町人拥有大量的现金和房产，并且依靠放贷和店面出租轻易地增加自己的财富，武士阶层，甚至是大名，在其经济上出现问题的时候都会和他们借贷，这样通过这种借贷关系这一群体获得了提升自己社会地位的机会，成为所谓的豪商；而作为底层的町人则日趋没落，在经济上失去自主性之后，其社会地位彻底沦为与一般的城市贫民无异。至江户末期，上层町人的经济实力以及因此所拥有的经济地位已经远远超出幕府统治者所允许其拥有的限度，所以在"享保改革"中町人的发展就受到了抑制。从表面看，这是为了保障武士阶级在社会统治中的优越地位，避免町人因经济坐大而在政治上有所僭越，实质上这是作为统治者的幕府为维护封建统治的基础而对逐渐兴起的商品经济的一种回击。而从这个结果来看，町人的进一步发展必然会同幕府的统治发生矛盾。因此，上层町人与统治者之间的关系在德川时代实际上是非常复杂而又充满矛盾性的。也因为自身进一步发展受到幕府的抑制，因此在倒幕运动时众多的豪商也成为倒幕派在资金上的资助者。而作为回报，则是我们下面要说的明治政府在上台之后对他们在经济上和政策上的扶持。

武士和商人是明治维新前后日本社会的主要构成阶级，基于上述情况的改变，这两个阶级开始出现相互融合的趋势，两者在对社会变革的期望以及对现代管理体制的认同上具有相似的态度，其代表人物在明治维新之后纷纷投身实业，也就构成了第一代日本企业家的社会来源。

（三）明治政府的"殖产兴业"政策

在日本的现代化进程中，明治政府的政策导向起到了至关重要的作用，"新政府的这两种特色——权力的集中化以及不顾一切的实用主义，足够以解释日本快速工业化"[①]。1871年，由右大臣岩仓具视带队的大型使节团出访欧美，包括木户孝允、大久保利通以及伊藤博文在内的明治政权的实际执掌者都在这个团队当中，这在国内政局尚未完全稳定的情况下是非常难得的做法。经过两年的考察，使节团对于西方文明的优越性有了充分认识，明治维新的基本国策也在这个过程中逐渐酝酿。1873年使节团归国之后，正式确立了仿照西方发展模式构建日本发展战略的思路，这一思路包括三大战略：富国强兵、殖产兴业和文明开化。其中殖产兴业作为日本近代化过程中围绕产业发展所确立的基本国策，对于现代企业文明的建立起到了引导性的作用。

1874年，大久保利通正式向政府提出《关于殖产兴业建议书》，其中有这样的内容："大凡国之强弱系于人民之贫富，而人民之贫富系于物产之多寡，物产之多寡，虽依赖于人民致力工业与否，但寻其根源，又无不依赖政府官员诱导奖励之力。"[②] 这个表述体现殖产兴业政策的基本特色，即以西方资本主义体制为蓝本，运用政策调节、资金支持等手段，通过国家政权的力量来推动工业企业的发展，从而为本国先天不足的资本主义提供发展的机会和动力。殖产兴业以1880年"官业下放令"为界，大致分为两个阶段，前期主要是以政府为主导创立现代化国营工业企业，后期则通过资产转移的方式将官营企业转向民间，着力扶植和保护具有特权的私人企业，逐渐形成至今依然拥有巨大影响的几大日本财阀。大久保执掌的内务省、伊藤博文执掌的工部省以及大隈重信执掌的大藏省都是推行殖产兴业政策的主要机构，改革的内容涵盖了工业、农业、采矿业、商业、运输业、教育业等多个方面，随着政策推广的逐渐深入，工业革命的浪潮席卷整个日本，至甲午战争爆发前，日本已经初步实现了资本主义的工业化。一个数字可以证明这种转变的

---

① 史密斯.百年前日本政治变迁与工业发展[M].贺允宜译.台北："国立"编译馆，1982：20.

② 转引自王铭."殖产兴业"与日本资本主义的发展[J].辽宁大学学报，1997（6）：85.

规模——从1834年到1867年33年中，日本只有手工业工场180家，到1892年日本的股份制公司已经达到了2392家，拥有10名以上工人的工厂更是超过了3000家。但是我们还需要看到的是，这些民间企业在工业化进程中的生命力并不足够强大，其原因并不仅仅在于资本的短缺。明治维新前后江户及大阪的商人之所以能够致富，很大程度上是利用政府法规条例操纵商业。他们认为获利的主要途径并不在于生产，而是来自政治上的影响。因此他们多数都将自己的生产性组织托付给规模较小的乡村商人代为经营，而集中精力于利润更高的贸易性工作。这种特质显然不足以应对工业化的发展，因此，在明治维新之后，曾经的巨商如大野和岛田都相继破产，三井也处在极为困难的境地。正是因为私人资本准备之贫乏，政府才在日本工业化的初期起到了重要的作用。只有靠政府抽税及贷款的权力，才能使铁路、造船厂及工厂建设所需的大量资本筹集成功。对于日本政府兴建企业并在其成熟后转让给民间资本的模式的评论呈现两极分化的趋势，但不得不承认的是，日本政府此举并非有意偏袒或扶植财阀，在当时的条件下，也有不得已为之的原因。

更为深远的影响在于，通过这一政策的执行和推广，日本摸索出了一条后进国家走向现代化的可行路径，"殖产兴业和富国强兵，在日本现代化进程中不仅是两个彼此相关的名词，而且是运用国家权力缩短现代化进程的象征，具有实质性意义"。时至今日，日本在产业发展中依然保持着国家主导的模式。另外，通过殖产兴业政策的引导，日本在历史上真正地产生了企业家这样一个群体。所谓的"官业下放"并非毫无原则的国退民进，在大久保看来，政府扶植民间资本并非仅仅是发展经济的需要，更重要的原因是要开化民智。"我国（日本）人之气性薄弱……诱导督促其薄弱者，使之勤勉坚韧致力于工业，乃庙堂执政之担当必尽之义务。"因此，对于国家兴建产业的转移，除青睐于民间大财阀之外，更为看重的是经营者的个人素质和理念，在这个阶段明治维新的人才培养战略开始发挥功效，为民营企业提供了大批善于开拓的人才。所以，殖产兴业后期的国有企业经营转移，除成就了三井、三菱、住友这些大财阀之外，一些依靠自身经营能力获得成功的普通商人，也获得了事业突飞猛进发展的机会，这也是他们从普通商人晋级成为企业家的重要条件。

二、明治时期日本企业家的管理哲学

第二次世界大战前的日本管理哲学，主要体现于活跃在殖产兴业第一线的近代企业家的思想之中。这里选取具有代表性的两个人物进行介绍。

（一）涩泽荣一的管理哲学

涩泽荣一（渋沢栄一，1840—1931）如果仅就其创造的产业规模来看，并非日本企业家的最大成就者，但基于他在日本管理思想形成过程中的卓越贡献，涩泽被称作"日本资本主义的最高指导者"，其著作《论语与算盘》更被认为是研究日本管理的入门读物。涩泽出身于武藏国榛泽郡血洗岛村（今埼玉县深谷市）的一个豪农家庭，早年自修汉学与剑道，青年时代曾在欧洲游历，归国后先后在幕府与明治政府工作。1868年，涩泽荣一创立日本第一家银行和贸易公司。1869年，到大藏省任职，积极参与货币和税收改革。1873年，由于政见不合退出政坛开始创业活动，一生参与创立的企业超过100家，他的资本渗入铁路、轮船、渔业、印刷、钢铁、煤气、电气、炼油和采矿等重要经济部门，最为著名的是第一国立银行和王子造纸厂。

与其投身实业所做出的贡献相比，涩泽荣一在日本管理哲学形成过程中的影响更为重要，在日本近代化转型的重要阶段，涩泽将经济活动与伦理道德通过儒家的《论语》结合在一起，打破了町人伦理"义利不相容"的传统，为真正意义上企业家的崛起提供了思想基础。在《论语与算盘》里，涩泽荣一归纳了10种关系，即处世与信条、立志与学问、常识与习惯、仁义与富贵、理想与迷信、人格与修养、算盘与权利、实业与士道、教育与情谊、成败与命运，从其著作中总结涩泽荣一的管理思想，可以包括以下几个方面。

1. "士魂商才"的经营哲学

"士魂商才"是涩泽荣一管理思想中最核心的内容，也是他构建"经济与道德合一"的经营哲学的基础。"士魂商才"这一说法是以平安时代的菅原道真的"和魂汉才"为借鉴提出的，"和魂汉才"本身是基于中国文化和日本文化相互之间的对立与融合，而"士魂商才"同样体现了现实层面的对立性与理想境界的融合性，在涩泽荣一看来，如果不能依据仁义道德和正确的道理去致富，财富本身是不能够持久的。"为人处世时，应该以武士精神为本，但是，如果偏于士魂而没有商才，经济上也就招致自灭。"[1] 在这里，"士魂"是武士道的精神，"商才"则是商人获利的能力。涩泽荣一出身商人家庭，但从其早年生活来看，他是向往武士的道德情操与人生境界并且厌恶商人重利无德的本性的，但基于江户末期武士阶级的没落与落魄，他也看到了在这个变革时代传统武士生存方式的过时。他选择经商之道，并希望能够走出突破"行仁义道德势必有悖求利厚生之道，欲富贵荣华必阙如人道"[2] 桎梏的道路。他认为自己的工作就是要通过《论语》来提高商人的道德，使商人明晓"取之有道"的道理；同时又要让其他人知道"求利"其实并不违背"至圣先师"的古训，尽可以放手追求"阳光下的利益"，而不必以为与道德有亏。虽然类似的看法在日本心学石田梅岩等人那里中也曾有过阐述，但涩泽是第一个站在商人立场上考虑这一问题的，在他看来，《论语》与算盘的关系看似远在天边，但却是近在咫尺——算盘要靠《论语》来拨动，《论语》也要通过算盘来真正进行致富的活动。两者代表了义与利的两端，单纯的获利于社会毫无价值，但是没有经济基础支撑的义也是无法持久的。缩小《论语》与算盘间的距离，是今天最紧要的任务。因为不追求物质的进步和利益，人民、国家和社会都不会富庶，这无疑是种灾难；而致富的根源就是要依据"仁义道德"和"正确的道理"，这样才能确保其富持续下去。商人既要有"士"的操守、道德和理想，又要有"商"的才干与务实。离开道德的商才，即不道德、欺瞒、浮华、轻佻的商才，所谓小聪明，绝不是真正的商才。谋利和重视仁义道德只有并行不悖，才能使国家健全发展，个人也才能各得其所，发财致富。

当然，以《论语》作为儒家道德的载体，也出于在儒家典籍中《论语》的通俗易懂性，这一点也体现出涩泽荣一站在商人立场上考虑问题的标准。《论语与算盘》这本书直接把《论语》中的一些箴言拿出来，去对应商人的经营活动，即使文化水平不高的商人也能够通过这种方式明白儒家高深的道理

---

[1] 涩泽荣一. 论语与算盘 [M]. 王中江，译. 北京：中国青年出版社，1996：4-5.
[2] 刘金才. 町人伦理思想研究 [M]. 北京：北京大学出版社，2001：310.

并且身体力行，这也体现出日本人在应用儒家思想时的功利性和直接性。

2. "实业报国"与商人的社会责任

涩泽荣一追随井上馨从政府中辞职，固然有政见相左、党派倾轧的原因，但从他本人来说更多的还是觉得在政府中受到掣肘过多，无法自由施展。而此时的日本并未形成真正意义上的商业秩序，明治时代的转型期决定了社会层面的混乱，在工商领域的表现则是商人道德败坏，欺诈横行。涩泽是带着改造日本商人思想和形象的打算进入商界，所以在其创业的同时提出"实业报国"的说法，一方面是出于爱国热情，另一方面也是出于商人阶层的自身考虑。虽然此时的日本已经出现三井这样的大规模财阀，但是其名声与社会地位并不对等于财富，商人依然被看作社会的底层阶级。在涩泽看来，造成这种情况的原因一方面是商人的道德失范，另一方面是这一阶层缺少足够的社会担当，其财富只能为自己所用。社会地位取决于社会责任，武士虽然在经济上不如商人，但是由于其在社会责任中的担当，所以其地位远远高于商人。所以，商人价值的提升，不在于他能够获得多少财富，而在于其财富是否能为国人谋取利益。国家的富强能够让老百姓过上好日子，但是国家的富强离开了生产之事几乎是毫无道理的。这里他将生产之事提高到国家富强的层面，而因此商人的活动也就不再是单纯的自利性，而与国家民族发展息息相关了。个人之富即国家之富，个人如无欲求富，国家之富如何可得？正因为国家之富与个人之荣达，人人才能夙夜匪懈，自我勉力。这种地位的提升，对于近代企业家及其精神的产生具有深远的意义，与西方企业家对比来看，日本企业家的社会责任感无疑更强，与国家发展的关系也更加密切。

3. 股份制的公司治理思想

涩泽荣一与其部下福地源一郎在1871年撰写的《立会略则》，详细阐述了企业的建设方式和标准，主要内容包括以下方面：①不论是哪种形式的公司企业，都应首先确定资本金的数额，然后确定股份的金额和数量，按股出资；②公司代表人以及其他管理者应由出资者选举产生，出资者按出资数量拥有不同数量的选举权；③会社的代表人拥有处理会社日常事务的权力，重要大事的处理需要召开会社大会决定；④会社代表人或者经管者如有损害会社或违反法律行为，应交付赔偿金或接受相应的惩罚；⑤会社经营所得利润，应按出资额多少进行分配，由于天地灾害等非常事情而发生损失，也应按出资额多少承担；⑥利润的分配应按当初的约定留有部分为会社的储备，其多少由各会社自定。

这些标准体现出他对于股份制企业的认识与钟爱。在涩泽荣一看来，公司制企业是众人共同出资聚集的结果，因此在其价值导向上应该以国家利益为重，但是基于运作机制的不同，企业与政府应该是两条分开的路径，政府在正常情况下不应干预企业的运营，企业的自主性应受到充分的尊重。在这个基本前提基础上，他对构建股份制企业的基本内容，如资本的构成、经营者的产生、公司内权力的配置以及各方的权利义务分配都进行了系统的阐述。虽然从现在的角度来看《立会略则》存在着很大的缺陷，但在当时无疑是非常先进的思想。一方面，股份制企业产权明晰，尤其是防止了政府对于企业的侵犯，保障了企业的独立性，在很大程度上改变了当时政企不分以及政府对企业干预过多的情况，有利于现代企业制度在日本的建立；另一方面，股份制的形式也克服了民间资本规模过小无法获得充分企业规模的弊端，将社会资本集中在一起，既扩大了产业的规模，又避免了少数人对于企业的独占。从涩泽本人的成功来看，他一生创建超过百家企业，正是利用了股份制这样一种方式，而这本书在大藏省以政府名义进行推广之后，他的这一思想也直接影响了当时整个日本企业界的兴起和发展。

（二）岩崎弥太郎的管理哲学

涩泽荣一在管理哲学上的成就让与其同一时代的所有管理者相形见绌，即使作为日本最大财阀——三菱创始人的岩崎弥太郎，虽然在企业经营上并不逊色于涩泽，但若论其对日本管理思想留下的财富，则要远远逊色于后者。岩崎所代表的是与涩泽荣一完全不同的一种企业家崛起之路，即依靠紧密的同政府合作获得事业的成功，将企业利益同国家利益紧密结合在一起，而在经营方式上则带有明显的家族企业特性，将"家训"置于企业精神之上。这种国家主导的企业发展方式在明治维新前后取得了极大的成功,以岩崎为代表的日本"红顶商人",也是构成日本企业家版图的基本力量。岩崎弥太郎出身于武士家庭,由于其曾祖父岩崎右兵卫出卖了自己的武士身份,其家族此后成为地下浪人。如前文所述,作为破落武士代表的浪人群体当时已经是日本社会最下层,因此岩崎早年亦生活于社会底层,通过不断的商业和投机活动,岩崎弥太郎成为日本早期商人中最成功的一个,但是促使他和他所创建的三菱商社成为垄断财阀的主要动力是日本政府在海运事业民营化时对其的扶持。1871年弥太郎买下商会,并改名为"三菱商会",从事船运业。在他的领导下,1877年三菱拥有61艘汽船,占日本全国汽船总吨位的73%,一跃成为海上霸王。1885年2月7日,岩崎弥太郎因病去世,他弟弟岩崎弥之助继承了家业。在他的努力下,三菱又由"海上王国"变成了"陆上王国"。经过百十年来的发展,到1970年时,三菱垄断集团44个公司的总资产已占日本全部企业总资产的1/10,被称为日本"最强最大的企业军团"。在与涩泽荣一以及三井商社在海运行业的竞争中三菱始终处于不败之地,三菱的业务也在其推动下由海上延及陆上,最终成为日本最强大的财阀之一。岩崎弥太郎的管理思想代表了明治时期迅速发展的日本财阀的共同特色,同时也能反映出这一阶段日本企业能够迅猛发展的内在原因:

1. 企业利益依附于国家利益

从岩崎弥太郎以及三菱财阀的发展之路来看,每一个重要的进步都体现出与国家命运的息息相关。弥太郎早年就有强烈的国家意识,而且他自己曾担任藩土佐商会的负责人,从事藩营事业多年,因此,他把强烈的国家意识融进自己的信念之中,并把它推及于三菱的每一个职员。就岩崎本人来说,从其早年的经历来看他确实是对于国家的前途有着很深的使命感,亦曾经投身于政治运动当中。因此,在企业成立之后,三菱同日本的政策紧密结合,固然有企业与政府命运息息相关的爱国主义情愫,但是从更深层的方面来看,岩崎与三菱在每一次对政府的行为进行有力的支持之后,其获得的回报都远远高于他们的投入。如1876年1月,黑田清隆等出使汉城想要强迫朝鲜订立第一个不平等条约,陆军卿山县有朋在下关集结军队,准备不惜为缔约而行使武力时，三菱家族将几乎所有的轮船停泊在下关港，随时准备出动。1877年西南战争期间，三菱家族再次开足马力，为政府镇压西乡叛乱效劳，并因此得到政府的大笔酬谢。诸如此类事件让我们看到，岩崎在管理上的强烈的国家意识，与其说是爱国主义，倒不如说是基于对于利益最大化的追求。在现代企业产生过程中，由于自身实力的不足，紧紧追随政府一方面可以获得发展的资源和政策支持，另一方面也是基于自身安全感的需要，岩崎的这种做法代表了当时众多新兴企业家的共同想法。

2. 家族化与集权化的财阀经营理念

岩崎弥太郎与涩泽荣一在商场上缠斗多年，除利益冲突外，我们可以从两者的经营思维上看到明显的分歧。涩泽的经营理念代表了现代化企业发展的方向，他所倡导的股份制公司最终演化成为日本企业的终极形态——株式会社；而岩崎弥太郎则是并未脱离传统思维的企业家的代表，在他的经营理念中充分体现了财阀的基本特色。岩崎弥太郎的创业过程中，个人的集权性和企业的家族化是非常明显的发展趋势。弥太郎要求所用的人才要绝对忠诚，他绝对不用有强烈自我意识的人。弥太郎自己是绝对的个人主义者，不能与别的个人主义者共事，在他所采用的土佐人中，没有比他地位更高的人，因为土佐本来就有很多个人主义者，新进公司的人，必须与弥太郎保持主从关系。在三菱商社里，弥太郎是说一不二的最高主宰，他深信自己的才智和力量，同时认为权力分散会造成决策的缓慢和滞后，所以他在经营时不信任任何人。尽管他也看重下属的才干和业绩，也愿意培养有能力的人士并且给予手下更好的发展机会，但是这种尊重的前提是必须要和他本人形成明确主从关系。家族化的经营观念一方面体现在他对于继承人的选择问题上，岩崎弥太郎去世之后继承财阀经营权的是他的弟弟岩崎弥之助，此后财阀继承人也一直出自岩崎家族；另一方面则体现在企业规制的制定上。在他1885年病逝前夕所整理出的三菱《家法》，虽然不如三井财阀的《三井家宪》那样系统烦琐，但是也明确了家族成员在财阀体系内身份的排列顺序和权利义务关系。正是有了这样的规制，三菱才会在弥太郎之后维持相对的稳定，包括兄弟相承这种并不完全符合传统伦理关系的继承方式才能获得推行，在弥之助之后弥太郎的儿子岩崎久弥成为第三任总裁，而第四任总裁则是弥之助的长子小弥太，这种传承方式一直维持到第二次世界大战结束。弥之助为新公司三菱社订下规定：本公司职员之进退与业务执行，不论事情大小，一概由社长来决定，不允许职员自作主张。这完全秉承了弥太郎制定的"公司规定"中的"一家事业"的观念与"社长独裁"的组织。不过，实际经营时，弥之助的做法又与他哥哥弥太郎不尽一样。他比弥太郎更善于倾听下属的意见与建议，没有弥太郎那么专断。

三、第二次世界大战前日本管理哲学的发展趋势

与第二次世界大战后日本企业家的管理思想相比，明治时期的日本管理思想还是比较简单的。原因一方面在于当时日本的企业规模和管理水平，另一方面也对应于当时西方管理的发展状况及其对日本企业管理的影响。在日本企业初步建立的阶段，美国的"泰罗制"还未被提出，日本对于美国的学习也并未深入管理学理论的这个层面，所以日本企业还找不到现代管理的理论根源。

但是在科学管理理论提出之后，日本的学习速度也是非常快的。铃木恒三郎在1912年即将泰罗的"科学管理"引入日本，此后武藤山治等人在他们的企业管理中开始应用"泰罗制"，从武藤山治所在的纺织行业开始，科学管理的原理和方法开始广泛在日本企业中运用和推广。此后三十年左右的时间，科学管理的作业管理和标准化原则等内容渐渐成为日本企业界所奉行的共同经营理念。从这个方面我们可以开出，早期的日本管理哲学已经具有了开放和善于学习的精神特质，只是这个阶段对于美国管理思想的学习，还只是建立在实用主义的基础上，看中的是其在管理效率提升上的作用。因此，在这一阶段管理主义的理念还未成为日本管理哲学的主流，传统思想与现代文明结合的"和魂洋才"模式在企业管理上还居于主导地位。

涩泽荣一和岩崎弥太郎代表了日本管理哲学在其初创阶段的两种趋势。作为共性，在经营思想中都体现出从家族主义到集团主义的发展，并且都能有意识地将企业利益和国家利益结合在一起，这些也都属于日本管理哲学的

理论范畴；但是差异性在于前者的管理哲学是在东西方文化结合基础上形成的，在重视思想传承的前提下，引入西方现代企业经营的先进理念，在企业经营上初步具备了现代管理的特色；而后者则具有典型的财阀阶层思维特色，是传统文化的代表。与现代企业相比，财阀具有包括封闭性、垄断性、家族集权性的属性，在内部经营上以家族为主导，拒斥现代企业的管理方式和股份制理念，而在外部关系上则越发依赖于政府的对外扩张，形成了畸形的企业与政府之间"家国一体"的关系，在日本军国主义的发展过程中，这些企业基于对政府的狂热追捧和对扩张的疯狂迷恋，走上了军国主义的殖民之路，这是第二次世界大战后美国主导的解散财阀的运动的主因。

在两次战争期间，日本都采取了类似"战时经济"的做法，在统一管理国家经济的前提下，企业的经营自主权也遭到剥夺。这种做法在某种程度上固然有提高效率的作用，但是并不是企业经营管理当中常态性的做法，违背了管理的一般规律性。由于政府的主导性已经深入了企业的日常经营当中，企业的管理者这时不过是政府的提绳木偶，既没有主导权，更谈不上推广自己的管理哲学，因此战争时期日本的管理思想是处在停滞和低谷的状态。而战争前后一些管理思想家的军国主义言论及做法，亦可以看作是在这种大的氛围与潮流影响之下的做法。如涩泽荣一等人于中日甲午战争爆发前夕奔走宣传、筹措军费等做法，亦是其狭隘民族主义价值观之体现，并不能与其管理哲学等同并论。

第二节　第二次世界大战后的日本管理哲学

第二次世界大战以日本所在的轴心国一方的彻底失败而告终，而日本也因此沦为美国的占领地，这对从明治维新以来一直通过战争获得巨大利益的日本来说无疑是非常痛苦的结局。但对于被军国主义裹挟而走入歧途的日本管理哲学来说，则迎来了新生机会。作为在废墟中重建的国家，日本在此后30年时间里的迅猛发展固然有诸多方面的主客观因素的影响，但是重新焕发价值的管理哲学以及与此相对应产生的日本管理制度无疑在其中居功至伟。此时的日本管理哲学亦不仅仅是基于日本的民族精神和产业思想，更多的已经体现出同西方先进管理思想和哲学的接轨与融合，从而在管理实践与管理哲学两个维度都产生了令世界震惊的辉煌成就。

一、第二次世界大战后日本企业管理的背景转变

作为第二次世界大战战败国的日本，政治、经济、军事诸方面都遭受重创，但在很短的时间内其经济就恢复元气，日本企业也开始在世界范围崛起，除了外在因素影响外，对新的环境和形势的适应也是其取得成功的重要条件。这一阶段，日本管理面临的背景转化包括以下方面。

（一）美国主导的战后日本企业重建

1945年第二次世界大战结束之后，美军进驻日本，开始了长达7年的对于日本的武装占领，盟军统帅部也取代天皇和日本政府成为战后日本的实际主宰者。基于各方面的考虑，美国对日本进行了大规模的民主化改造，日本的经济格局和企业经营形态也随之发生了根本性变化。在美国的诸多改革措施中，对企业管理影响最大的是解散财阀的活动，"只要不解散财阀，日本人就不能指望作为自由人实行自主管理，只要财阀继续存在，日本就仍是财阀的日本"[1]。基于这种考虑，美国对财阀的打击是深刻而彻底的。首先，是在广度上，除了三井、三菱、住友、安田四大财阀之外，鲇川、古河、浅野、中岛、大仓、野村等二级财阀也成为解散的对象，从范围上包含了以德川时代的豪商为基础发展的财阀（三井、住友）、从明治维新时期的特权商人脱胎而来的财阀（三菱、安田、古河等）以及昭和时期以后通过军事工业生产而发展起来的财阀（鲇川、中岛等），在性质上既包含了综合性的康采恩也包含了专业性的康采恩；其次，在深度上，除了资产的转移之外，四大财阀所在家族的成员都被要求离开企业当中的职位，控股公司对于下级企业的人事管理权也全部取消；最后，为了从根本上杜绝财阀的卷土重来，一方面通过股

---

[1] 王键.日本企业集团的形成与发展[M].北京：中国社会科学出版社，2001：84.

份制改造的方式分散原来由财阀掌控的股权，另一方面日本政府仿照欧美资本主义国家的做法，在1947年颁布《关于禁止私人垄断和保护公平交易的法律》，以立法的形式规范了企业运行的模式。

财阀的解散对日本企业管理的发展带来的影响是极为深远的。首先，经营理念的根本转变。如前所述，财阀是第二次世界大战前日本企业管理的最基本模式，日本式管理的一切优点和缺陷其实都和财阀密切相关。虽然不能否定财阀在特定时期的价值和贡献，但归根结底，财阀是封建制度的产物，而以财阀为基础建立的日本企业格局是垄断资本的封建家族式统治。这种体制同现代企业管理的理念和思维是格格不入的，尽管早期财阀的代表勤勉努力，励精图治，在管理方法上亦多有建树，但这些成就更多的是基于"从经验到经验"的思路，在企业治理的传承上也是一种刻板的传承关系，从理论发展上看并不具备上升为管理科学的条件；而在经营目的上虽然大多具有"治国安邦"的宏大理想，但在真正的经营活动上来自"町人"的狭隘自利思想依然占据主流，在商战中各种下作方法也是屡见不鲜，这种企业家精神也不足以建立起立足于现代的管理思想体系。因此，即使是第二次世界大战前后不被军国主义所裹挟，财阀制也无法自然演化成为现代企业制度，而基于第二次世界大战之后整个西方世界管理思想的发展与应用的整体演进，日本要想融入这种潮流当中，就必须要同财阀制作出彻底的决裂。因此，解散财阀虽然是美国占领当局所主导的行为，但是归根结底的受益者是日本的企业，同时这也是当代日本管理哲学形成的先决条件。

（二）西方管理思想直接作用于日本企业管理活动

从明治维新开始，日本学习西方的态度就从未动摇过，但是第二次世界大战之后在企业管理领域这种变化更为凸显。随着越来越多的美国管理学家造访日本以及企业界向西方的主动学习，尤其是在很多日本大型企业成长为跨国公司之后，设在西方国家的分支机构与当地的管理思想进一步融合，并且反过来对日本的总公司形成影响，这些都是日本管理与西方管理进一步融合的表现。而在这一轮思想交流过程中，日本企业表现出更强的学习精神和包容态度。

比如，在1950年，美国管理学家戴明受邀访问日本。作为最负盛名的质量管理专家，戴明随后在日本医药协会大礼堂进行了为期8天的管理质量控制的讲座，此后日本将代表国家质量管理最高荣誉的奖项定名为"戴明奖"。一直以来很多人疑惑于为何戴明的管理思想未能在美国推广，反倒是在远隔重洋的日本落地生根。实际上这仅仅是第二次世界大战之后日本对于来自欧美的先进管理思想进行学习的一个典型例子，类似的事件仍有很多，美国的管理学大师德鲁克、朱兰等人都曾经对日本的管理思想产生过重大影响。从思想史的角度来看，这体现出战后日本企业界在经营管理思维中的深刻改变，同时也可以看作是日本在学习西方的道路上所发生的本质性变化。如前所述，战前的日本所学习的仅仅是西方先进的企业制度，即构建现在企业和生产模式的方法，但是在根本的经营理念上依然是以传统思维为主导，与当时西方已经兴起的现代管理思想比起来仍然是落后的状态。而在第二次世界大战之后，一方面由于美国的外在引导，另一方面从废墟中进行建设的企业已经不再受传统的窠臼的限制，因此其在管理思维层面已经可以同西方进行直接的对话。像全面质量管理这种产生于西方的管理理念，受到客观环境的限制在美国和西欧一开始推广得并不顺利，但是在日本由于前述的原因以及同日本经营中的固有理念的契合，反倒得到了更好的普及和发展。从这个意义上说，在管理理念和哲学上其实也存在所谓的"后发优势"，业已形成的成功经验会形成思想领域创新的严重阻碍，而此时的日本同战前相比显然已经具备了这种特征。因此，对西方管理思想的学习和领悟，根本障碍并不在于现实与技术性条件，而是先天上的观念的问题。日本企业在战后所展现出来的开放与海纳百川的态势，真正形成的原因是对于观念枷锁的自我解放。

二、第二次世界大战后日本企业家的管理哲学

从20世纪50年代开始，伴随着日本经济奇迹的出现，打破"财阀制"的日本企业开始崛起于各个工业领域，而一批出身平民，不具备财阀背景的企业家也开始为世界所熟知，其中最为著名的就是所谓的日本"经营四圣"——

松下幸之助、本田宗一郎、盛田昭夫和稻盛和夫，下面就以这几人为代表概括性分析第二次世界大战后日本企业家经营哲学的共性。

（一）松下幸之助的管理哲学

松下幸之助（1894—1989）出生于日本和歌山县海草郡和佐村千旦之木的普通农民家庭，9岁时只身赴大阪当学徒，23岁创办松下电器公司。松下的经营活动横跨战前、战后两个时期，但是其管理哲学的成熟还是在后一阶段。第二次世界大战后松下电器得到迅猛发展，而松下本人的财富与声誉也随着企业的发展壮大而与日俱增。到20世纪80年代，松下幸之助被推上神坛，成为日本的"经营之神"，其管理哲学也随着"松下政经塾"的传播推广为世人熟知。

1. 企业的使命——"自来水哲学"

"自来水哲学"是松下幸之助诸多经营思想的核心，亦是其半个多世纪从事企业经营活动的最根本指引，因此松下的自传也以其来进行命名。松下以自来水哲学为自己的经营哲学命名，实际上是出自一种隐喻，"水管里面的水固然有其价值，然而喝路边的自来水不用付费也不会受到责备，因为水资源相对丰富"[①]。同样道理，任何物质资源只要达到相对丰富的状态就可以消除现实当中的不方便，而这就是企业经营所追求的最根本目的，即通过企业的经营活动，把大众需要的东西变得像自来水一样便宜，使任何人都可以获得使用的资格，这样发展的最终结果就是让人类能够共同走向繁荣的结果，消灭贫穷与落后。松下本人的早年经历是促使其创造自来水哲学的动因，由于父亲的投资失败而导致家道中落，松下幸之助在年纪很小的时候就开始工作，可以说贫穷伴随着他的少年与青年时期。因此其创业时的志向不仅仅是建立一家企业使自己家庭的生活水平得到改善，更是对于贫穷这种社会现象本身的一种挑战。因此，在崇尚自我奋斗的西方思维模式看来，松下的经营哲学被看作带有某种准宗教式使命的教义。从企业家的角度看，自来水哲学是建立在博大的胸怀和使命感基础之上的，但是这并不意味着企业将因此放弃自

---

① 松下幸之助.自来水哲学[M].李菁菁，译.海口：南海出版公司，2008：34.

己的利益，企业家由此而成为慈善家。正因为把自己的企业、事业纳入整个社会的发展中，才要不折不扣地强调赚钱、赢利，只有这样才是对社会的贡献；相反，不赚钱，亏损，社会也必将"亏损"。当一个企业能够以顾客可以接受的价格提供质量更加优良的产品之时，其自身的利益也会得到最大的满足。所以自来水哲学是企业自身利益与社会使命感完美结合的管理哲学，企业并非某人的私有物，相反它应该是公共的企业，满足国家和社会的总体需要才是企业的第一要务，而这应该是从经营者到普通员工都应该遵守的信条。松下认为，经营的第一理想应该是贡献社会。以社会大众为企业发展考虑的前提，才是最基本的经营秘诀。企业如同宗教，是一种除贫造富度众生的事业。松下幸之助曾经直言不讳地说："赚钱是企业的使命，商人的目的就是赢利。"但他同时又声言，"担负起贡献社会的责任是经营事业的第一要件"。由此我们可以看出，松下的自来水哲学同明治时期"实业救国"的经营理念是一脉相承的，而且其视野显然更为宽阔。

虽然目的和出发点不同，但松下的自来水哲学其实非常类似于弗雷德里克·泰罗所说的"心理革命"——劳资双方在思想上要发生的大革命，就是双方不再把注意力放在盈余分配上，不再把盈余分配看作是最重要的事情。他们将注意力转向增加盈余，把盈余增加到足以使如何分配盈余的争论失去必要性的程度。也许是基于类似的时代背景，这两种管理哲学其实都在强调管理的根本目的是获得更大的生产效益来应对社会的需求，而企业家和工人的利益都会在这一过程中得到充分的满足。这里体现的不仅是企业管理对国家和社会的责任，更是企业本身对整个人类文明未来发展所必须要做出的贡献。

当然，这种经营理念也存在其内在的缺陷。从逻辑起点看，自来水哲学所追求的是更为物美价廉的产品，因此在产品生产研发方面往往将自己定位于模仿者的角色，不愿投入太多资金进行开拓性的工作。好的经营模式可以提高产品的质量，削减生产的成本，但是单纯模仿只能获得一时的成功，并不能使企业和产品永远屹立于行业前列。因此也有人认为自来水哲学同时也是造成松下在21世纪走向衰落的根本原因，这个问题我们将在后面进行详细的探讨。

2. 居安思危——水坝式经营

水坝式经营是松下幸之助总结日本18世纪的一代明主上杉鹰山的改革经验所提出的管理哲学思想，对其最简单的理解就是有备无患，未雨绸缪。在河川中通过拦截水流的方式以抬高水位的建筑称作水坝，由于水坝的修建可以形成人工的储水装置即水库，在季节或气候发生变化时，可以通过调整水库中存水的方式保持必要的用水量，从而避免洪灾和旱灾的发生。水坝式经营这种说法借用了水坝储水的这种方式来指代经营当中的调节机制，通过这种机制的建立可以更好地适应外在环境的变化，从而保持企业的稳定与发展。在松下幸之助漫长的经营生涯当中，曾经遭遇过三次重大危机，其中的任何一次如果处理不当的话都会给企业带来灭顶之灾。因此在其管理哲学当中非常重视对于危机的防患于未然，而水坝式经营就是让企业避免进入危机的重要手段。松下自己曾经说过，"我从银行借钱的时候，只需借1万元就够了，可是我多借些，借了2万元，然后把剩余的1万元钱又原封不动地作为定期存款存入银行。看起来是赔钱的，但是我却不那么认为。我是把它当成保险金。有了这笔保险金，在需要的时候，随时都可以提出来使用，而且银行总是十分信任我"。在他看来水坝存在于管理的各个环节当中，如设备、库存、资金、产品、心理等。由于这些水坝的存在，经营的过程也从刚性转为弹性。基于未来的正确估算，对可能发生的不确定情况提前做好准备，从而使企业在任何时候都有应付环境变化的能力，这是松下水坝式经营的精髓所在。

当然，水坝式经营也是存在其内在缺陷的。水坝的建立意味着要有专门针对水坝的管理，维护水坝的工作是完全不同的一个管理领域，这无形中增加了管理的数量和挑战。更为重要的是，这种思维方式的核心同现代企业管理的发展趋势是有一定矛盾性的。按照松下的想法，企业不但不应该靠贷款运行，甚至自有资金也要留有结余。但是在资源有限的情况下，这种做法一方面造成资源的闲置，另一方面则在企业运营中投入所有的资源，在战略竞争中先天就会处于劣势。这也是松下企业一度在规模远远大于索尼，但是利润率反倒不如对手的一个重要原因所在。

3. 柔性管理——"玻璃式经营"

企业的经营应该像镜子一般透明，每一个员工都可以清楚地了解到公司的状况以及未来发展的走向。松下幸之助一直以来为人所称道的就是他与员工之间建立的互相信任的关系，作为最早在日本建立事业部制企业模式的企业，松下公司给了员工更多的自我发挥的空间，而作为老板的松下也充分信任和支持员工的自我发挥，这样员工的责任心以及主人翁精神得到了最大程度的发挥，类似中国古代"士为知己者死"的现象在这家现代化的公司中成为司空见惯的事情。松下在自传中曾经回忆起1927年的经济危机中曾经打算通过裁员缓解危机，但最终"工人一个也不裁，但即日起生产减半，改成半天工作制，工人仍然拿全天的工资。相应地，全体员工取消休假，大家一起努力销售库存商品"[1]。试想如果没有充分的责任感与归属感，这种现象是不可能出现的。1933年，松下组织全体员工集会，宣布松下电器的使命，并做出250年的远景规划目标。当时，员工听了松下的演讲，纷纷上台发言，群情振奋，士气高昂。可以说，松下之所以能一次次渡过这样或那样的难关，能够在别的公司员工罢工的时候而获得员工的请愿支持，和他向员工公开经营实况是分不开的。财务公开，是现代股份公司不言而喻的事情。松下在经营小型私人公司的时候，就全面公开财务，清晰明白地告诉大家赚了多少，多少留作个人所用，多少作为工厂的资本储存起来。松下电器成为股份公司以后，更是每年公开结算，不仅对内，而且对社会大众。因此，松下的玻璃式经营是儒家思想中"忠"与"信"的思想在企业管理当中的成功应用，体现了日本管理"柔性管理"的特色。不过玻璃式经营的困难在于规模，小作坊式的企业推行玻璃式经营非常容易，但是随着规模的扩大，这种信任机制的建立就会逐渐变得困难，而成为大型公司之后达到这种要求的难度就更为巨大。

（二）本田宗一郎的管理哲学

本田宗一郎（1906—1991）是本田汽车公司的创始人，同时也是亨利·福特之后世界上第二个荣获美国机械工程师学会颁发的荷利奖章的汽车工程师。

---

[1] 松下幸之助.自来水哲学[M].李菁菁,译.海口：南海出版公司，2008：32.

1948年本田创建了本田技术研究工业总公司，开始从事机械的生产研发工作。此后本田与藤泽武夫开始合作，前者主要从事技术工作，后者则负责公司的经营与管理，因此本田宗一郎的管理哲学可以看作是两个人共同智慧的结果。

1. 用人唯才

本田宗一郎非常乐于同性格爱好完全不同的人共事，这既是他的工作信念，也是本田公司第一代管理体制架构的基础。早在经营东海精机时，本田宗一郎就能很好地与性格完全不同的人一道工作，并以此作为自己的工作信念。他认为同类型的人固然好相处，易交往，但要把一个公司办下去必须有各种类型的人才行。本田与合作伙伴藤泽武夫是性格完全不同的两个人，在合作过程当中也不断出现分歧，但是直到1973年两个人共同退休为止，他们的和谐关系从未被打破过。一方面这建立在良好的分工基础之上，另一方面本田也深信只有充满个性和思想的人才不断加入，公司才能够保持活力。本田公司不需要人人都成为本田宗一郎，相反只有每个人的思想都是不同的，人才组合在一起的价值才能够体现出来。为了避免过度权威的出现影响大家个性的发挥，本田曾表示"我与藤泽武夫等握有大权的人员列席董事会将会使公司陷入瓦解"，此后他和藤泽逐渐淡出公司管理层，公司的领导方式也开始向集团指导制的思路进行转变。本田既无官僚色彩，也不存在派系和宗派主义，职工可以轻松愉快地工作。高级干部到50岁就为后来的年轻人让位，最大限度地尊重年轻职员。力戒害怕失败的谨小慎微作风，按照本田的说法是不工作才不失误。在对本田职工进行的一项关于"本田精神的核心是什么"的问卷调查中，回答顺序分别是独创性、要为自己工作、人尽其才、不要怕失败。从这些具体做法我们可以看出，本田的用人思想所追求的其实是一种多样化的公司文化，其进一步的目标则是服务于公司的战略发展和创新需要。出于对人才的尊重，本田在管理中力求让每个员工都能够发挥出自己的最大能力，做到人尽其才。

2. 创新至上

作为一名机械工程师出身的企业家，本田宗一郎一生致力于技术创新，这种创新精神也延伸到他管理思想和其他领域，从而形成本田管理哲学中的最大特色。在本田看来，创新就要打破常识性的思维方式和行为，用一种开拓性的精神来引领企业的发展。因此在找到藤泽武夫这个合作伙伴之后，本田宗一郎就退出日常的管理活动，专心于技术研究和开发，因此从早期的摩托车到进入汽车市场，本田公司的技术革新始终走在时代的前列。本田的创新精神可以从几个方面来理解：首先，认可失败的可能性。任何的革新都可能会面临失败，而从概率上来说往往失败的可能性会远远大于成功，在这个问题上本田宗一郎认为，"失败了谁都会反省，关键是成功了也要反省，但是成功了多问几个为什么，多反省其中成功的原因的话，我们就能从一个成功走向更大的成功。如果忘记了反省，再大的成功也会到此为止，这是我从过去的经验中所学到的一种信念"[①]。从中我们可以看到，本田所关注的不是成功与失败的差别，而是在这个过程中是否具有反省的精神。其次，革新就要打破所有的固有思维，包括自己的经验与成就。在汽车引擎的未来发展问题上，本田宗一郎与年轻技术人员曾经发生过激烈的争论，最终尽管风冷技术是其自身引以为傲的发明成就，他还是听从了年轻人的意见，选择水冷技术，从而推动了企业的技术革新。

3. 强调企业的"公众导向"

同大多数日本企业家一样，本田宗一郎也有很强的社会责任感。在其晚年进行人生总结的时候，最大的遗憾就是他所创立的两家企业都是以自己姓氏来进行命名。因为这和他的经营哲学是背道而驰的，在他看来，企业应该是属于公众的，而不是为哪个人私人所有，企业应该是"公器"而绝非"私器"。纵观本田的整个经营生涯，一个典型的现象就是他特别重视自己的企业经营活动对周边地区所造成的影响，而当企业对周围带来麻烦的时候，第一选择就是终止营业。本田没有专门的市场调查研究机构，它依靠的是开发小组。开发部门的全体人员都是市场调研员，他们用自己的眼睛、耳朵探索市场动向，这比依靠市场调查部门得到的信息更有感性认识，这样的思路在本

[①] 刘永辉，伊波美智子. 论本田宗一郎的实践经营哲学[J]. 对外经贸实务，2010（3）：28.

田公司成为一家跨国企业之后也开始在国外推行，这种立足国际的经营视野是值得其他企业学习的，早期日本的大多数跨国公司也都是尽量做到不干扰所在地的正常生活，但是随着企业规模的增大，这种做法并没有很好地坚持下去，这是造成以本田为代表的日本企业在当代陷入窘境的原因之一，后面我们会详细阐释。

（三）盛田昭夫的管理哲学

盛田昭夫（1921—1999）是日本管理巅峰时期唯一能够与松下幸之助齐名的日本企业家。1945年，盛田昭夫毕业于大阪帝国大学理学部物理系。1946年5月7日，盛田昭夫与好友井深大一同创办了"东京通信工业株式会社"，盛田昭夫出任常务理事，主管营销。1958年，"东京通信工业株式会社"正式更名为"索尼"（SONY），盛田昭夫开始进行国际化战略部署。20世纪60年代开始索尼打入美国市场，随后成为"日本制造"的代名词。与其长期美国居住的经历对应，盛田昭夫的经营哲学具有很强的开放性与融合性。

1. 面向世界的开放思维

索尼建立于第二次世界大战之后的废墟之上，从一个小工厂起步，几十年时间里创造出神话般的辉煌历史并非偶然。从企业的最初阶段，盛田昭夫和井深大就把索尼定位于一家立足于国家化的电子企业。盛田昭夫很早就意识到，全球化市场的来临将是必然的发展趋势，他也希望全世界的消费者都知道他们的品牌。在企业名称的选择上，由于原来的"东京通信工业株式会社"（Tokyo Tsushin Kogyo KK）名称过于冗长，对于国际市场的客户根本是无从发音的名字，不利于国际化发展，两人经过反复研究之后创造了"SONY"这个词汇作为企业名称。盛田昭夫对于新的品牌名称已经有些基本的概念，它应该简短、好念、容易吸引人们的目光、好记而且要用罗马拼音字母。盛田昭夫和井深大翻遍字典之后发现代表声音的拉丁文"SONUS"，因此决定把这个词融入公司的新品牌名称当中。"SONNY"这个词和代表声音的拉丁文非常相似，而且那时候很受年青一代美国人的欢迎，此外，他们也觉得这个名字会让人想起年轻、充满活力的公司。因此他们把"SONUS"和"SONNY"

这两个词结合在一块儿，便成了大家熟知的品牌"SONY"。在盛田看来，作为企业的经营者"虽然说是在经营企业，但是连他们自己都不知道企业要往哪个方向走，颇有些盲人瞎马，夜半深池的意味"。[①]而索尼的定位是非常清晰的，在国际化战略的指引下，索尼公司成为第一家在美国上市的日本公司，索尼在生产中的创新和高品质的服务在全世界奠定了"日本制造"的崇高声誉，而这一切的前提都在于盛田昭夫的管理哲学中对于企业定位的明确设计。

2. 面向未来的反传统思维

从盛田昭夫的人生经历来看，作为祖传酿酒企业的第一继承人，盛田应该是继承家族企业，但是最终他选择了放弃继承权而自己创业，这本身就是一种反传统的做法。60年代出版的《学历无用论》则代表了盛田对于社会普遍认可的规则的质疑和挑战。虽然从书名上容易产生误解，但是盛田撰写这本书本身并不是否定教育的重要性，而是针对当时企业当中盛行的"唯学历论"的一种反思，"企业在激烈的过度竞争中厮杀，根据实力来决定胜负，但是在企业中工作的人却根据参加工作前接受教育的场所来评价，这让人怎么想都想不通"[②]。因此在索尼的用人选择上，盛田更看重的是求职者的实际工作能力而不是学历高低，这和当代中国所流行的"读书无用论"的论调显然是有很大差异的。索尼雇用的人员，无论其学历高低都会得到同等的对待，一方面都要到基层进行锻炼，另一方面也会接受足够的培训和教育，使其能力和潜力都有充分发挥的机会。另外，传统的日本观念往往认为销售额越大企业越成功，但是通过对美国管理的深入了解，盛田深刻地认识到在企业经营中最为关键的不是销售额，而是利润。因此索尼也并不以扩大企业规模为目标，这一点和松下公司形成鲜明对比。在这里他已经充分意识到日本企业只顾效仿而不讲创造的弊端，"实业的真谛在于去名求实，实业顾名思义，首先必须要有实效"[③]。

[①] 盛田昭夫.学历无用论[M].赵方方,译.北京：华夏出版社,2004：110.
[②] 盛田昭夫.学历无用论[M].赵方方,译.北京：华夏出版社,2004：53.
[③] 盛田昭夫.学历无用论[M].赵方方,译.北京：华夏出版社,2004：110.

3. 东西方管理理念的融合

1960年索尼美国公司成立之后，盛田昭夫举家迁往美国，除了体现对于美国市场的重视之外，更是为了将西方管理方法引入索尼的企业管理当中。不过这种学习和借鉴并非盲目的，即使是从60年代的角度来看，美国式管理的企业文化同充满使命感的日本式企业文化相比已经显得过于短视，因此盛田更多地引入美式管理在技术和操作方面的优势，但是从其内心来说更为青睐的则是日本企业，从他自身的视角来看，盛田更希望把索尼的管理哲学推广到全世界，并使其成为公司日常经营管理的标准与守则。因此，盛田昭夫的目的是通过这种兼容并蓄的方式，将西方管理理念引入日本的企业生产当中，从而形成东西方管理思想的完美结合。从结果来看，索尼在这方面确实是走到了其他企业的前面，而这种改变的结果则是一方面索尼吸取了欧美的管理理论和方法获得更好的发展，另一方面美国和其他欧美国家也更早地接纳了索尼和其产品。这种思路可以说是破解当代亚洲地区，尤其是日本所面临的管理困局的最好办法，不过可惜的是，盛田的管理思想中并没有形成一套系统化的实现途径。同时，在与西方的关系上，盛田昭夫认为日本与西方国家在生存环境上存在很大不同，因此也没必要完全效仿西方，日本的经济发展已经达到西方的高度，在矛盾和竞争中也应该处在平等的地位之上，"在今天这个步调快速和相互依赖的世界里，我们必须设法更清楚地认识对方，我们需要讨论、交换观点、尝试了解对方，我们可以争执、辩论，但是一定要诉诸平等的方式，并且要以追求知识和解决问题作为目标"[1]。盛田的这种想法也代表了日本经济崛起之后的民族主义想法，因此也才有了后来盛田昭夫与石原慎太郎合作出版的，在世界范围引起轩然大波的《日本可以说不》。

（四）稻盛和夫的管理哲学

稻盛和夫（1932— ）是日本"经营四圣"中年龄最小，也是唯一在世的一位。在20世纪90年代其他三人先后辞世之后，尤其是日本经济趋于衰落

---

[1] 盛田昭夫.日本爱迪生盛田昭夫——控制日本的十大财阀[M].北京：中国经济出版社，1992：160.

的当代，稻盛成为高举日本管理哲学大旗的代表人物，当世对其评价之高甚至已经远超当年的松下和盛田。在企业经营上，稻盛和夫先后创办了京瓷和KDDI（第二电电）两家世界500强企业，是一位取得巨大成功的企业家，但是比经营成就更负盛名的则是他的经营哲学。稻盛晚年创办盛和塾，并不断著书立说，先后出版《活法》《干法》等著作，系统地宣传他的经营管理哲学。稻盛哲学在中国的主要宣讲者曹岫云认为，"稻盛哲学最接近天理良知，最围绕实际，最具有普遍性"[1]。不论是否有夸大的成分，稻盛和夫作为从涩泽荣一时代开始日本管理哲学一脉相承之下的集大成者的地位还是不容动摇的，在他的思想中也可以看到日本管理哲学从经营哲学上升到管理哲学的发展趋势。

1. 管理的本质——敬天爱人

"敬天爱人"是"明治三杰"中的西乡隆盛最早提出来的理念，"西乡的'敬天爱民'思想包含着对劳动人民的同情和对国家富强的向往，作为开国倒幕和明治维新的思想武器，这一主张起过很大的积极作用"[2]。在儒家思想体系中，这似乎是很平常的教义，"敬天"，是针对天人关系的一种认识解读，"爱人"则是儒家仁的一个方面的体现，因此西乡在《西乡南洲翁遗训》当中创造这个词汇的时候并没有引起很大的关注。然而到了稻盛和夫的管理哲学当中，这四个字获得了全新的解读并且引起巨大反响，可以说，经过稻盛改造的"敬天爱人"上升为企业家在经营活动中需要遵循的基本规律。

在稻盛的管理哲学体系中，敬天爱人既是经营的宗旨，又是指导经营活动的方针，一般认为的稻盛哲学的四个特征——简朴性、实践性、道德性、辩证性，都能够从这里得到体现。从更广义的角度来看，敬天爱人体现了稻盛哲学的思维模式与路径。和前面提到的各个企业家一样，稻盛和夫是白手起家获得成功的典范，而其管理哲学的渊源就是在这个过程当中自己的体验与领悟，因此其管理哲学首先是一种人生哲学，将个体的人生感悟与天理良心相对照，进而推及企业经营的活动当中，这与儒家自孟子时代就开始倡导的"内圣外王"的思维路径显然是类似的。

---

[1] 曹岫云.稻盛哲学的四个特点［EB/OL］新浪博客，2014-02-19.
[2] 钟放.稻盛哲学与日本传统文化［J］.日本学论坛，2004（4）：56.

具体地解读敬天爱人，简单来说就是敬奉天理，关爱世人。"天就是道理，合乎道理即为敬天。而人都是自己的同胞，以仁慈之心关爱众人就是爱人。"[①]稻盛认为，经营是经营者人格的投影，没有崇高的人格与奉献精神，经营者也就不可能获得成功，而做人的标准也会在经营的实践当中发挥效用。因此从敬天爱人的角度出发，企业应该"在追求全体员工物质与精神两方面幸福的同时，为人类和社会的进步发展做出贡献"[②]。这是企业的最终使命所在，而要想做到这一点，就需要哲学这种根本性的思维发挥作用了。可以说，这是稻盛几十年企业经营活动所得出的结论，同时也是其经营理论能够上升到哲学高度的唯一前提。因此，敬天爱人可以看作是作为个人与企业的自我责任向社会责任感转化的动力。从稻盛本人来讲，2010年他以78岁高龄零薪水入住申请破产的日本航空公司，就是这种责任感的体现，在这一点上稻盛和前述所有管理者没有任何区别。

2. 组织观念的创新——阿米巴经营

阿米巴原虫是一种可怕的食脑寄生虫，这种虫子可以向各个方向伸出伪足，形体也因此变化不断，因此也被称作变形虫。稻盛和夫把这个词拿来表现历经革新的企业组织模式，实际上也是为了解决所有企业发展过程当中可能会出现的一种问题——当企业规模逐渐扩大时，其管理效率也会逐渐降低，经营者对于企业整体的掌控力也会随之降低。仔细想来，很多家族式企业在发展到一定阶段的时候都会经历这种困境，甚至导致企业失败。阿米巴经营就是为了解决这些问题而创立的，稻盛创业之初只有28个人，当公司规模发展到100人以上时，既负责产品研发也负责销售工作的稻盛已经感觉无法掌控公司，因此非常希望自己能有分身来帮助自己完成工作。分身不会出现，但是可以自己创造分身来分担这项工作，具体的做法就是公司细分成若干个小集体，从公司内部通过选拔的方式选择这些小集体的领导人，让其负责小集

[①] 稻盛和夫.敬天爱人[M].曹岫云，译.沈阳：北方联合出版传媒股份有限公司，万卷出版公司，2011：2.

[②] 稻盛和夫.敬天爱人[M].曹岫云，译.沈阳：北方联合出版传媒股份有限公司，万卷出版公司，2011：7.

体的活动，每一个领导者在小集体内都会有充分的授权和主导性，而随着企业的发展和壮大，这些集体（阿米巴）还会继续分裂和变形。从本质上来讲，这是一种放权的行为，稻盛认为这个过程中人心的凝聚力是关键的因素，"人体内部的数十万亿个细胞在一个统一的意志之下相互协调，公司内的数千个阿米巴只有齐心协力，才能够使公司成为一个整体"[①]。从敬天爱人到阿米巴经营，这是稻盛管理哲学向"实学"转变的一种表现，实学指的是企业管理时实际的管理技术、具体的操作方法，因此阿米巴经营可以看作是稻盛哲学在具体经营实践当中的表现，也因为有这种转化过程，稻盛哲学才不是高高在上却空洞无物的思想。稻盛和夫进一步指出，要想实施阿米巴经营，必须具备两个条件：一是企业经营者的人格魅力；二是所谓的哲学共有。从第一个方面来说，阿米巴经营是企业权力的逆向转移，"领导人的公平无私是调动员工积极性的最大动力，也是实施阿米巴经营的首要条件"[②]。当企业规模扩大的时候，个人的管理往往是力所不及的，一般的做法是像前面的盛田昭夫或者本田宗一郎那样，寻找一个可以互补的合作伙伴，两个人分别负责企业当中的两个核心流程。但是像井深大和藤泽武夫那样的合作者是可遇不可求的，所以在稻盛和夫这里，他要追求的不是某一个合作者，而是将所有的阿米巴负责人都打造成合作伙伴，对下属来讲稻盛的个人魅力当然是无与伦比的，但同时还需要进一步地将自己的思维方式在整个阿米巴当中获得认可，这就是第二个条件哲学共有。这也是稻盛和夫在经营过程中非常重视教化的作用，使用甚至极端得类似洗脑的组织文化灌输，其根本目的还是保证阿米巴经营的顺利完成。

综上所述，稻盛和夫的管理哲学是建立在崇高道德追求的人生哲学基础上的，将人生追求和企业经营目标相结合是其管理哲学的最大特色。做企业要和做人一样，有明确的理想和目标，做事情要有决断力，在工作中坚持不懈、努力拼搏。在循序渐进的过程中不断控制经营的费用，扩大销售规模，把自己内心的意志转化为现实的经营绩效。在稻盛看来，管理哲学是企业的

[①] 稻盛和夫.阿米巴经营[M].曹岫云，译.北京：中国大百科全书出版社，2009：5.
[②] 稻盛和夫.阿米巴经营[M].曹岫云，译.北京：中国大百科全书出版社，2009：3.

根本，也是企业能够走向卓越的关键。只有在明确的管理哲学指引之下，企业才能够走到理想的境界，作为个人来说，实现企业目标的工作过程，也是他不断追求自我价值，获得人生快乐的必然路径。稻盛的管理思想对日本管理哲学的影响极为深远，我们在后面也会结合他的管理哲学和经营实践对日本管理哲学的内涵进行进一步阐述。

"经营四圣"只是第二次世界大战后日本出现的数量众多的企业家当中的最具有代表性的几位，除了他们之外，如盛田昭夫在索尼的合作伙伴井深大、"丰田生产方式"的创立者丰田喜一郎和大野耐一、拯救了东芝的土光敏夫，包括最近20年崛起的软银孙正义、优衣库柳井正等，这一群体的管理思想与经营理念，是日本管理哲学的基本载体。以土光敏夫为代表的现代职业经理人或者以孙正义、柳井正为代表的后起之秀，他们的管理思想更具有西方管理的特征，很难代表日本管理哲学的传承。而"经营四圣"尽管在年龄上略有差异，但是创业的时间大致相当，经营思想也存在很大的相似性，既对前代经营者的理念与价值进行了完整的保留，同时也尽可能地吸收西方管理当中的优秀成果。在管理哲学的表现上，他们的思想更多地体现出经营哲学的特质，亦都强调人生哲学在管理哲学生成当中的引导性作用。基于"经营四圣"在第二次世界大战后日本式管理生成中的重要作用，他们的经营哲学当中具有共性的部分也可以看作是日本管理哲学的基本特质所在。

三、第二次世界大战后日本管理学家的管理哲学

如前所述，第二次世界大战后日本管理思想发展的一个重要特征就是出现了真正意义上的管理学家，这一方面是日本价值理念同西方世界接轨的必然结果，另一方面也体现出日本管理自身的成熟与进步。如果追溯西方管理思想在日本的传播和推广，早在20世纪20年代上野洋一就在日本建立了美国泰罗联盟的日本协会，开始系统地向日本管理界介绍科学管理的理念与方法，从这个意义上说上，野洋一可以看作是日本第一个管理学家。作为心理学家的上野涉猎面非常广泛，而且尽管他的工作非常成功，但是"只是在一些小

企业中进行，没有引起大的重型工程企业的注意"[①]。众所周知，泰罗的科学管理只有在大型企业才能够最大限度发挥其作用，所以上野的影响力在日本企业界其实是非常有限的。因此从严格意义上看，上野洋一更像是一名西方管理思想在日本的传教士，直到1957年上野去世，此时日本的管理环境已经发生变化，日本的管理者对新的管理技术投入了浓厚的兴趣，日本经济的崛起也吸引了世界一流管理学家的关注。在这种时代背景下，真正的从事管理理论研究工作的学者才开始出现，这种研究虽然也以西方现成的理论成果作为对象，但已经不是简单的学习和模仿，如石川馨的质量管理和野中郁次郎等人的知识管理研究，虽然分别对应了对日本管理产生重大影响的戴明与德鲁克的管理思想，但他们在这些领域已经拥有了原创性的成果，对这些管理理论的成熟与发展也起到了开拓性的作用。由此可见，此时的日本已经具备了产生管理学学科的条件和基础。

（一）石川馨的质量管理哲学

石川馨（1915—1989）是日本式质量管理的提出者和集大成者，被称作QCC（品质圈）之父。石川是20世纪60年代初期日本"质量圈"运动的最著名的倡导者，在20世纪50年代开始席卷全球的质量管理浪潮中，石川的地位丝毫不逊色于他的美国同行戴明和朱兰，他的富有创造性的研究和探索将质量管理带入了一个全新的高度。1981年，他在纪念日本第1000个QCC小组大会的演讲中，描述了他的工作是如何将他引入这一领域的。"我的初衷是想让基层工作人员最好地理解和运用质量控制，具体说是想教育在全国所有工厂工作的员工；但后来发现这样的要求过高了，因此，我想到首先对工厂里的领班或现场负责人员进行教育。"石川馨对于质量管理的贡献表现在以下几个方面。

1. 对质量管理理论的完善

日本质量管理兴起的标志就是我们前面谈到的1950年戴明对于日本的访

[①] 马尔科姆·沃纳. 管理思想全书［M］. 韦福祥, 译. 北京：人民邮电出版社，2009：662.

问，而石川馨正是这次访问的策划者和主要接待者，但事实上石川本人对于全面质量管理的研究要早于那个时间。石川馨对质量管理的第一个贡献就在于对质量管理范围的拓展。早期的质量管理实际上可以看作是泰罗科学管理的一个副产品，科学管理的应用使质量检查从产品生产当中分离出来，成为独立的管理流程。所以早期的质量管理其实就是产品的质量管理，主要的方式就是通过各种技术标准和检验方式来完成，而且早期的质量管理专家也并不认同将质量管理向其他领域进行扩展，进行全员的参与。石川馨最早也是以统计学的方式参与到质量管理的研究当中，但是随着研究的深入他开始关注产品质量之外的范畴，石川关于质量管理最著名的一句话就是，"标准不是决策的最终来源，客户满意才是"。基于这样的认识，他认为质量管理应该有更广泛的参与基础和作用领域，"全面质量管理应包括做任何应当做的事"[①]。由此他把质量管理定义为："考虑到要使消费者完全满意，而为能在最经济的水平上进行生产，企业的各个部门互相协作进行保持和改善产品质量而努力的有效的体系。"[②] 正是在石川和戴明等人的努力下，质量管理才能够完成跨越式发展，风靡全球的全面质量管理才能够得以形成。此外，在质量管理的技术层面，石川馨运用统计学知识，于1943年提出了石川图（也称因果图或鱼骨图），石川图并非一种真正的统计技术，它所显示的是质量形成过程的深层观点及其环境，从而帮助企业管理人员识别和分析与其职责相对应的质量问题。石川馨认为因果图和其他工具一样都是帮助人们或质量管理小组进行质量改进的工具。也因为如此，他主张公开的小组讨论与绘制图表有同等的重要性。石川图表作为系统工具是有用的，可以用它查找、挑选和记录生产中质量变化的原因，也可以使它们之间的相互关系有条理。石川图在使用过程中包含六个环节："（1）识别问题。（2）画出问题产生的主要因素框架图。（3）通过集体研讨找出位于每个主要因素之中的潜在因素。（4）再次仔细推敲每一个潜在因素。（5）突出最不可能或最有可能的因素。（6）通过收集数

---

① 马尔科姆·沃纳.管理思想全书［M］.韦福祥，译.北京：人民邮电出版社，2009：308.
② 石川馨.质量管理入门［M］.刘灯宝，译.北京：机械工业出版社，1983：2.

据检查最不可能的原因，分析并判断它对问题的影响程度。"①

2. 质量管理理论的日本化改造

作为一名化学教授，石川馨放弃自己的本行选择质量管理，原因在于通过早期的研究他认为质量管理有助于日本的产业复兴。得出这种结论一方面，是基于日本的国家状况。在石川看来，资源贫乏的日本要想获得经济的快速发展就必须要依靠对外出口，"首先大量地出口物美价廉的产品，加强日本的经济基础，最终是牢固地发展工业技术，因而使大量的技术输出，并确立将来的经济基础"②。基于这样的原因，质量管理是日本企业必须要获得的能力。另一方面，从客观环境看，日本的社会条件和企业结构也非常适合推行质量管理。石川所倡导的全面质量管理需要从企业最高管理者到基层员工的全员参加，日本纵向化的社会结构与集团主义的社会思维方式与西方社会相比更容易获得这种一致性，日本企业的使命感及社会责任感也有助于他们把质量管理的信条坚持下去。所以，石川馨认为"质量管理是经营的一场思想革命，一种新的经营哲学"③，不搞质量管理的企业就应该"从电话号码本当中删除"。

（二）野中郁次郎的知识管理哲学

野中郁次郎（1935—）是全球知名的知识管理专家，由于他在日本知识管理发展中的贡献，也被称作日本的"知识管理理论之父"。知识管理是伴随网络化与信息时代而产生的管理思潮与方法，在20世纪90年代信息技术迅猛发展之后，知识管理的研究内容与技术方法与德鲁克60年代最早提出这一理论范畴的时候已经有了巨大区别。而野中郁次郎作为这一前沿领域中来自非欧美的代表人物，体现了日本管理在理论研究上已经同西方站在同一平台之上。野中郁次郎关注的管理学问题包括战略与组织、自我更新与创新以及知识创新。其中最后一点是野中管理思想最具有特色，也是让他在管理学界赢

---

① 马尔科姆·沃纳.管理思想全书[M].韦福祥, 译.北京：人民邮电出版社，2009：309.
② 石川馨.质量管理入门[M].刘灯宝, 译.北京：机械工业出版社，1983：1.
③ 石川馨.质量管理入门[M].刘灯宝, 译.北京：机械工业出版社，1983：3.

得盛名的主要成就。在他与竹内弘高合著的《创造知识的企业》这本书中详细阐述了知识创新理论。野中认为，一个公司的知识库（knowledge bank）多数和资料无关，而是侧重于像客户秘书的名字、如何和粗暴的供货商周旋这类事情。这些零零碎碎的小事很多都是储存在中介经理人的脑袋里，而这些人正是美国企业在大型的企业再造计划中被计算机给取代了的人。他强调，让员工有时间去追求一些异想天开的计划，或就是让他们坐着聊天，你也许就会得到一个改变市场的概念；强迫他们解释每天、每一分钟做了什么事，那你就只会得到老套的产品。与野中的企业管理哲学相适应，世界上的某些科学园区采取措施让员工拥有一个较轻松的工作环境——譬如午茶、聊天会、休闲设施等。采取这种措施的大多为高科技或高创意的企业，而其结果据说相当不错，员工的生产力不因轻松休闲的环境而有所减损，反因彼此在无拘束的环境下交流而得出不少新点子。

野中郁次郎以笛卡儿的主客二分法作为批判对象，在批判的基础上以波兰尼的知识两分法作为认识论基础，通过对于日本企业的跟踪研究，构建了创造知识的"SECI模型"，由此得出组织内知识点创新过程呈现螺旋上升动态趋势的结论，这种以哲学当中的知识分类方法引入组织管理的研究方式实际上已经属于管理哲学的范畴。在其理论体系中，野中和竹内提出了包括个体的思维模式、信仰和观点的隐性知识以对应我们通常所认知的显性知识，他们组织当中的知识创新包括了显性知识和隐性知识之间的四种转化模式。（1）从隐性知识到隐性知识——共同化。这种模式实际上就是单个个体同其他个体经验共享的过程，在这里知识表现为一种技能，通过学习的过程被观察、模仿和学习，直到形成共享。（2）从显性知识到显性知识——联结化。这个过程是单个个体将不连续的显性知识碎片合并为一个新的整体的行为，这种整合可以采取网络、面对面传授的方式来完成，形成的结果也可以被看作是一种新的知识。（3）从隐性到显性——外化。当个体清楚地表达出自身掌握的隐性知识时，他就把它转化成为显性知识，这种知识不再是为个体所单独享有，而是由组织所共同享有，这个过程的关键是要对隐性知识进行系统的整理并清楚地表达，是其以一种便于所有人理解的方式来展现。

（4）显性知识到隐性知识——内化。当新的显性知识在组织成员间充分传播之后，组织成员开始将其内化，用它来重新构建自己的隐性知识系统。这样就形成了与第一种模式对应的循环关系，知识也在这种螺旋递进的过程中得到不断的创新和升华。因此他认为"最有价值的知识不是从别人那里获得的，而是我们自己创造的"。

对于管理学领域的大师，野中也有自己的评判。在管理学领域，野中的火力更猛。他指出：泰罗"没有认识到工人的经验和判断是新知识的一个源泉"；梅奥"没有提出明确的理论框架"；科学管理和人际关系学派被归结为"将人类视为没有知识创造能力的'刺激—反应式机器'"。只是对巴纳德关于心智模式的非逻辑过程有所赞许，但也评价不高："巴纳德对主管在创造知识方面的作用只是提出相当泛泛的看法，基本上没有对知识创造的组织过程作出任何解释。"对于组织行为和决策研究有着重大贡献的西蒙，野中继续批评道：西蒙只看到"信息处理机器"的组织观，"利用'有限理性'的观念，西蒙以信息处理的形式建立了处理人类思维过程的计算机模型"，"他没有看到组织对环境采取行动的能动方面"。甚至对德鲁克也不留面子，批评说：德鲁克只是"似乎认识到了隐性知识的重要性"，"他没有触及知识转换过程中需要人际间的相互作用，或团组内对知识共分享问题。他在内心里与其说接受'人本主义'阵营的观点，不如说更接近于'科学'阵营"。对阿吉利斯的组织学习理论，野中一笔带过，批评双环学习"假设组织内部或外部的某些人具备'客观地'知道将双环学习付诸实践的正确时间和方法的能力。掩藏在这种假设背后的是笛卡儿式组织观"。对于提出核心竞争力的普拉哈拉德，野中认为他没有提供这些企业究竟如何建立核心能力方面的洞见。野中唯一给予较多赞许的是热衷于实务的圣吉，但即使是对圣吉的理论他也颇有微词："圣吉关于'学习型'组织的实际模型与知识创造理论比较接近。然而，他却很少使用'知识'的字眼，而且没有提出任何有关知识究竟是如何创造出来的理念。"

英国管理史学者摩根·威策尔（Morgen Witzel）认为，野中对现代管理学的贡献有两方面：一方面，他是世界上知识管理领域最重要的思想家，他的论述几乎覆盖该领域的每个方面；另一方面，对西方读者而言，他是日本管理风格及技巧的最主要的解读者之一。野中不仅加深了西方人对日本企业创新动力来源的理解，还详细解释了那些新技术、新工艺、新概念等是从何源源不断而来。摩根·威策尔说："他一直力求将东西方的管理者拉近，并且为他们提供更多的'思想食粮'，让他们通过比较彼此的管理文化，相互借鉴，取长补短。"在知识创造理论方面，无论从研究的广度上还是深度上，野中都是最主要的贡献者之一。作为以撰写通俗读物见长的威策尔，对野中的评价恰如其分。这一评价说白了，就是野中所选定的研究领域极为重要，对日本企业的实务性说明十分有用，在沟通东西方管理观念上相当出色。

（三）大前研一的批判主义管理哲学

大前研一（1943—）是日本管理学界第一个被西方冠以"管理学大师"称号的日本管理学家，当然这也和他在麦肯锡咨询公司工作多年并且担任麦肯锡日本分公司董事长有一定的关系。同其早年主要研究的战略管理相对比，大前更为著名的是其口无遮拦的性格，因此现在的大前也可以被看作是更类似于郎咸平那样的管理评论家。大前研一对于日本管理学的贡献，可以从以下几个方面来进行归纳。

1. 全球化环境下的变革管理思想

大前研一认为，在全球化的国际竞争格局业已形成的今天，国际市场中的企业绝不能在封闭的市场环境下获得成功，在他看来至少有三个主要的经济圈是必不可少的，即美国、欧洲和日本以及太平洋地区，任何企业要想获得成功就必须要在这三个世界经济圈中树立自己的地位。作为公司来说，要想在国际化的竞争当中获得胜利，必须要同时兼具社会责任、创造性和竞争力三个基本要素。公司必须要了解控制成本的必要性，包括生产制造、研究与开发、品牌的建立与维持都已经成为企业的固定成本开销，在这种情况之下，企业的核心目标已经转变为"如何在成本固定的基础上，尽量争取不亏本，也就是说如何推动销售"[①]。为了实现这个目的，企业必须要做到"全球区

---

① 大前研一.无国界的世界[M].黄柏棋，译.北京：中信出版社，2007：11.

域化"，要像当地的公司一样对市场了如指掌，而在利润管理上也要形成以世界为经营范围的利润标准。而国家与政府，也要应对这样的变化，国家的概念会被弱化，在经济上国家会被一种关联性的经济体系所取代，因为跨国经济的存在，国家之间的对立关系也会趋于缓和。"政府的角色在确保人民能过好日子的同时，也应该让他们能安安稳稳地从世界各地使用既好又便宜的产品和各项服务，而不是保护某些产业和某一群人。"[1]在全球化的问题上，大前研一认可中国经济的崛起，尽管关于中国统一的预言并未实现，但他所强调的中国的崛起对于世界和亚洲是一个重大机遇而非威胁的言论还是非常中肯的。

2. 专业主义

大前研一基于自己对于日本企业管理的深层次理解曾作出这样的预言：专家阶层的势力迟早会增强，并动摇日本的产业界。在这里大前所倡导的管理中的专业主义并非我们传统所认为的专业化的技术人才，结合自己在麦肯锡多年的工作经验，他认为真正的专业人员应该具备先见能力、构思能力、讨论能力和适应矛盾能力这四方面能力，而不是传统观念所仅仅强调的技术能力的专业化。在他看来，20世纪是常识所主导的时代，而21世纪常识将会被不断发生的变化所冲击和改变，因此凭借专有技术而成为专家的医生、律师、会计等职业类型不再是专家的标杆，专家应该是具有解决错综复杂问题实力的人，而前面的四种能力则是拥有这种实力的先决条件。大前研一的思路是首先明确专业主义的标准，然后给人以通向专业主义的修炼路径，通过企业和个人共同的思维方式的转变，将专业主义精神深入企业经营的内在环节中，从而改变日本企业根深蒂固的一些缺陷。如同他自己的经历一样，认真地锻炼自己的思考能力，而所谓的人生，也正是由这一次次锻炼构成的。

3. 战略经营思想

大前研一是竞争战略的主要提出者之一。在他看来，日本企业在20世纪60年代以来的成功来自日本企业家战略思维的贡献，这种关于日本经济崛起

---

[1] 大前研一. 无国界的世界[M]. 黄柏棋, 译. 北京：中信出版社，2007：11.

的独特思维虽然略显偏颇，但战略思维在日本企业发展中的重要作用显然是不容忽视的。在他看来，这些战略家虽然很多都没有受到专业的训练，但他们可以通过直觉掌握战略的基本要素，"以与众不同的方式思考，把公司、顾客和竞争对手看作一个动态的、相互作用的整体，并最终形成一整套详尽的行动目标和行动计划"[1]。制定成功地处理挑战和机遇的战略需要通过四条有效的途径来完成：（1）关注关键因素。公司可以利用的资源是稀缺的，如果仅仅是以同竞争对手相同的方式进行资源分配，企业并不能够获得竞争的优势。因此必须要识别出在经营过程中对企业具有决定性影响的关键性因素，并且在资源分配时对这些因素进行重点的照顾和投入，企业才可能获得优势。当然这种识别活动是比较困难的，大前认为可以使用两种方法："第一种方法是最富有想象力地仔细分析市场，以识别其中关键因素的细分市场；第二种方法是寻找市场上的赢家和输家之间的区别，并进行详细分析。"[2]（2）依赖相对优势。尽管各个公司生产的产品很少有完全相同的情况，但是通过细致的分析和划分，公司和竞争对手之间的产品还是可以进行比较的，比较的结果就可以形成一种客观的认识，即公司对竞争对手可以建立起来相对的优势地位，公司也可以开发出一种全新的产品或者充分利用相对的竞争优势的地位。（3）追求积极主动性。公司的战略家可以利用战略一致性和战略连贯性改善企业所面临的困境，通过对行业当中既定的指导经营方式的假设的质疑，思考曾经的成功因素实际上是否还保持不变，进而提出质疑，"对涉及这些运作的常识提出的质疑越直接，克服由基于这些常识的观点而带来的问题就可能越容易"[3]。（4）利用战略的自由度。基于关键成功因素的经营战略是发现业务运作中的关键因素的一种途径，而战略自由度则是考虑针对这个特定的关键因素，企业在相应的领域中进行的战略行动的自由度有多高。即使在竞争激

---

[1] 大前研一. 巨人的观点：像战略家一样思考[M]. 蔡连侨, 译. 北京：机械工业出版社, 2005：3.

[2] 大前研一. 巨人的观点：像战略家一样思考[M]. 蔡连侨, 译. 北京：机械工业出版社, 2005：20.

[3] 大前研一. 巨人的观点：像战略家一样思考[M]. 蔡连侨, 译. 北京：机械工业出版社, 2005：28.

烈的情况下，这种以公司创新的广泛应用而形成的战略自由度还是有很大可能帮助企业获得成功。通过以上四种途径，企业可以获得战略上的远见，并进而在竞争当中获得更为优越的地位。而在具体的经营战略制定过程中，大前研一则创造了战略三角形这样一种分析框架，他认为战略包括公司、顾客以及竞争对手三个主要的参与者，它们各自都有自己的利益和目标，战略家的任务就是在这个三角形的范围中，在该业务的关键成功因素方面，取得比竞争对手更优异的表现。

大前研一的思想在今天还在不断地发展过程当中，以上是其作为管理学家对于管理学理论发展的主要贡献所在，但作为批评家，大前研一在反思日本管理思想的缺陷和弊端时也有很多深刻的见解，这方面的内容我们将在后面结合其他思想家的观点进行进一步分析。

本章小结

企业家的经营理念是日本管理哲学的直接来源，因此早期的日本管理哲学更多的是建立在他们对于经营实践的总结反思基础之上。而在第二次世界大战之后，德鲁克、戴明这些西方管理大师的思想传播到日本，同日本特色的经营实践进行了进一步的融合，一方面形成了战后日本企业独具特色的劳动力与生产管理机制，另一方面也使日本的管理哲学具有更为强烈的文化杂糅的特色。

第二次世界大战后基于对西方管理思想的学习和接受，日本在真正意义上建立起了类似西方的管理学科。日本管理学的迅速发展以及优秀管理学家的不断涌现，体现出日本管理哲学理论联系实践的内在特征，也使其作为理论研究的范畴，具有了更强的规范性和科学性的特质。另外，随着管理思想的日趋成熟，日本管理与西方管理的差异性在逐渐减少，石川馨对比戴明的管理思想或者野中郁次郎对比德鲁克的管理思想都具有明显的传承关系。而在研究的重点上，也凸显了管理学的先进成果和日本的特有文化相结合的典型表现。因此，当代的日本管理哲学已经不仅仅代表日本，它既是普世管理理念在日本特定文化之下的产物，又可以看作是日本管理思想的发展与传承为世界管理理论发展所做出的贡献。

第三章

现代日本管理哲学的思想体系

任何与管理有关的理论都要建立在管理实践的基础之上。前述思想家的管理思想和经营理念,都来自对日本特色的管理实践活动的总结与归纳。而从宏观意义上看,日本江户时代形成的"士农工商"的社会结构决定了日本的管理哲学存在着不同的层次和维度,杂糅文化的社会特质也使得日本管理哲学会呈现出内在的差异性和矛盾性,这是我们在总结日本管理哲学思想体系时必须要考虑的前提条件。

第一节 现代日本管理哲学的思想特质

虽然企业家的经营哲学是日本管理哲学的外在表现,同时也是我们可以直接通过文本载体探寻得到的,但是它只代表了日本管理哲学的一个特定维度。管理哲学是整个经营管理过程中的价值观念的整合,因此它会存在于企业管理的每一个层面,与之相对应地,也就构成了日本管理哲学的思想特质。

一、作为爱国情怀的日本管理哲学

现代日本管理哲学首先表现为一种胸怀家国、兼济天下的情怀。这种情怀的直接思想来源是武士道精神中武士为主君毫无保留地舍生取义、杀身成仁的精神,同时也是儒家"忠义"思想与神道教形成的日本民族凝聚力的结合。下级武士主导了明治维新的变革,成为新时代的领导者,武士道精神也随着他们的改造得到升华,从对主君的忠诚扩展为对国家、民族的责任意识,其影响范围也从仅仅是武士一个阶级扩展到日本社会的各个阶层。在现代企业建立之后，这种献身国家、忠诚、勇气和自我牺牲的精神也被融入现代企业精神当中，构成了日本管理哲学中最核心的层次——对管理的本质的认识。时至今日，对应当为集体利益携手合作的认同，仍然保留在企业中，甚至可以说，这个社会所有的组织与个人都拥有为了国家的目的而奋斗的共同渴望。

从历史发展看，生存环境的艰辛和自然资源的匮乏使日本具有强烈的民族危机感，进而演化为群体的归属意识；而在第二次世界大战结束的初期，战争造成的极度贫穷和来自西方国家的生存威胁也使日本人的国民意识进一步增强。前面我们所介绍的日本企业家，或是经历了明治维新时代改天换地的浪潮，或是体验了第二次世界大战之后从废墟中重建的艰辛，因此在他们的经营思想中都打上了深刻的家国情怀的烙印。对于他们来说，企业的发展和国家振兴是一体化的过程，而且在他们投身于企业经营活动时，这种"家国一体"是可以真真切切地体会到的。经营者以报效国家作为其创建企业的初衷，企业的强大成为国力强盛的标志，而在国家实力增强的同时又会对企业发展产生有效的带动，通过国家和政府的扶持使企业获得更大的机遇。这种国家与企业间的双向良性互动关系直接催生了日本管理哲学的最本质命题的解答，即"为什么管理"的问题——作为企业家既有振兴国家的理想抱负，又会使企业在国家发展中获得收益，因此他们进行经营的终极目标自然就会落到"家国一体"的情怀当中，代表性的结论就是涩泽荣一的"实业报国"的主张。

与第一代企业家相比，第二次世界大战之后以"经营四圣"为代表的新一代企业家将这种家国情怀进一步地发扬，在破除前辈狭隘民族主义的基础上，使日本管理哲学具备了更强的包容性。管理哲学的情怀不再是简单的爱国主义情愫，而是建立在现代企业管理思想与制度基础之上的企业对于社会的责任心。这里既包含了报效国家的观念，同时也是对社会进步和全体国民共同利益的维护。在他们眼里，企业早已不是自己创造价值的工具，而是提升国家福祉的"公器"。也正因为有这种理念，早期财阀的创富观念在这个时代才成为过时的理念。"经营四圣"并未给自己和家族留下与其企业规模相匹配的巨大财富，唯一在世的稻盛和夫的个人财富始终没有超过10亿美元，单论身家与他作为两个世界500强企业创始人的身份显然是不相符的。造成这种结果的原因就是在他们看来，财富只不过是暂时的保管品，若不能用以回报社会则是毫无价值可言的。

因此，从"实业救国"到"敬天爱人"，日本管理哲学的核心价值观并没有发生转变，只是视野更加开阔，影响更为广泛，也更符合现代社会对于企业经营的要求。

二、作为道德操守的日本管理哲学

在前面对日本管理哲学思想渊源的归纳中我们可以清楚地看到，无论武士还是商人，在整个阶级的社会演进过程中，其价值属性最后都会归于个体的道德自律当中。所以，"用合乎道义的方式来发展企业，在企业发展的过程中遵循道德伦理"这一命题，是日本管理哲学的另一核心层面，即人在管理中如何自处的问题。

作为道德操守的日本管理哲学，首先表现为"正人先正己"的自律精神。基于纵式社会的结构特点和年功序列的企业等级结构，日本企业伦理表现出由内而外的作用机制，这也是日本管理哲学对儒家"内圣外王，修己安人"的至高境界的一种追寻。作为企业家，自我的道德修为会对整个企业价值观的形成起到示范作用，己不正无以正人。在日本这种伦理主导的社会中，并不存在所谓"为尊者讳"的思维，越是身居高位的人，其道德层面的瑕疵越会被放大，所以领导者在德行操守上必须谨小慎微，以身作则。同样，这种自律修己在管理中带来的回馈也是巨大的，在日本经营管理历史上获得不朽地位的优秀企业家，为人称道的除了他的经营才华之外，也包括了他们在道德领域的表率作用。基于自上而下的权威认同机制，这种道德认同使他们在企业中拥有远远超出资本本身的影响力，在强化组织地位的同时，也给他们推行自己的管理思想提供了更为有效的条件。

其次，这种特质表现为"取之有度，用之有节"的经营理性。企业在对经济资源进行组织和配置的时候所依据的是经济理性，而作为一种典型的工具理性，经济理性的最终目的是经济效益的最大化。但是，实践已经证明，单纯以经济理性作为驱动的企业经营可能会对资源、环境以及人类社会本身造成灾难性的后果。而在日本的管理哲学中，基于道德操守的特质，企业以及企业家本人对物质利益的索取都是有限度、有节制的，企业家不过分追求财富，企业的发展也以不破坏外在环境的均衡作为前提，这里的环境均衡，既包括自然环境的均衡，也包括社会环境的均衡。所以，日本企业的经营理性与西方相比，在弱化经济理性的基础上，以道德理性作为可能出现的恶性结果的弥补。

最后，这种特质表现为操作层面的"工作伦理"。基于员工与企业的伦理关系，日本企业有很好的工作伦理。这种伦理体现在员工在工作当中的敬业精神上。作为一种普遍的现象，日本企业的员工在工作中积极主动，严谨务实，严守规则，不计得失，真正能够做到与企业同呼吸、共命运。但是需要注意的是，这种工作伦理建立的基础是集团意识下个人对企业的忠诚，所以它还不是真正的职业伦理。这里表现出的归属感是员工对于企业的归属，而不是对于特定职业归属。在企业与员工的这种关系为外力所破坏，比如大规模裁员现象出现的时候，员工可能会表现出由于社会责任淡漠的无所适从感。

除此之外，还需要特别注意的是，日本管理哲学中的道德伦理是建立在相对主义的道德思维之下的，对于个体来说，组织内外是两个世界，表现出两种截然不同的道德观。员工忠于的是组织本身，其责任心也主要体现在对于企业的担当，然而在企业利益与社会效益产生矛盾的时候，他们也会基于这种狭隘的责任意识做出错误的选择。近年来，一些标榜工匠精神的日本企业频繁出现的产品质量问题与此关系密切。因此，这种思维方式也给日本管理哲学的道德特质打了折扣，同时也是其在当代饱受质疑的方面之一。

三、作为精进心理的日本管理哲学

"精进"最早是佛学用语，表示在修行中勇猛地修善去恶。作为管理学的用语，它代表了在整个生产过程中的专精求进。在稻盛和夫看来，要想达到精进必须要做到以下六个方面：付出不亚于任何人的努力；要谦虚，不要骄傲；要每天反省；活着，就要感谢；积善行，思利他；不要有感性的烦恼。这是从人生感悟中摸索出来的管理体认，也体现了日本管理哲学是从人生哲学到管理哲学转化的思维特色。在生产活动中，精进代表了产品品质的精益求精。对高质量产品和服务的无止境追求，是所有成功企业的共同特征，在这一点上东西方管理哲学的理解是相同的。但是在日本的管理哲学中，精进的心理不是通过制度强加的，而是在日本社会文化发展历程中自然形成的本性。

如前所述，对技艺上的完美品质的追求是"职人品质"的精髓，但却并非职人的专有。从明治维新开始，日本的"士农工商"就处在不断融合的过程中，直至当代，职人品质不仅在小企业生产中依然保有，同时也融入工业化生产的内在精神当中。所以说，在日本任何专注于自身工作改善与精进的人都是具有职人品质的，做寿司的小野二郎是这个时代的职人，做拉面的山岸一雄是这个时代的职人，丰田生产方式的创立者大野耐一同样也是这个时代的职人。他们恪守这样的准则：以饱满的热情献身于自己从事的事业，始终重复着同样的事情直到达到精进。

作为日本管理哲学的特质，精益求精的心理同时作用于企业和企业人员之上：在个人层面，其作用于经营者身上，是追求产品制造的合理性以及品质至上的成本节约精神；而作用于普通员工身上，则是对于工作的执着态度以及在生产中一丝不苟、兢兢业业的行为方式。虽然关注的角度不一样，但是在对待质量的态度和精神上，两者是一致的。而在企业层面，这种特质对于以手工生产为主的小企业来说，是精益求精、忠于职守精神之下的工艺传承与完善；而对于工业企业来说，则催生了生产领域的革命，比如由丰田公司所倡导的精益生产；这种特质融入日本企业的管理当中，进而与西方先进的管理方法相结合，于是构成了日本生产管理当中以精益—改善理念为核心的管理哲学。各个层次的精进，在本质上都根源于对工作的热爱，只有将工作看作是乐趣以及自我成就的途径，而不是单纯的谋生手段，才能够真正在管理和生产中做到精进，作为个人也才能够真正把个人成就与企业利益结合在一起。循着这条路径，既能够使经营变得更加出色，同时也可以让企业当中的每一个人的人生过得更加精彩。

第二节 现代日本管理哲学的核心主题

融合性是现代日本文化的典型特征。从人性角度看，日本人的思维方式充满了自相矛盾的特质，正如本尼迪克特所说，"日本人生性极其好斗而又非常温和；黩武而又爱美；倨傲自尊而又彬彬有礼；顽梗不化而又柔弱善变；驯服而又不愿受人摆布；忠贞而又易于叛变；勇敢而又怯懦；保守而又十分欢迎新的生活方式。他们十分介意别人对自己的行为的观感，但当别人对其劣迹毫无所知时，又会被罪恶所征服"[1]。这种内在差异性的国民精神表现在日本管理哲学中就形成了其核心主题中的对立统一关系，因此，我们经常可以看到，在我们所赞颂的日本式管理的特质当中，却隐含着与其宗旨截然相反的内容。理解日本管理哲学的本质，就必须要从看似对立的管理理念中寻找其共性所在。

一、人本主义与集团主义——日本管理哲学中的命运共同体

集团主义是日本社会思维的典型特征。集团主义，或者可以称作"团体精神主义"的社会价值理念，在社会生活中表现为社会成员的相互协调配合，在企业管理中则表现为具有日本特色的"经营家族主义"思想，"这种思想强调了劳资一体，把企业内的劳资关系比喻为家族内的亲子关系"[2]。"经营家族主义"表现为企业与个人之间的一种"共利"关系，并不意味着个人利益的无条件的放弃与牺牲。由此可见，在日本管理哲学中，企业基本形态是一个"命运共同体"，个人价值与集团利益都能够在这一共同体中得到实现。

---

[1] 鲁思·本尼迪克特. 菊与刀 [M]. 吕万和，等译. 北京：商务印书馆，1996：2.
[2] 柿崎京一，李小慧. 日本社会的基础结构——兼及中日文化之比较 [J]. 北京大学学报（哲学社会科学版），1999（3）：77.

（一）集团主义：纵式社会的核心价值观

集团主义在日本是一个历史生成的价值体系。它代表了日本社会中这样一种认识，即"个人应属于某一团体，团体成员由一种共同命运和共同利益联系在一起，团体要给予其成员归属感和安全感，而同时要求其成员对所属团体具有忠诚和献身精神"[①]。在这种生活方式下，个人的自我价值并不完全依靠个人奋斗，而是通过集团来实现的，所有的个人都要集中在一起成为统一的整体，同样所有个体的思维和活动都要以群体为中心进行。

集团主义是日本特定的社会生活的产物。从历史发展角度看，集团主义既是日本民族漫长的发展过程中所形成的生活方式的凝练，也是佛教与儒家思想渐次融入日本民族特质之后的理念整合的结果。集团主义所形成的"命运共同体"可以追溯到日本历史上的村落生活方式，随着社会进化的发展，这一共同体逐渐演化为"村""国""藩"等形态，在内在精神上都具有集团主义的倾向。因此中根千枝认为，日本的社会结构不同于西方的横向社会结构，而是一种纵向式社会结构。在她看来，社会中可以看得到的制度和组织，比如学校、政府机构、企业等，是社会的显性结构，而在此之外还存在着另外一套无法直接观测得到的社会结构，即"隐性结构"，这种结构才是推动社会发展的基本动力，并且是社会本身呈现出一定特色的条件。"纵向式社会"就是日本的社会的隐性结构，"集团主义"的社会特色就是在这种社会结构驱动之下产生的。

集团主义形成了日本管理哲学在经营实践中的外显特征，但是其基础并非外在表现的家族经营现象，而是在于日本人独特的心理特征，即在大多数日本人内心当中形成的，对于事物进行感知、理解的基本前提，它可以称为"群体志向性"或者"集团志向性"。这种在日本历史上的村落生活方式中形成的群体志向，对于日本经营模式的形成起到了基础性的作用，并进而对以长远地维持和谐人际关系为前提的终身雇佣制等制度起到了内在的保障作用。

基于集团主义的观念，企业被看作是具有生命体样态的"共同体"，共

---

① 王家骅.儒家思想与日本文化[M].杭州：浙江人民出版社，1990：421.

同体当中的每一个个体都会将自己活动的目标与企业联系在一起，"在日本的这些经营惯用手段里，都有一个共通的目标，并且这个目标，在结果上都最终指向企业这个被认为是命运共同体的集团的稳定、发展、繁荣"[1]。每一个员工进入企业不是为了做事赚钱，而是要融入这个企业，成为它的一部分。而作为经营者来说，"尽管每个人都具有强烈的获得利润和个人利益的欲望，但也要打着为了集体利益的招牌去追求个人利益"[2]。员工对于企业集团主义的认同在行为上表现为两个方面：对外主要反映为恪守以顾客为目标，充分追求顾客满意的经营理念。对内主要反映在营造和维护"家族"式的共同体。这样的家族式共同体致力于在组织内培育集体至上的氛围，增强员工对组织的认同感与忠诚度。日本企业在结构上存在明晰的层级关系，以明确的指挥—控制关系，完成命令—反馈的管理职能，但企业文化所推行的共有价值观分享则极大淡化了上下级的对立和资方的优势地位，并培育了员工对企业共同体绝对"忠"的观念。"在日本，人们相信人人都具有一种独特的精神、灵魂和思想，但这一自我却被认为是一个人一生发展中的障碍，人们在企业活动中被视作集体中的一员，而不是当作合作者，个人的特征也不同西方，它被看作是一个人一生发展的主要标志。"[3]也正是基于这种考虑，在日本企业中个人任何试图形成独立性的做法，都被看作是对集群的伤害和诋毁，即使在真正地需要进行独立性工作的时候，他们也会利用身边可以利用的一切条件去证明，这种独立只是暂时的分开，而不是与集群永久性的分离。

（二）集团主义背景下的人本管理

集团主义的思维方式有可能会形成一种不好的趋势，即把集团的利益凌驾于个人利益之上，个人与集团的关系是绝对的服从。这种发展趋势会造成集体对个人权益的侵害，一旦集团被别有用心的人掌握时，他们可能会借助

---

[1] 周丽玫.日本企业的"集团主义"浅析[J].辽宁行政学院学报，2008（10）：208.

[2] 理查德·帕斯卡尔，等.日本企业管理艺术[M].张小冬，等译.乌鲁木齐：新疆人民出版社，1988：109.

[3] 理查德·帕斯卡尔，等.日本企业管理艺术[M].张小冬，等译.乌鲁木齐：新疆人民出版社，1988：103.

虚假的集团意识假公济私，从而造成对多数人利益的侵害。因此，在东方社会宏观层面的集团主义背景之下，日本管理哲学也蕴含着人本主义的理念。

　　企业是由人构成的，对人的思维方式的认识构成了一切管理哲学的根本问题。日本企业管理时时刻刻都尊重员工、重视员工，提高员工在组织中的地位，强化员工在企业决策中的作用。众所周知，当代的人本主义是一种"主体哲学"，强调人在世界本体中的主导性地位。而作为一种管理哲学的日本企业人本主义，则建立在这样一种前提之下：员工是企业的主权者，决定着企业的前途命运。这里的主权者当然不是基于股权关系，而是基于把员工看作企业发展核心资源的观念，"所谓企业的主权者，就是拥有对企业来说具有根本性的、重要性意义的决策权利的人，也是具有优先获得企业经济成果分配权利的人。"[①]建立在长期雇佣的基础上，日本企业的员工和企业之间的关系是极为紧密的，大量员工会在同一个企业走完他的整个职业生涯，企业的命运和员工个人的前途是一致的。而且，在日本企业中的员工，并不仅指企业的劳动者，也包括了企业的经营者，他们和企业之间的利益关系是更为复杂的，也包含着相应的股权关系。因此，员工虽然不是企业资本意义上的所有者，因为与企业具有总体意义上的利益一致性，所以可以看作是企业的主权者。日本土地狭窄，资源贫乏，要想实现经济的发展，有赖于企业中人的能力的充分发挥。企业的发展需要的是主权者的责任感和能动性，而不是仅仅依靠听话的"顺民"就可以完成。

　　在日本企业人本主义的体系当中，这种主权者地位在现代企业经营中主要体现在两个方面：人力资源和人际关系。在人力资源方面，人本主义的观念认为公司长期的不断发展壮大是其所有目标的核心，而短期的利润以及股东的短期利益都要从属于这个目标，因此对员工的管理也注重其长期发展对企业的促进作用，作为日本管理基本特色的"终身雇佣制""年功序列制"和"企业内工会"这些人事制度，其实都建立在这种理念之下。定位于漫长的职业周期，这些人事制度保障了员工和企业之间的和谐共存，也使员工作为企

[①] 伊丹敬之.日本企业的"人本主义"关系[J].财经问题研究，1997（4）：31.

业的一项长期资源得以培训并发展。同时，企业通过"禀议制"将决策的制定权下放，使基层员工能够参与到关系到企业未来发展的决策制定当中，从而体现了对作为人力资源的员工的尊重。这些做法，都体现了日本管理哲学人本主义的特色：强调人的成长；在人际关系方面，倡导企业内部人际关系的和谐；在管理中表现为通过温情主义的管理方式，在工作中和生活中都要给予员工更多的理解、宽容和支持，使他们真正能够感受到尊重，这是建立企业与员工之间和谐关系的条件和基础。同时，通过企业文化的培育以及日常的组织内部活动的开展，强化员工对企业以及员工之间的相互尊重与理解，从而获得企业内部的和谐共存。

"命运共同体"的管理哲学使企业中个体与集体关系形成两种趋势，一方面是员工对集体权威的认同与服从，另一方面则是需要通过员工能力的发挥、自我价值的实现来达成企业所追求的经济效益。第一方面通过集团主义的思维来实现，第二方面则必须要通过人本主义的方式才能够得以实现。但是需要注意的是，与西方倡导个体自由的管理哲学相比，日本管理中的个体价值始终需要放到群体当中去思考，因此，日本管理哲学中所谈论的人本，是建立在集团主义基础上的，作为"命运共同体"的企业兼顾了企业中的群体和个体的共同需要，因此实现了管理中"集团主义"和"人本主义"的完美结合。在这种理念指引下，企业如同一艘大船，船上的每一个人都是"命运共同体"的一个部分，在企业经营中，一荣俱荣，一损俱损。也正是这种"命运共同体"的意识，让在其他管理文化中无法解释的现象在日式管理中能够司空见惯，比如日本经济高速发展时期企业内部大范围的主动加班甚至是"过劳死"的现象的出现。在这些现象中工作的动力不是依靠制度的压力被动出现的，而是来自员工自身的主动意识。

二、企业经营与国家振兴——日本管理哲学中的利益共同体

"命运共同体"体现了日本管理哲学中集团主义与人本主义的结合，如果将这种理念放大的话，就会形成存在于国家与社会层面的"利益共同体"。企业与社会的"利益共同体"，可以看作是企业内部个体与集团关系的进一步延

展。通过对日本管理思想的历史回顾，无论是涩泽荣一的"实业报国"还是稻盛和夫的"敬天爱人"理念，都能够从日本企业家的管理哲学中体会出其远超企业经营之上的更为远大的抱负和志向。而从这些能够影响日本管理发展的企业家的角度来看，企业家对于国家、民族、社会的责任，是远远超出自身盈利的意义的。在他们看来，企业是国家振兴的"公器"，经营者身上既要肩负对企业自身的责任，更要肩负推动国家与民族发展的社会使命。

这种精神是日本企业的社会责任形成的基础，"一个企业应该自力更生，为社会提供服务。利润不该是公司贪婪的反映而应是社会所投的信任票，因为只有社会才能对公司提供的服务进行评价"[①]。在工业文明时期，企业是连接人的劳动生产与社会责任的载体，任何企业都不能脱离它所属的时代和国情。而在日本，基于纵式社会的结构特征以及早期企业产生的特定条件，企业和国家、政府的关系更为紧密，企业家也会自觉地把国家民族的命运同企业的未来紧密地联系在一起。因此在社会结构的层面上，企业就是社会当中的个体，而国家则是更为强大的集团。对于企业家而言，国家的国运昌隆是企业生存发展的前提，早期日本企业的崛起印证了这样的一种对应关系，尤其是明治维新后的公办企业私有化转让，给尚处在萌芽状态的日本企业带来了无限的发展空间。因此，早期企业家的经营理念中自然就会形成"国家利益第一位，个人（企业）利益服从于国家利益"的基本判断。

即使是从自利的角度来看，"共利"的效果也要远远好于"独利"。在日本管理中，"利益共同体"的对立方是追求个人利益最大化为目标的企业家，这种人往往能在极短的时间积累巨大的财富，但由于过分追求自利性的目的，最终都会走向衰落。比如西武集团的堤义明，他曾经是比尔·盖茨崛起之前雄霸全球福布斯财富榜第一位多年的超级富豪，很多人将他看作是80年代日本企业经营走向巅峰的标志人物。但是在经济泡沫破裂之后，堤义明不仅财产大幅缩水，其企业经营当中的问题也逐渐浮出水面，2005年，因为涉嫌违规操作，堤义明被宣判有罪。从经营理念上看，同样热衷于儒家哲学的堤义

---

① 理查德·帕斯卡尔，等.日本企业管理艺术[M].张小冬，等译.乌鲁木齐：新疆人民出版社，1988：34.

明，选择荀子的"性恶论"作为其经营活动的根本原则（事实上他并未真正领悟"性恶论"的思想精髓），同日本其他著名企业家相比，他从不信任其他人，把下属当作是创造财富的奴隶，宁用奴才不用人才，不相信任何人。在泡沫经济高歌猛进的年代，这种经营思想让他的企业无比强大，但是对于企业中人的价值的否定和仅仅基于个体盈利的狭隘视野，使他背离了日本管理哲学的宗旨，最终导致了全面的溃败。堤义明的失败就在于，过分看重个人利益的获得而没有将企业与个人的盈利置于国家发展的整体背景之下，从而背离了"利益共同体"的初衷。

企业与国家的利益共同体，基于共赢的基础之上——企业对于国家不是无条件的奉献与牺牲，国家的富强和发展会回报给企业更大的利益。由此也印证了前述日本管理哲学"情怀"层面的存在基础，企业家的家国情怀固然有来自传统文化中的"忠义"思想，更为重要的则是，以这样一种方式投身于实业当中，也是经营本身走向成功的条件。

三、道德主义与功利主义——日本管理哲学中的价值共同体

结构森严的道德戒律是日本管理哲学最典型的特色所在，江户时代之后的日本，基本上完整地继承了儒家伦理的所有内容，并且通过将儒家伦理与神道教和佛教精神的结合形成了独具日本特色的价值伦理体系。明治维新之后建立起来的日本近代化企业，在伦理观念上依然保有这种特色，这一点从今天保存完好的三井、三菱家训中都可以清楚地洞见。但是仅凭这些就断定日本的企业伦理是把道德作为衡量企业的终极标准并放在至高无上位置的道德至上主义，也是有失偏颇的。

源自儒家伦理的"忠""孝""诚""义"等伦理规范在日本管理中发挥重要的作用，经营者以这些伦理信条作为自律和他律的标准。比如在人才选拔上，道德的因素是第一位的，他们坚信能力上的缺失可以通过锻炼和积累进行弥补，但是道德品质上的缺陷却很难通过外在的手段加以修正。在推行终身雇佣制的企业，员工在企业内的职业生涯是极为漫长的，企业也为他们职业生涯的各个阶段提供与之相适应的岗位和工作量。因此在这种体制下，能

力的差距并不是立竿见影的，企业对于员工职业生涯早期的表现往往是较为宽容的，只要具备必要的美德，工作能力是可以慢慢培养出来的。与之相对应的是，对于道德标准的要求则显得过于严苛。在企业管理中，经营者和员工都在统一的道德标准的严格制约之下，一旦越雷池半步，就会对未来的职业生涯造成致命的影响。即使身居高位，也往往会在企业失去立足之地。与之相类似的现象是在当代日本政坛存在着"政治洁癖"的现象，即领导者任何清正廉洁方面的表现都会与"诚信"的社会伦理挂钩，所以即使是非常微小的过失都会上升到伦理道德的高度而被无限放大，直到影响政治人物的前途，比如前外相前元诚司就因为一笔5万日元（不足4000元人民币）的政治献金而引咎辞职。

这种现象和日本的"耻感文化"的历史传统是密切相关的，但这并不意味着企业的伦理秩序是类似于中国传统宗法观念的道德至上主义。日本管理哲学强调伦理，其目的是对员工进行有效的引导，从而将其行为与企业盈利的目的进行有机的结合，使其能够为企业所用。因此，日本式管理中所构建的伦理体系具有浓厚的功利主义色彩。这种特色最典型的表现在于，经营者以伦理规范作为治理企业的工具，其本质目的并非追寻道德的本源并且以道德标准作为企业经营的戒律，而是通过道德伦理的作用建立并维护企业的整体秩序。在这个过程中，道德只是手段，而非目的。正视残酷的竞争，想方设法取得胜利，这是日本剑道的根本精神，同样也可以看作是日本管理哲学的伦理标准。当所有的伦理规范被置于这个"求胜"的理念之下时，这就是典型的功利主义价值观的体现了。

作为意识形态，道德主义与功利主义都是人类在追求幸福中的价值观念的集合，功利主义并非利己主义，与道德主义相比，它强调结果导向，强调行为的效用最大化。按照密尔的解释，功利主义的人生目标不应仅仅是图谋自己的个人幸福，而是要突破自我的屏障，去关心他人的幸福直至整个人类社会生存状况的改善，从"自利"转变为"自我牺牲"。现代日本道德学说奠基人西周的道德学说就具有强烈的功利主义特质，在西周看来，"人的自由、平等、幸福是道德生活的目的和原则，人生的目的无非是求快乐去痛苦，即达成最大的幸福"①。西周和福泽谕吉的功利主义伦理观明确了追求物质利益的合理性与必然性，在批判传统封建道德的基础上，也为明治时代的资产阶级改革提供了伦理层面的理论支持。早期的企业家大多是西周、福泽谕吉理论的信徒，因此在他们建立企业的过程中，也把这种功利主义思想作为构建企业价值观的基本的经营理念进行推广。

四、追求完美与讲究实用——日本管理哲学中的践行共同体

（一）日本管理哲学中的理想主义

真正意义上的企业家，在他们的经营思想中都会具有一定的理想主义成分，"企业家的行为动机首先是一种梦想和意志，即要去找一个私人王国，并通过工业或商业的成功，构筑接近于中世纪封建贵族领主的地位，从而获得社会名望；其次是征服的意志，是战斗的冲动，是证实自己人生价值的冲动，追求的是成功的本身，而并非其最终成果；最后是创造的欢乐，展现个人才能并取得成功的欢乐，当然也包括追求个人财富的欢乐"②。这种理想主义在日本企业家身上表现得尤其显著，在他们的管理哲学中体现出的理想主义除了前面所说的"家国天下"的使命感之外，还包含着在企业经营中精益求精、追求完美的崇高志向，以及在探寻未知领域时的兴奋感与成就感。

在企业的经营管理中，企业家的理想主义主要是通过工作的实践得以实现的，因此对于工作的态度，亦即前面所说的"精进心理"，是这种理想主义的基本表现。在这种心理指引下，他们不把工作看作是一种人生负担或者谋生的手段，而是认为人只有在工作中才能找到自我的本质价值，也只有工作才能够让人类真正地感受到喜悦。相反，"工作不认真即使能够在兴趣和游玩的世界里得到快乐，那也只是暂时的快乐，一定不能体会到从心底涌现出来的喜悦"③。这种说法从平常人的角度看来似乎有一些不近人情，但是如果把工作看作是人不可或缺的部分时，努力做好本职工作，其实也就意味着珍惜人

---

① 崔新京.论日本明治维新时期的西周道德学说[J].辽宁大学学报，1988（5）：99.
② 刘荣.日本企业家的功利主义及激励机制[J].日本学刊，1999（4）：47.
③ 稻盛和夫.活法[M].曹岫云，译.北京：东方出版社，2009：73.

的生命中的每一天。工作既能创造利益，又能磨炼人格，是人走向充实和完美的必要路径。在日本的企业家看来，工作现场本身就是最好的磨砺精神的场所，通过每天辛勤的工作，人不但能够获得崇高的人格，同时也可以获得人生的圆满。在工作中要有锲而不舍的精神，即使目标看似高不可攀或遥不可及，只要倾注最大的热情投入钻研之中，就一定能够走向成功，"发明既非偶然，也非他天才所致，而是他忘情地、疯狂地、全神贯注地工作，不断冥思苦想，终于撞见了'智慧之井'"[①]。

  理想主义的管理哲学形成了日本企业中成就导向的价值观，并且基于前述"共同体"意识将个人境遇同企业发展结合在一起，在企业的不断发展壮大中实现自我理想。作为实现理想的条件，人的内在驱动力必须足够强大，"应该是抱有强烈的愿望，废寝忘食地渴望着、思考着。全身上下从头顶到脚尖都充溢着这个愿望，就好比是身上划破后流出来的是愿望而不是血"[②]。做到这个层次，人必须要有足够的修炼，"努力勤奋地工作、心怀感恩之心、善思善行、诚恳地反省并约束自己、在日常生活中持续磨炼心智、提高人格"[③]。这种个人的自我修炼是走向成功的必备条件，在修炼的基础之上，所需要的就是持之以恒的努力，尤其是在面对看似无法完成的、远远超出自己能力范围的任务的时候。稻盛和夫认为一切的失败都不是因为工作本身的难度太大，而是没有将努力的精神贯彻到最后。而一旦做到这一点，冥冥之中自然会有一种力量将你引向成功，"向困难的工作挑战，或者想要实现很高的目标，那么全身心投入工作是必需的，只有此时，懒得动弹的'神'才会出手相助"[④]。这种看似宿命论或是神秘主义的看法，其本质类似于禅宗的顿悟，强调的是在努力工作之后所获得的关于成功的暗示，而在工作未尽力之前这种状态是无法达到的。在这里工作是一种严格的修炼，人通过工作获得的不是特定的结果，而是对于自我心志的提升。只有通过长期的、坚持不懈的工作，才会

[①] 魏精.稻盛和夫：哲学"治国"[J].现代企业文化，2011（5）：53.
[②] 稻盛和夫.活法[M].曹岫云，译.北京：东方出版社，2009：19.
[③] 稻盛和夫.活法[M].曹岫云，译.北京：东方出版社，2009：112.
[④] 稻盛和夫.干法[M].曹岫云，译.北京：东方出版社，2009：84.

获得沉稳而坚定的人格，而不至于随外界环境而摇摆不定。

（二）日本管理哲学中的实用主义

尽管有着强烈的理想主义情愫，但因此判定日本管理哲学完全受到直觉和情感的操纵则是过于武断的。至少从实践的角度看，日本的经营者在理想主义的外衣下，最终还是以其自身经验作为决定的基础。因此，日本管理哲学的践行路线，是理想主义与实用主义的有机结合。

实用主义一贯以来都是日本精神文化的出发点，其特质表现在日本人的生活方式、人际关系以及对外交往的诸多方面，"日本人自古以来就只注意与自己有关的事物，不关心与自己无关的东西，因此日本人在本质上属于典型的实用主义性格"[①]。比如在对于中国文化、制度的吸收上，日本并不是来者不拒的态度，选择的基础是这种文化或制度是否有利于其自身的发展。最具代表性的例子就是孟子对"汤武革命"的论述，历来都是中国朝代更迭的指导思想，但是日本在引入中国儒家思想的时候有意识地把它忽略掉了，甚至官方编造理由说是由于孟子的书在运送途中落入海中导致了无法传播。其实真正的原因是这种思想的普及会危害日本天皇制度的统治基础。同样基于这种原因，像中央集权制度、科举考试制度等在中国具有深远影响的政治制度，日本也并没有进行真正的学习和模仿。

从思想产生的背景看，日本特定的地域环境和生活习俗是实用主义产生的先天条件，江户时代的"阳明学"以及"石门心学"都具有很强的实用主义倾向。倒幕运动之后，明治政府的革新在各个方面都体现出对于西方"实学"的学习与借鉴，在当时的改革者看来，东方人笃信玄学，做事务虚不务实，而西方人则注重实用，凡事皆以实践结果作为评价标准，这是他们能够称霸世界的前提。因此，实用主义成为明治维新中的精神指导。而到了20世纪，尤其是第二次世界大战结束之后，以杜威为代表的美国实用主义思想伴随着美国对于日本的统治而在日本得到发扬光大。日本的实用主义者在第二次世界大战之后致力于将仍处于理论发展高峰期且成果不断涌现的美国实用

---

① 张云驹. 日本人的拿来主义和实用主义 [J]. 潍坊学院学报，2011（5）：139.

主义哲学引入日本的精神生活,并且通过各种训诂和解释试图使这种哲学实现日本化,"采取独特的思想运动形式,向大众普及知识,进行新的启蒙活动,起到了一定的进步作用"[①]。实用主义在日本思想领域的影响达到了顶峰。

如前文所述,日本人对于外来思想的学习理解能力远不如应用实践能力。因此,日本的实用主义思想在管理哲学中的表现可以进行朴素的概括:第一,有用即真理。实用主义否定真理是客观存在的,认为真理等同于实用,思维只是应付环境变化、解决现实问题的工具。其表现在日本的企业经营中,就是以结果为导向的管理过程。无论企业家还是基层员工,都不会去思考企业管理的本质是什么或是企业为什么要进行管理之类的问题,关于企业管理的一切理论,都是围绕如何为企业以及其背后的国家与财团创造最大的价值和利益。任何的管理理论和方法,只要符合这个要求,能够创造更强大的生产力产出,就是具有实践价值的。第二,拿来主义。"拿来主义"是鲁迅先生在《且介亭杂文》中首创的词汇,本意是表述一种对于外来文化的借鉴和接受的态度,新文化运动之后这个词汇被广泛地应用于各个领域。在对日本文化的研究中,拿来主义几乎可以被看作是等同于实用主义的概念。日本的拿来主义的意义在于,对那些于自身发展有益的东西,日本人往往不分是非,不进行深入地理解就会进行全面的学习。这种现象既存在于古代日本对于中国文化的学习,也存在于当代对西方文化的学习。比如第二次世界大战之后在对于西方科学技术的引进上,日本"把引进模仿欧美国家的先进技术视作日本技术进步的捷径,并致力于实用型的技术研究与开发,从而取得了技术进步、经济增长双重的高效率、高速度"[②]。这种发展方式最大限度上限制了耗费资源和时间的基础研究,将西方业已成熟的研究成果直接拿到本国的生产线上,既是实用主义哲学的体现,又充分符合当时日本利用后发国家优势发展经济的需求。体现在管理理论的学习和利用上,最早由美国人戴明倡导的"全面质量管理"以及由德鲁克倡导的"目标管理",都是最早在日本得到现实推广,

---

① 卞崇道.战后日本实用主义哲学[J].日本研究,1989(1):73.
② 刘丙辉,闫中昌.成也萧何,败也萧何——论日本实用主义的科技发展路线[J].日本问题研究,2000(2):19.

而在其发源地美国的应用反倒逊色很多。其原因归根结底，并非日本人的创新思维优于美国，而是因为在实用主义精神的指导下，日本企业对于那些能够为企业所用的先进管理理论方法，在接受过程中能够不受传统固有思维的限制。

理想主义与实用主义管理哲学共存的"践行共同体"，对于日本企业生产管理的影响是极为深远的：理想主义的管理哲学在生产实践中体现为精益求精的精神以及勇攀高峰的决心，企业的经营者和生产者醉心于品质的追寻；而实用主义的管理哲学则将企业生产中"改善"这一理念上升到了哲学的高度，使企业在持久不变的渐进式发展中能够一直坚持既定的前进方向。这种影响的具体表现，我们会在下文进行更为详尽的探讨。

本章小结

日本管理哲学的思想体系，按照经营过程中的思想脉络体现为家国情怀、道德操守和精进心理三个精神维度，并在思想体系中形成若干"共同体"意识，由此形成完整的思想体系。这既是经营思想的整合，亦是现代日本文化与国民精神作用于企业管理中的结果。从中我们可以看出，现代日本管理哲学不是一个平面化的概念集合体，而是基于日本文化的复杂性与杂糅性形成的具有内在差异性和矛盾性的一整套价值观念的整合。它的影响作用不仅在于理论研究，更是对管理实践的充分解释和理论指引。以此为基础，我们可以更好地审视日本企业管理的实践过程以及管理制度的建构基础，从而以更为深刻的角度去理解日本式管理。

第四章

现代日本管理哲学的实践旨味①

经历了20世纪80年代的日本管理研究热潮之后，单纯地研究技术层面或者操作层面的日本式管理已经不具备太多的理论和实践意义。但我们需要注意的是，任何的管理技术在本质上都是由一定的管理哲学所驱动的，要想真正地从深层次理解和领会日本式管理的精髓，就要去寻找在日本管理实践中所蕴含的深层次思维方式。"管理实践所承载的社会历史规定、它的承载方式、它们的规律性过程，是管理哲学必须进行深入研究、也能够进行深入研究的主要的终极问题。"②

对日本式管理的理解目前有两种泾渭分明的观点：一种认为日本式管理具有其独特性，可以认为是一种独特的范式；而另一种则认为"日本式管理"无异于"美国式管理"，而全球化背景以及时代的发展导致了日本管理中的特色正逐渐衰退。在本章的阐述当中将采用相对中立的立场：一方面承认日本管理中的特色及其与日本式管理哲学的关联，另一方面也会体现出日本管理

---

① 旨味（うまみ），是日语中关于味觉的特殊判定，日本人认为它是食物的五大基本味觉之一，其他四种是酸、甜、咸、苦。有人把旨味形容成鲜，但其实旨味很难用明确的词来形容，日本著名的寿司匠人小野二郎认为："旨味很难解释，不是鲔鱼（金枪鱼）肉质好就有旨味，而是搭配醋饭和酱油进食才算，味道平衡才能达到'旨味'。"因此寿司的最高境界是达到鱼和米饭的水乳交融，任何的不协调，都可能影响最终的"旨味"。用这样的思维方式去理解日本管理哲学与管理实践的关系可以得出这样的结论，日本式管理的"旨味"，不是日本管理实践本身，而是特定的管理实践、管理制度与所在时代的社会文化发展状况以及企业家经营理念之间所形成的一种平衡关系。所以日本式管理不是终身雇佣、年功序列或者精益生产这些制度优于同时代的其他制度，而是这些制度与其发生效用时代的日本社会状况以及企业经营者的经营理念之间的融合，这种情况下日本式管理实践的管理哲学旨味才能够表现出来。

② 刘敬鲁. 从管理的社会历史规定看管理哲学的问题领域 [J]. 哲学动态，2007（2）：9.

对于西方理念的接受及自我改造。

第一节　作为特定管理实践体系的日本式管理

20世纪80年代以来，日本企业在各个领域击败原本居于主导地位的美国企业，对日本管理特色的研究开始呈现井喷的趋势，"日本式管理"也逐渐从原来略带贬义的一种说法转变为管理学界追逐的热点，更多的学者以比较管理研究的方式参与到日本式管理的研究当中，对日本管理和美国管理、欧洲管理的异同进行深入研究，日本式管理在管理学领域正式被确立为一种可以同美国式管理相抗衡的管理范式。此后三十年的时间，日本式管理经历了过分的赞扬和过于刻薄的批评，如同其在中国的境况——80年代之后的日本管理热潮的出现，松下幸之助等人被推上神坛，90年代之后随着日本经济的衰落又被弃之如敝屣，其实所缺少的是一种相对客观与冷静的认识与理解。严格来讲，尽管日本式管理同美国式管理或者是西方管理存在着很多完全相反的思路和做法，甚至有人认为"如果把现代管理学里有关日本的东西全部去掉，那么我们可以直接称其为西方管理学"，但是仅就可以直观获得的部分来看，日本式管理并不异于西方管理，尽管它有独特的企业文化，有同西方截然不同的雇佣制度、用人制度和组织构建模式，但其在生产管理、战略管理、财务管理和质量管理等方面所推行的基本制度和指导思想仍然是具有西方特色的。最具有日本管理特色的"三大法宝"——终身雇佣制、年功序列制和企业内工会，它们能够获得成功的前提都是同日本的社会文化的完美结合，离开日本特定阶段的特定社会人文环境，其成功的可能性也是微乎其微的。因此这些制度并不具有普世性，很难同日本之外的其他文明形成共融。这也是20世纪90年代日本企业日趋衰落之后，"日本式管理"热潮也逐渐转淡的根本原因。

一、日本式管理的含义与构成

"日本式管理"作为一个概念的提出，在现实当中对应的是日本企业经营在20世纪突飞猛进的发展，在日常的表述当中，"日本式管理""日本式经营""日本式经营管理"经常会相互替换使用，所表达的内容也并没有严格的区别，因此可以归为统一的概念范畴之下，共同指代自明治维新之后兴起于日本现代的企业界的管理模式和方法，其内容一般包括"在终身雇佣、新毕业人员的录用及内部升迁、论资排辈的工资制度等方面"。[1] 关于日本式管理理论研究的开端，要追溯到1958年美国管理学家阿贝格伦对日本的一些大企业和工厂进行实地调查后，运用文化人类学的方法所进行的研究。阿贝格伦认为在第二次世界大战之后，"工业化道路有三种模式：一是西欧工业化发展模式；二是苏联工业化发展模式；三是日本工业化发展模式。先进的工业技术和管理虽然使日本的经营环境发生了变化，但是其特有的经营手段和方法却没有发生质的变化，日本经济的成功是与日本式经营分不开的"[2]。尽管主要秉持的是一种并非褒扬的态度并认为日本的企业性质尚处在前工业化的运营状态之下，但阿贝格伦的研究对之后的研究起到了基础性的作用。

基于东西方不同的研究视角和理解，对"日本式管理"的内涵与外延也有多种界定方式。加护野忠男和野中郁次郎等人认为，"雇佣、人事制度和其背后的劳动市场特性、企业内部的组织构成方法，权变战略等等，对于捕捉日本式管理的特征具有重要的意义"[3]。今井贤一等人则认为，"日本大企业雇佣惯例中的终身雇佣制和年功序列制与欧美各国相比略有不同"[4]。美国学者威廉·大内的观点是："日本企业最重要的特点是终身雇佣制，它已经不仅仅是一个单独的政策，而且还是把日本人多方面的生活和工作结合在一起的成规。"[5] 以上这些观点共同的特点都是从企业管理的普遍行为中提取日本管理

---

[1] 加护野忠男，野中郁次郎，等.日美企业管理比较[M].徐艳梅，等译.北京：读书·生活·新知·三联书店，2005：6.
[2] 刘友金.论日本集团主义的特点及其启示[J].科学技术与辩证法，1998（4）：49.
[3] 加护野忠男，野中郁次郎，等.日美企业管理比较[M].徐艳梅，等译.北京：读书·生活·新知三联书店，2005：8.
[4] 今井贤一，小宫隆太郎.现代日本企业制度[M].陈晋，等译.北京：经济科学出版社，1995：2.
[5] 威廉·大内.Z理论——美国企业怎样迎接日本的挑战[M].孙耀君，等译.北京：中国社会科学出版社，1984：14.

的特殊性，基于这样的认识，日本《经营学辞典》把日本式管理界定为："在进行经营的国际性比较时，日本企业特有的以社会性组织为中心的经营管理制度。"①

百度百科中将日本式管理界定为："日本式管理是以'理念'为主的管理，强调和谐的人际关系，上下协商的决策制度，员工对组织忠诚与组织对社会负责。日本式管理是一种政府和国民通力合作的体制、稳定的劳资关系、充满敬业精神并忠诚于企业的高质量劳动力、以质量管理小组为中心的小集团活动和远见卓识的长期投资思想。"

基于国内外的专业研究，我们可以这样去理解日本式管理：日本式管理并非管理学当中的一种范式，只是在西方管理的宏观视野之下适应于日本社会与文化特质，具有时代特色与日本特色的一系列管理要素的集合。这些要素包含了日本式的劳动力管理（终身雇佣制、年功序列制、企业内工会等）、日本式的生产管理以及具有日本特色的组织架构和决策模式等。它是以日本传统文化作为主体，吸收了东西方文化的现代资本主义企业经营管理模式。

日本式管理同西方管理的同质性，反映了管理理念在特定时代的普适性效果；而差异性则是日本文化特殊性的体现——日本文化具有岛国农耕文化的一般属性，重视集团内长期协作，这也形成了企业从组织到运营过程的家族主义和集团合作的表现。同时，基于个人与集团关系所形成的人本主义倾向，日本式管理模式在个人具有强烈的集团归属感的前提下，在组织内部确立个人的地位，在协调工作中发挥个人才华，与西方强调个人主义的组织文化形成了有机的结合。因此，"任何一种经营思想及管理手段，一到日本则有机地融进日本文化中，而日本文化则在西方文化的刺激下不断现代化。在这个过程中，日本文化的特点并没有丧失，反而是更加丰富了"②。

---

① 占部都美.经营学辞典[M].东京：中央经济社，1980：489.
② 吕哲权.关于日本式经营模式的实质和理论意义的探讨[J].现代日本经济，1987（1）：48.

二、日本式管理的发展阶段

关于日本式管理或经营的形成，学术界有几种不同的看法，分别认为日本式管理形成于明治维新时期（大正、昭和年间）、第二次世界大战期间以及第二次世界大战之后。在这里我们更倾向于支持第一种说法，原因在于日本式管理并非一个结果或者刻板的模型，而是一个不断发展的过程，而明治维新时期是现代意义上日本企业生产方式产生的时间，当新兴的日本企业以一种真正的工业化而非传统手工作坊式的方式进行管理时，日本式管理就已经开始出现。以这一时间作为日本式管理实践的开端，我们可以将其发展历程分为以下几个阶段：

（一）日本式管理的萌芽阶段（明治维新前后）

在幕府末期开始出现的现代化企业在明治政府的大力推动下得到了蓬勃的发展，但是当时的企业在企业经营制度上形成了两种极端：具有封建属性从家庭作坊发展而来的传统企业和完全参照西方企业建立起来的新式企业。如果就日本式管理的特征来说，前者缺少现代企业组织的经营模式，而后者的经营则体现不出日本管理的独特性。但是在这一阶段，具有日本式管理特征的一些管理模式正处在形成当中。比如"以终身雇佣为代表的日本式劳动惯例，是从明治末期到昭和初期这段较长的时期形成的，这已经成了通论"[1]。形成这一状况的原因有几个方面：首先，当时的日本处在封建社会向资本主义社会的转型期，同欧洲国家一样，劳资矛盾比较尖锐，从日本企业的经营思维上看延长雇佣的周期有利于缓和这种矛盾。其次，现代企业产生的早期，对于工人的工作熟练程度要求是比较高的，签订较长的工作合同有利于维持企业的稳定，避免人才流失。最后，受到日本传统文化的影响，日本人对归属感的要求是比较高的，这也使企业和员工之间形成一种更加稳定的雇佣关系。尽管此时的雇佣制度还未达到终身雇佣的程度，充其量只是一种相对长期的雇佣，其适用范围也未达到企业的所有雇佣人员，但是日本管理相对于西方管理的特色已经初步体现出来。

---

[1] 津田真徽.日本式经营的拥护[M].东京：东洋经济新报社，1976：62.

（二）日本式管理的发展与确立阶段（20世纪50年代至80年代）

第二次世界大战期间日本政府对于企业的干涉强化了一些具有日本特色的管理制度，如终身雇佣制在企业当中的应用，而战后日本的特殊情况也使日本式管理的基本制度在大多数企业当中得到明确。随着1955年之后日本经济的高速增长以及战后企业家经营思想的全面推广，具有日本特色的企业经营理念与制度终于得到明确。在这一阶段，西方管理思想和经营方法的大量引入以及同日本传统经营理念的不断融合与创新，也让日本式管理的外延得到了充分的扩展。至20世纪80年代，日本企业的全面崛起也让西方世界认识到了日本式管理的独特价值与魅力，日本式管理的优点，如企业文化理念等开始为西方企业所采纳和接受，日本式管理达到了理论和实践上的巅峰。

（三）日本式管理的变革阶段（20世纪90年代至今）

20世纪90年代之后，随着日本经济泡沫的破裂，企业管理的样态也发生了巨大的变化，包括三大法宝在内的具有日本特色的管理模式逐渐式微，日本式管理与西方管理的差异性也在逐渐缩小。这种变化的基点是日本式管理在经济衰退周期过程中的逐渐失效，而以卡洛斯·戈恩在雷诺汽车收购日产汽车公司之后运用西方管理思想对企业进行改革并最终让日产摆脱泥潭为典型案例，日本国内对日本式管理的主流态度从怀疑批判进一步转化为否定，日本企业的经营管理体制面临着新一轮的调整和变化。

第二节　日本组织管理中的哲学旨味

企业是由人力资本组成的经营资源结合体，在组织设计上，日本企业既具有西方现代企业的一般特征，同时也表现出基于日本管理哲学的内在特质，这种特色体现在企业组织的历史发展过程中。

一、日本企业的外部组织结构：从财阀制到交叉持股的企业集团

如前所述，涩泽荣一的合股经营方式和岩崎弥太郎的财阀式经营方式是第二次世界大战之前日本企业的主要运营形态，在明治维新之后日本的崛起和发展过程中，财阀这种模式在政府的支持与扶植下，渐渐形成主导地位。20年代后半期，三井、三菱、住友等财阀通过完全家族化的控股公司实施金字塔式的封闭支配，一直持续至40年代上半期。这样的组织架构模式和以岩崎弥太郎为代表的管理者理念具有直接的对应关系，"岩崎弥太郎反对多数人共同出资经营事业，他认为人多，意见就多。工作成绩也定然不彰。他认为最好的事业形态应由一个人负责经营"[①]。在这一阶段，财阀的日渐强大也使组织架构呈现强烈的集权形态，财阀集团及其下属企业在表现形式上具有典型的官僚制特征，而企业主本身除了自己的工作职能之外，更是整个财阀组织的灵魂和主导者。

第二次世界大战之后美国完成对于日本的占领，在经济领域首先就是解散原有的财阀，并期望用现代企业制度消解日本企业组织残留的封建属性。这一改革确实一度起到了相应的作用，也给平民出身的创业者提供了白手起家的机会。但是这种做法还是低估了日本传统财阀的经济实力和影响力。从50年代开始，传统的三井、三菱和住友财阀开始重新进行集聚，此后又形成了三和、富士和第一劝银三大新的财团，由此形成了当代日本的六大企业集团。同第二次世界大战前的财阀相比，当代的企业集团（财团）规模更大，构成企业无论数量还是质量都远胜前者。"1996年日本六大企业集团（三菱、三井、住友、芙蓉、第一劝银、三和）的企业数，只占全国法人企业总数的0.006%，但其资本金占14.7%，资产占11.46%，销售额占12.52%。这里统计的还只是六大集团的核心企业，如果加上全部子公司和关联公司，则几乎控制着日本经济的一半。由此可见，日本企业集团已成为日本经济的支柱，是

[①] 谭一夫.日本式管理［M］.北京：西苑出版社，2012：63-64.

推动日本经济发展的原动力。"[1]

表 4-1　日本企业集团的基本结构

	三井住友金融集团		三菱东京金融集团		瑞穗金融集团	
财团名称	三井财团	住友财团	三菱财团	三和财团	富士财团	第一劝银
社长会	二木会	白水会	金曜会	三水会	芙蓉会	三金会
主办银行	三井银行、三井信托、三井生命、三井海上	住友银行、住友信托、住友生命、住友海上	三菱银行、三菱信托、明治生命、东京海上	三和银行、东洋信托、日本生命	富士银行、富士信托、富士生命、安田海上	第一银行、朝日生命、富国生命、日产海上
商社	三井物产	住友商事	三菱商事	双日	丸红商事	伊藤忠
企业	东芝、丰田、索尼、石川岛播、王子造纸	NEC、马自达、松下、三洋、朝日啤酒	三菱重工、三菱电机、三菱汽车、立邦漆、麒麟啤酒	日立、夏普、三得利、神户制钢、帝人公司	日产汽车、日清制粉、佳能、日本精工、昭和电工	富士通、五十铃、旭化成、川崎制铁、横滨橡胶

尽管在财团名称和主导企业上和战前财阀具有一定的连贯性，但是当代企业集团所体现的经营方式并不能用旧财阀的那种牢固的结合方式来进行简单的类比。"当代日本企业集团是介于法人企业与市场之间的具有多种经济功能的产业组织，是法人企业的联合体。从理论上可以归纳为企业合理行动的有机结合，活力很强的企业组织。其联合的形式、规模和功能都以更高的层次区别于一般的企业联合体。"[2]

首先，现代的企业集团并不是单一的法人经济实体，而是多个法人企业通过相互持股的方式而组成的联合体，构成集团的各个企业仍然保持自身的独立地位，并且需要独立承担法律责任。而集团本身并不具备法人资格，不能作为单个经济体进行活动，当然也不能够以自己的名义承担相应的经济责任。因此，集团既不会破坏各个企业的独立自主地位，也不能代替企业承担

---

[1] 王健.日本企业集团的形成与发展[M].北京：中国社会科学出版社，2001：5.

[2] 王健.日本企业集团的形成与发展[M].北京：中国社会科学出版社，2001：19.

本该由其自身承担的责任。每一个集团与它所属企业的关系不是传统的科层制关系，而是层层递进的关系，包括集团的核心层、关系紧密层、半紧密层和协作层，各个层次在集团当中的地位以其与核心层之间的关系紧密程度来进行判定。商社和主银行是每一个企业集团的核心层，也是在交叉持股关系中拥有优越地位的一方，"日本六大企业集团成员企业的股份由其他成员持有的比例平均为20%，其中核心的金融机关、综合商社持有比率约占50%，金融机构尤其突出"[①]。核心层是财团相对稳定的部分，一般来说会始终同企业集团结合在一起。而外围的层次与集团的关系则存在很大变数，比如北海道煤矿轮船于1991年退出了日本三井企业集团，在三菱企业集团则有孟山都化成于1990年宣布退出。同一企业也有可能同时加入不同的企业集团，比如日立制作所是芙蓉、第一劝银、三和三大企业集团的共同社长会成员。不仅参加与退出是自由的，参加层次也是可变的，紧密层的可以变为半紧密层的以至协作层的，反之亦然。集团边界的某种不确定性或者说变动性，使集团核心企业和成员企业都可以根据生产和市场发展的需要，形成最有利于提高效益、降低成本的集团规模和边界，以求"共同体利益的最大化"。也就是说，现代企业集团的边界并不是恒定的，在市场的不稳定因素影响下可能会经常性地处在变动的状态之下。

其次，与松散的企业沙龙不同，日本的企业集团有一系列赖以维系其影响力的机制，"当代日本企业集团的特征可以概括为社长会的管理模式、参与企业相互持股、互派高级职员、系列融资、集团内交易以及共同投资统一的商标和徽记"[②]。通过这些制度，企业集团对其内部的企业形成控制力量，集团内企业会根据共同的利益需求调整自己企业的政策与发展，同时也会从主银行获得足够的经济支持以推动企业发展。在集团主义盛行的日本，企业如果不选择加入某一个集团，要想真正获得规模性的发展几乎是不可能的。

总之，这种交叉持股的企业集团体现的是一种公司本位主义，是自律性与他律性相结合的柔性化的企业组合体。这种体制同战前财阀制相比，真正

---

① 王健.日本企业集团的形成与发展[M].北京：中国社会科学出版社，2001：124-125.
② 王健.日本企业集团的形成与发展[M].北京：中国社会科学出版社，2001：64.

被弱化的是企业所有人，即股东。企业的大权掌握在以社长会为核心的经营者手中，这些经营者本身并不一定是企业的股权所有者，但是在这种复杂的产权关系中，企业的最终所有权的归属变得极为模糊和暧昧。作为企业命脉真正掌控者的经营层，依靠他们的特殊地位以及对于信息和资源的独占，有可能在企业中大权独揽，成为企业的主导。这样的关系和地位，最终体现出现代日本社会仍然是在集团主义的思维主导之下的，同时由于企业的结构和管理手段，形成了在企业经营中的事实上的权力旁落。因此，交叉持股的企业集团制度，一方面加强了集团内部的团结和企业的稳定、节约了交易成本，另一方面也会造成对于资本关系的违背，从而给持股人利益造成损失，进而滋生权钱交易。对于战前的财阀制，这是一个伟大的进步，但是仍然存在很大的发展空间。

二、日本企业的内部组织结构：从官僚制到事业部制

古代日本在政府与社会组织构建当中，由于借鉴了中国古代的文官制度，因此具有一定的官僚制特色。但是从本质来看，其性质还是更接近于领主制模式。在明治维新之后，受到德国官僚制度的影响，开始全方位在政府领域构建官僚体系以及推行基于官僚制的管理方式，比如从明治中期开始推行的高级文官考试制度。而从一般的社会发展角度来看，在推行官僚制管理的国家，其他社会组织也会呈现官僚制的特色，"在现代社会，除了极其小规模的集体，巨大的社会集体（企业、工会、政党）不断出现，在这些集团中，有很多呈现了其组织或运营方式和行政机构的习惯或意识共通的现象"[1]，因此，日本企业的组织结构是典型的官僚制模式，"在官僚制度化的企业组织中，各个成员不仅需要有秩序地进行各自的工作，而且得严格遵守某种规则，并按一定的标准去完成这些工作"[2]。但是与西方国家的官僚制相比，日本的官僚制显然是不成熟并且存在先天缺陷的。从社会进化的方面来说，日本社会缺少类似普鲁士社会的理性精神，而且漫长的人治传统也会破坏官僚制在政治领

---

[1] 辻清明. 日本官僚制研究[M]. 王仲涛，译. 北京：商务印书馆，2008：166.
[2] 谭一夫. 日本式管理[M]. 北京：西苑出版社，2012：52.

域作用的充分发挥,容易形成"官僚主义"的不良倾向。"在个人的权利或自我没有充分确立,因此公私观念容易混淆的社会里,在官僚制中或者压抑个性的发挥,或者出现利用这一组织来试图达到私欲或权力欲的倾向。"①

这种倾向对政府组织的负面影响从20世纪90年代初开始凸显,外在表现是随着日本经济的整体不景气,政府官僚化的缺陷愈加凸显,庞大的官僚机构越来越成为国民财政体系中沉重的负担。而本质性的危害则在于政府组织的官僚化对民主政治的威胁,即在政治领域的官僚主导化。作为内阁制国家,执政权的不稳定容易在行政体制内部形成高级职业官僚对政府主导权的僭越,而真正经由政党政治产生的政务官反倒处于被架空的状态。处于政党体制过渡期的日本在过去几十年间政权的脆弱性有目共睹,自2006年至2016年已经换了八任首相,政权更迭待过分频繁给官僚队伍自身的衍生和权力膨胀提供了条件,日本纵向性的社会结构也为官僚体系的自我垄断起到了推动作用。因此官僚行政机构日益成为独立于政府之外的独立利益群体,即使在官僚体制内部,各个部门之间也存在着基于自身利益的各自为政现象,体制内部壁垒森严,在权力关系上专权独揽,而在责任承担中却相互推诿、扯皮。基于这些原因,日本近年来的历次政府改革都把限制官僚体制的危害,实现"从官僚主导到政府主导"作为改革的基本目标。

日本企业的官僚化则体现在传统的"家长制"带来的负面影响上。在财阀制企业当中,企业的最高领导者同时是企业家族的家长,他居于企业"金字塔"结构的最高层,在整个组织中具有最高权威,说一不二。这就导致了财阀制企业的集权化趋势,而当权力集中于一个不具有足够管理能力的家长手中时,就会给企业带来灾难性的影响。日本企业应对这种威胁的做法是通过普及"事业部制"来提升企业组织的运行效率,强化组织的管理能力。

"所谓事业部制,就是将企业的管理活动分割成若干个相互补充的组织单位(事业部),各事业部有管理自主权,总部根据各事业部的管理业绩进行控

---

① 辻清明.日本官僚制研究[M].王仲涛,译.北京:商务印书馆,2008:171-172.

制和资源配置的这样一种运作方法。"[1]简单化的理解，就是在保持企业一体化与决策统一性的基础上，通过适度的放权建立企业二级经营机构的组织结构形式。事业部制最早于1924年由美国通用汽车公司总裁斯隆提出，也被称作"斯隆模型"。日本的事业部的创立者是松下幸之助，他在与通用非常接近的时间开始在松下电器公司推广事业部制度。

斯隆和松下在做这种抉择的时候面临的境况非常类似，即在组织规模日渐扩大的前提下，如何避免由于企业的官僚化造成的一系列问题，通过使业务规模变小从而保证经营的便利性以及管理者掌控企业的有效性。这是所有企业家都会思考的问题，在任何文化背景之下，只要通过官僚制的方式构建组织，都可能会面临这样的局面。而在第二次世界大战之后，随着日本企业规模的扩大和跨国企业的日渐兴起，越来越多的日本企业在内部组织运营上采取了事业部制的组织架构方式。因此，事业部制也可以被看作是当代日本组织管理的典型制度。与美国企业推行的事业部制度相比，日本的事业部有其自身的特点，"日本企业事业部的自我补充性低，事业部业绩的评价标准更加简单，事业部业绩与负责人报酬之间的关系也比较弱。事业部制原本的优势，是通过提高事业部自我补充性、使业绩评价和负责人报酬相结合才能充分发挥的制度"[2]。

随着日本大型企业尤其是跨国公司的增多，事业部制在越来越多的企业中得到应用，由此也会造成比如公司总部与下设分公司之间关系的变化以及整个经营方式的改变。公司的每一个层级，从最高管理者到中间管理层，再到基层员工，在组织中的地位作用都会随着组织结构的变化而发生变化，从效果上看，这种带有典型西方思维方式的组织架构方式会使原有受到传统思维影响下的各种企业或非企业性的特征逐渐消失，日本企业组织在形态上也越来越接近于西方组织。从一定意义上说，这种变化也是破坏传统经营哲学

---

[1] 加护野忠男，野中郁次郎，等.日美企业管理比较[M].徐艳梅，等译.北京：读书·生活·新知三联书店，2005：47.

[2] 加护野忠男，野中郁次郎，等.日美企业管理比较[M].徐艳梅，等译.北京：读书·生活·新知三联书店，2005：50.

继续发挥作用的原因之一。

三、日本组织管理中的管理哲学意蕴

从财阀制到企业集团，从官僚制到事业部制，日本组织管理形式的变化除了与特定背景相关之外，也体现出日本管理哲学的内在冲突与历史演进，包括组织中的集权与分权、协作与独立等。

与财阀制代表的日本家族经营主义的历史传统相对应，交叉持股的集团模式在日本历史上同样有着深刻的实践背景。日本早期的一些商号在员工工作一段时间之后，如果业绩突出可以申请分家，独立进行经营，这种制度被称作分暖帘制。这种制度表现出来的早期日本商号运行机制来看，商号中的任何人都是从丁稚（童工）做起的，经过手代（二掌柜）、番头（掌柜）、大番头（大掌柜），到分暖帘（支店长）。到了分暖帘以后，他们可以从老板那里领得东家的商号和资金到别处去开支店，这些支店受总店控制，但是独立经营。分暖帘制度最早出现在拉面馆的经营中，之后在大量的以手工操作为主的小型经营企业中得到推广。不同于现代的连锁机构，它主要传承的是技艺和口碑，总店与支店之间的关系非常紧密，但是却不是完全的上下级控制关系。尽管家族经营是日本早期商号的基本形态，但是分暖帘制的存在证明当代的交叉持股并不是凭空而来的，而是日本社会早已具有的一种协作精神的延伸。

而对于事业部这种制度的建立来说，也并非对于美国成功经验的简单模仿。作为日本事业部制的始作俑者，松下幸之助的目的也是要通过这种制度的建立把日本的内在国民精神同西方先进制度进行有效的结合。早在1933—1936年期间，松下幸之助和他的总会计师高桥荒太郎就在设计一种与美国皮埃尔杜邦公司相类似的制度。松下认为，这种分权的机制可以使企业更加的灵活精干、开拓进取。"松下认为，分权组织是一个手段，它可以使企业精悍灵活、具有开拓精神。在这一时期，松下之所以采用分权方法，不仅是因为企业机构明确和易于控制，而且在于企业机构便于调整。各公司相对独立，各司其职，激发分公司的经理像船长观察天气一样密切注视市场的动向。"[1]但是，松下也意识到了前面所说的这种制度所存在的缺陷，因此在企业规模扩大以后逐渐趋向独立的事业部，尤其是设在海外的分公司，在独立运营一段时间之后通常会趋向于摆脱总公司的控制获得更大的业务自主权，同时由于独立核算的原因，各个分支部门之间的关系往往不会特别协调，甚至出现内部竞争外部化的现象。在当时的情况下，松下设计了一种制度，将总部集中的权力分别交给四个部门来执掌，从而进行权力的平衡，"第一，他有一批向总公司汇报的审计干部和一个全面汇总的会计体系。第二，他创立了一个公司银行，管理分公司的利润流通，并且分公司必须向银行申请更新改造的资金。第三，他集中了人事权。第四，松下公司实行人员集中培训。"[2]在当代，由稻盛和夫所创造的阿米巴经营模式，无疑是这种分权机制的进一步发展和完善。通过这些思想上和行为上的努力，企业组织分权机制的缺陷也会逐渐得到缓解。

总而言之，从财阀制到交叉持股的企业集团，从官僚制到事业部制，日本组织管理实践的发展脉络都体现出从集权到分权的转变，都是在打破传统家族经营传统的基础上对组织内外关系的分权化重构，由于这些重建具有深厚的历史背景以及文化基础，最终都取得了成功。

第三节 日本决策管理中的哲学旨味

在决策方式上，日本式管理同样具有非常鲜明的特色。与西方管理相比，日本的决策机制更加强调组织内部的人际管理协调，因此在决策过程中重点强调的是组织上下各个层级之间的协商，为了保证协商的效果，日本企业在组织管理中普遍采用禀议制这种决策制度。

---

[1] 理查德·帕斯卡尔，等.日本企业管理艺术[M].张小冬，等译.乌鲁木齐：新疆人民出版社，1988：16.
[2] 理查德·帕斯卡尔，等.日本企业管理艺术[M].张小冬，等译.乌鲁木齐：新疆人民出版社，1988：17.

一、作为日本式决策特色的禀议制

从明治时代初年开始，在日本政府和私营企业中，开始普遍采用名为禀议制的决策制度。禀议制度最早来源于日本古代社会的政府官厅，从字面来理解就是禀报议决制度，"禀议制别名禀申，也叫伺。具有下级诚惶诚恐地询问上级意向的意思"[①]。如果从管理学角度给这一概念进行定义的话，可以做这样的表述：在管理中的计划或者决定将最基层单位起草的禀议书按顺序让有关系的官员轮流议决，要求他们盖上印章，然后送到上级那里，最终到达决策者那里的方式（如图4-1）。在这种制度里，问题或者解决问题方案的提出都是经由没有经营权力的现场负责者，即企业最基层的管理者来完成的。尽管地位低微，但是这些人最了解和熟悉管理一线的状况，因此具有对管理对象变化的最直接感知能力。

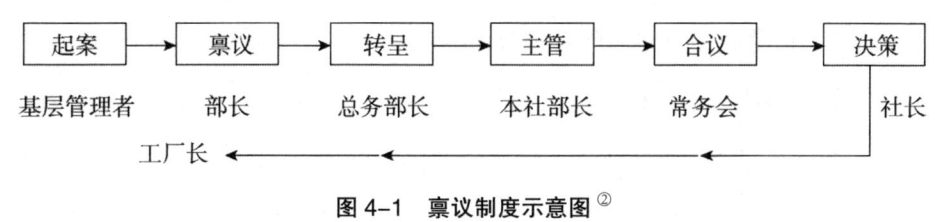

起案	→	禀议	→	转呈	→	主管	→	合议	→	决策
基层管理者		部长		总务部长		本社部长		常务会		社长
工厂长	←									

图 4-1 禀议制度示意图[②]

从禀议制的过程来看，这种决策制度至少包含以下几种特色：第一，既没有决策权也没有领导地位的最基层事务官作为起草人，首先制成禀议书；第二，禀议书是由和其内容有关的部、局、课的人个别审议，而原则上不是有关者召开会议讨论、审议；第三，承认禀议书的法的权限仅仅在行政机关的长官（企业中的总经理，政府中的各省大臣）手里，一般而言，原封不动地承认这一长长的决策过程是惯例。因此，在整个决策过程中，起草人和决策者之间的距离在时间和空间上都是极其漫长的。从扩大决策参与者的范围角度看，禀议制似乎具有其他决策制度不具备的特殊优势，但是这种将决策置于整个管理过程的做法显然违背了管理活动中的一些基本原则，从表现上看，至少有三个缺陷是其无法回避的：

---

① 辻清明.日本官僚制研究[M].王仲涛，译.北京：商务印书馆，2008：161.
② 张玉来.日本企业管理模式及其进化路径[J].现代日本经济，2011（2）：40.

（一）决策效率低下

禀议制从起始到决策的最终作出，其实是一个漫长的过程。尤其是其个别审议的制度，如果其中某个环节将禀议书有意搁置或因故不能审议，整个禀议过程都会随之而停滞不前。在日本的政治决策中，决策的某个参与者在对决策内容感觉不满，但是又没有能力改变的情况时，他完全可以将禀议书有意地扣押在自己的手中，以此表达自己对这项决策的不满。而当这种情况出现时，即使是级别较高的领导也无法对其加以强制。而在企业中，基于终身雇佣制的存在，员工之间存在稳定而长期的人际关系，可能出现的状况就是由于不想破坏这种业已形成的关系，决策参与者也可能会采取这样消极的方式表达自己的意思。因此，由此而产生的延误和低效现象，在政府和企业中都是经常发生的现象。

（二）没有充分的责任分担机制

尽管号称决策的最终责任归属于最高决策者，但是禀议制并不对应类似于首长负责制的那种责任机制。在日本的政府机关中，次官以下的所有职位不过是帮助长官决策的辅助机构，因此所有环节中的审议都被看作是为长官的决策做准备。所以，作为流程性地对禀议书的逐级浏览审阅作为一项制度而被推行，但是除了最高长官之外的其他人并不确认自己的作为禀议环节的作用和价值，同样其责任也因此是模糊不清的。另外的问题在于，日本在官僚机构中采取的是品位分类的文官分类模式，各个职位的权限和责任在法律上并不明确，因此对于决策最终的影响力其实并不取决于其在组织中的实际职位。即使作为应承担责任的最高长官，但他也极少具有主动地改变送到手中的禀议书所具备的能力或者意愿。可以说，制定决策过程中必不可少的参谋辅助机构被禀议书上逐一流程的盖章所替代了。从这个角度看，禀议过程中的每一个参加者，其实都是不具备充分责任分担的个体。

（三）限制领导能力的发挥

在日本式管理的背景下，组织领导或者高级职员的领导力往往会被禀议制这种运行方式所阻碍，甚至可以说最终做出决策的其实是组织当中地位最低的那个人（禀议书的起草人），其他人只需循规蹈矩地走完这一流程即可。理论上来说，最高管理者应该在决策中发挥最重要的作用，能否运用创造性的领导艺术完成决策工作也是领导能力的根本体现。但是从禀议制的设计和运行流程来看，领导者并不能充分发挥这种作用。事实上，"即使议案是根据他（领导者）独自的见解起草的，也不过是将这议案交给最基层的起草人手中作为参考的方案，即使起草人采用了这个上级管理者的参考方案，也必须等待很长时间，禀议书才能够回到自己手中"[①]。那么如果领导者越过禀议的过程自行其是地完成决策的工作是否能够越过这种怪圈呢？确实，组织的最高领导者有权力做到这一点，但是结果是这种似乎有些"任性"的做法最终会给组织的内部秩序造成无法挽回的打击和破坏，甚至他本身也有可能因此失去自己的职位。另外，由于组织中服务于上级领导的参谋机构和人员的缺失，领导本人也不具备足够的能力或勇气去挑战这一僵化的制度。尤其是当企业当中具有崇高威望和影响力的第一代创始人离开组织之后，其继承者往往就会处于这种比较尴尬的境地。由此可以明确地看出，在日本的企业中，权限和功能往往不是完全一致的。

二、日本决策管理中的管理哲学意蕴

尽管存在这些看似致命的缺陷，但是作为主导性的行政决策制度，禀议制在政府机关和民营企业中都有着异乎寻常的生命力。按照之前的论证逻辑，我们可以这样认为，近代以来的日本企业，至少是在80年代之前，在外在的现代企业经营的包装下，实际上依然保留着传统的家族制的运营模式以及集团主义的管理哲学。早期的企业在建立现代经营理念的过程中，把家族制度的习惯思维原封不动地移植到了日本企业之中。包括下文将要阐述的终身雇佣制、年功序列制以及企业内工会在内的劳动力管理制度的运营形成了企业的协同整体，而在这体制中以家长面目出现的企业开创者、总经理具有强大的决定权，因此禀议的事项范围非常广泛。构成企业的成员基于这种组织关系而表现出更强的协同能力，他们也会有意识地以决策者参谋的角色参与管

[①] 辻清明.日本官僚制研究［M］.王仲涛，译.北京：商务印书馆，2008：161.

理决策当中。所以禀议制固然会存在能力不足的问题，但是每一个参与者都是用一种主人翁的精神和态度参与其中；禀议制的决策过程尽管漫长低效，但是只要决策做出，各级领导者都会在执行中全力以赴地给予支持和帮助。因此，只要企业运行的内在逻辑与精神不发生根本性变化，这种寻求一致性的过程存在的价值就始终会超过以上所有弊端所带来的危害。所以我们也可以认为这种禀议制度是日本独特的经营哲学所形成的管理制度，在世界上没有同类，也不具备对外的推广性。在日本管理盛行的80年代，许多美国公司也都竞相模仿这种制度，但多数没有获得积极的效果，其根本原因也在于美国企业并不具备这种企业文化背景与经营哲学。

禀议制的终结最后还是需要来自理念层面的转变，当日本的企业或者政府机关在做出决定的时候，他们行为的形式看起来似乎是现代西方人的做法，但是在真正具有决定意义的商谈中，起主导作用的还是传统日本式的做法——只要依然是这样的现象，禀议制及其所蕴含的管理哲学就会依然存在。在现代日本决策机制的转变过程中，战后由美国推动的民主化政策起到了至关重要的推动性作用。与企业经营相关的改革包括解散财阀、清除经营干部以及工会进入等策略，其根本目的都是引入美国式的经营模式。而随着企业经营领域的变化，日本企业的整个决策过程和决策体制的架构方式逐渐向美国企业的样态转变，其结果是一方面加强了高层经营人员的功能，完善了与成员功能相区别的参谋班子，另一方面也弱化了传统家族式经营思维和家族势力对于企业的实质专断权。由此，在80年代之后，禀议制的影响和作用开始日渐式微。

第四节　日本人事管理中的哲学旨味

人事（劳动力）管理是日本式管理最具特色的部分，从典型性和日本文化的独特性来看，人事管理中的终身雇佣制、年功序列制和企业内工会是所有管理制度和管理实践当中最能体现日本式管理特色的方面，因此被称作日本企业管理的"三大神器"。这三种体制在日本企业管理中发挥的作用包括以下几个方面："(1)保证了雇佣稳定,企业可以对人力资本进行长期投资,管理层能将精力转向市场、产品以及技术领域,员工也愿意接受各种企业培训,通过熟练技术提高能力与收入。(2)促进了技术创新,企业引进新技术或新设备也不会裁员,所以员工支持企业创新,这有利于培养熟练工,日本企业也因此形成了工序创新优势。(3)节省了经营成本。企业招聘、培训等相关雇佣成本大幅减少,且渐进工资制使年轻员工对未来工资形成憧憬和远期投资意识,这既为企业节省了成本也分担了风险。(4)劳资协调有利于构建良好的企业文化,员工对企业形成强烈归属感,产了强大凝聚力。(5)有利于社会安定。"[①]正是这些至关重要的影响,支撑着日本管理实践能够以独特的价值观和行为方式展露于世人面前。由于这三种制度和管理实践几乎是不可复制于其他文化当中的,其管理哲学的意蕴无疑是其能够发挥作用的根本性原因。

一、终身雇佣制的管理哲学意蕴

终身雇佣制或许是日本式管理中名气最大,同时也是影响最大的一项内容,作为日本式管理当中最早明确的部分,在一些研究当中也会用它指代日本式管理。终身雇佣制通常的做法是"大公司通过对大学(通常只限于少数名牌大学)毕业生进行考试,选择未来的经理人员。成功的候选人成为公司的终身雇员"[②]。在内容上,它表现为员工职业生涯中录用制度、教育训练制度、晋升制度、薪酬制度、退职金制度和退休制度的集合。管理实践中管理人员的终身雇佣并不是罕见的现象,大多数政府机关在公务员管理上实行的都是"永业制"的雇佣模式,而在军事组织中这种情况也比较常见,但是像日本这样把这种制度扩展到劳动工人层面却是前所未有的。通过这种方式,日本企业"在不断地让从业人员轮换从事密切相关的工作的同时,使其掌握

---

① 张玉来.日本企业管理模式及其进化路径[J].现代日本经济,2011(2):40.
② 埃德温·奥赖尔·肖.当代日本人——传统与变革[M].陈文寿,译.北京:商务印书馆,1992:265.

141

和熟练广泛的技能"。

　　终身雇佣制严格讲并非一项真正的制度，现实中基本没有企业会把它作为企业的一项规章制度正式发布，政府也从未通过法律的方式规范和保障其执行。在企业和雇员的关系当中，它更像是一种约定俗成的关系，建立的基础是相互的依赖与信任。从这个意义上看，终身雇佣制其实是日本社会的特定伦理价值关系在企业管理中的体现。雇佣制度在管理中的重要地位不言而喻：对于企业来讲，人和资源是其形成的最基本要素，没有人的参与企业无法进行任何活动，所以雇佣制度既是企业运营的基础，同时也会对企业接下来的一系列活动产生影响；而对于个人来说，雇佣制度是其获得劳动机会的条件，也是维持其生存进而完成自我价值实现的基本前提。终身雇佣制的"终身"并不是指人的整个生命历程都要在一个企业连续工作，到一定年龄员工也是可以退休的。在集团化经营的日本企业当中，员工在职业生涯的不同阶段也可能会服务于整个事业所包含的不同企业，但这并不意味着他离开了原有职位，只是企业宏观人才调配的需要而已，因此仍然属于终身雇佣制的范畴。关于这种雇佣制度的起源，我们前面也曾经进行过探讨，有一种观点认为这种制度最早产生于1918年创立的松下公司，但是这只是因为松下幸之助最早把这种雇佣方式明确起来而已，形成一个特定的概念。事实上在日本企业产生之初这种雇佣制度的倾向就已经出现，而在第二次世界大战之后能够在日本企业当中得到普遍的推广，其客观原因包括几个方面：其一，第二次世界大战后日本人才资源和劳动力的匮乏。第二次世界大战造成了日本人口，尤其是青壮年人口的大量丧失，但是战后日本需要雇佣大量的劳动力，作为企业来讲终身雇佣制是保证稳定而持续的劳动力供应的基础。其二，技术发展的需要。日本的制造业主要集中在电子产品和汽车等在当时较为前沿的领域，这些行业在当时的角度看需要拥有技术的熟练工种，这就需要企业对员工进行专业化的培训，为了保证员工在学会技术之后不至于跳槽给企业带来损失，就需要这样一种长期而稳定的雇佣制度。其三，从社会管理层面看，日本的社会保障制度以公司作为基本单位，而对于员工来说，离开原公司会给自己的社会保险带来很大的麻烦，因此正常情况下他们也不会选择频繁的跳槽。而作为企业而言，能够充分推行终身雇佣制也要满足以下客观条件："首先，日本的大公司一般每6个月会以奖金的形式向所有雇员支付一大笔报酬，而报酬的多少取决于公司的经营业绩。公司业绩好时，雇员的收入就会颇丰；而公司的业绩差时，雇员们只能勒紧腰带过日子了，这种做法能够调动雇员工作的积极性。其次，日本的每家大公司都会有一大批临时工，并且绝大多数是妇女。在企业面临危机的情况下，大批临时工可以先被辞退。最后，日本存在的大批卫星公司也成为大公司防御不稳定的缓冲体。"①

但是这些条件并不是终身雇佣制在日本获得成功的根本原因。中国在20世纪80年代之前在国有体制企业中实行的雇佣方式其实非常类似日本的终身雇佣制，但是这种方式的最终结果客观来看是失败的，除了国家财政和企业背负沉重负担之外，还形成了特有的"大锅饭"现象，最后导致90年代中后期必须要进行大规模的国有企业改革。虽然两种雇佣制度成败的因素非常复杂，但是最根本的还是管理中的"人"的自身问题。日本的终身雇佣制建立的模板是封建社会的家长制经营制度，这种制度在社会生活当中体现为一种更为紧密的社会关系，"贯穿在日本人民生活中的一根共同线是彼此之间的密切关系。互相关心、互相支持以及经过教导的无私性都来自密切的社会关系"②。日本的第一代企业大多数都是从家族经营的手工作坊转化过来的，因此家长制蕴含的价值观也被传递到现代企业当中。比如在人员招募的标准上，终身雇佣制往往不考虑员工的工作经验，实际上这和手工作坊招募学徒的思维方式是一致的，这种经验会在未来漫长的职业生涯中得到熟悉，而这种技能学到之后也不会因为跳槽而造成技术流失。终身雇佣制把家族制度中的一些理念进一步发扬光大，比如关于松下幸之助的一个非常著名的故事就是松下轻易地将公司的产品制作秘密传授给几个新参加的员工，除了自身的用人艺术之外，在实行终身雇佣制的企业中所谓吃里爬外的事件出现的概率是非常微小的，因此他有足够的信心做出这种决定。也正是因为有终身雇佣制的

---

① 鞠龙克.Z理论视野下的日本企业文化［J］.企业改革与管理，2014（1）：45.
② 威廉·大内.Z理论——美国企业怎样迎接日本的挑战［M］.孙耀君，等译.北京：中国社会科学出版社，1984：7.

存在，企业才可以放心大胆地培养员工，不必顾虑员工在接受培训，甚至是掌握公司的核心资源之后跳槽。通过不断地岗位轮换和培训，每一个员工都能胜任公司多个岗位的工作需求，生产效率也会随之得到大幅度提高。这也是日本企业能够生产出高品质产品，在激烈的国际竞争中获得胜利的一个隐含性条件。

归根结底，终身雇佣制是集团主义理念在日本式经营活动中的集中体现。首先，终身雇佣制体现出日本社会所特有的人身依附关系。这种依附关系并非建立在强权基础之上，而是日本人思维方式中发自内心的归属感诉求而引起的。从思想来源看，终身雇佣制是作为农耕国家的日本历经近代化改造之后其乡土性在国民精神中延续的体现。如前所述，在传统社会中农民是不允许随意流动的，他们必须世世代代居住和生活在祖先留下来的土地上从事农业生产活动，不论是否愿意，农民和土地之间先天就有一种无法割舍的依存关系。在农业文明结束之后，由于近代化过程建立的基础不是激烈彻底的社会革命，所以传统思维方式并没有出现颠覆性的破坏，农业生产中的乡土性也就能够很好地移植到新型企业的经营活动当中。其次，如果用马斯洛的需要层次理论来进行分析，日本企业的雇员更看重的是归属感，其次是尊重，而把自我价值的实现置于组织整体任务使命完成的基础上。这种特质同样是集体主义思维所形成的结果。作为个体来讲，其存在前提是作为群体的一员而发挥作用的，因此集体的荣辱决定了个人的荣辱，而脱离了集体的属性个体存在的价值将大打折扣甚至是毫无意义，个体在群体活动中必须要维护群体的利益与和谐，甚至要有自我牺牲的精神。正是这种对于集体利益最大化的认可，才会产生日本企业中个体对于集体一种超乎寻常的归属感，只有生活在群体当中才会感受到自我的安全，这种归属感是短期雇佣或者临时雇佣无法提供给员工的，而为了追寻这种归属感，个体可以放弃自我的某些特有价值诉求，比如更高的收入与组织岗位。最后需要注意的问题是，终身雇佣制并非日本这种特定社会文化发展的必然结果。按照这种逻辑推演的话，终身雇佣制应该是在日本企业产生的同时就已经开始推行，但事实是这种制度和后面的年功序列制被确立为日本企业特有的管理制度是在第二次世界大战结束之后的50年代，并且真正的兴盛也只是在20世纪50年代到80年代之间。这说明除了社会思想的影响之外，也必须要承认第二次世界大战之后特定的社会现实和企业发展的特殊状态也是日本式管理中的这些制度能够形成的重要动因。

总之，终身雇佣制建立在恩情主义的意识灌输的前提之下，通过这种方式既模糊资本主义生产当中呈现对立的劳资关系的利害冲突，又让员工对于企业有一种情感的依附，从而自觉地把自身命运同企业兴衰结合在一起。这种"爱社如家"的精神是建立在企业当中的集团意识和伦理意识基础上的，在社会意识和企业精神稳定地朝向这些意识的指向发展时，终身雇佣制是牢不可破的，因此它被看作是日本式管理最典型的特征。只有在整个社会意识转型的基础上，以上管理哲学不再发挥原有所有，终身雇佣制才有可能被彻底打破。

二、年功序列制中的管理哲学意蕴

为了保证群体的和谐与统一，群体内部必须保持相对稳定的序列和位次。这在封建社会中可以通过制度化的等级关系和伦理化的等级意识来实现，而在企业当中，则只能通过工资收入和岗位级别来体现。这是年功序列制产生的原因，从中也可以体现年功序列制和终身雇佣制之间的紧密关系。在日本式企业管理中，这两项制度是伴随而生的，两者互为条件，缺少一方，另一方都无法充分发挥作用。年功序列制的前提是日本企业特有的工资制度，日本的企业并不像西方企业一样有行业俗称的基本工资标准，工资收入完全取决于企业自身的决定。"在日本大企业、中小企业、零细企业之间存在的所谓工资差距十分显著，而且在一部分股票上市的大企业之间工资水平也存在着很大差距，这一差距较之其他先进工业国还要大……更严密地讲，这是在付给具有同等能力的劳动者的报酬上显现出来的企业间差距。"[①]人有先天的趋利性趋势，这种收入上的先天性差异可能会导致即使是终身雇佣制也不能完全

[①] 今井贤一，小宫隆太郎.现代日本企业制度[M].陈晋，等译.北京：经济科学出版社，1995：12.

保证员工对于企业的忠诚持久，这就需要年功序列制来发挥其作用。从分配原则来看，年功序列制具有强烈的平均主义倾向，但这对应的是第二次世界大战之后的特殊社会背景而进行的选择。第二次世界大战结束初期，战争的破坏使绝大多数日本人都生活在极度的贫困当中，如果采取类似西方的竞争性工资制度，处于弱势地位的人群将很难获得生存的条件。最早是来自日本电力系统工会的努力，企业开始重视这方面的因素并最终在日本主要的大企业中推广了这项制度，所以从最初的角度看，其实年功序列制的建立更多是为了解决普通员工的温饱问题。所以年功序列制在这个时期的兴起实际上是有保护弱者的目的的。

年功序列制是这样一种制度，企业以终身雇佣制的方式雇用的正式职工，其工资会每隔一段时间提高一次，职位也每隔一定的时间晋升一次。确定职工基本收入的决定性因素不是职务和工种级别高低，而是"年功"，即职工在同一企业内连续工作时间的长短和业绩水平。年功的概念来自这样一种认识，即员工在企业中工作时间越长，工作的熟练程度就越强，为企业创造的价值（功劳）也就越大，因此有资格拿到更高的收入。作为一种工资制度，年功序列制与目前企业中最为典型的四种工资制度——岗位工资制、技能工资制、绩效工资制和结构工资制都有很大的区别。它与岗位工资制的区别可以对照现代文官制度中的职位分类与品味分类的差别，前者的价值标准是对岗不对人，后者则是对人不对岗。虽然前者是更符合时代发展的，但这并不意味着后者在管理中的完全失效。年功序列制证明了在特定的社会结构和企业经营环境之下，以人的资格作为收入的条件和调整方式的制度依然可以发挥很好的效果。

从企业的整体运作来看，年功序列制是一种论资排辈的制度，类似于前面所说的公务员管理中的"品位分类"：决定工资收入水平的因素包括员工的年龄、工龄、经历、学历以及在企业内的业绩。除工资之外，包括奖金、津贴以及额外的福利待遇等方面同样也会对应于特定的年功，这种资历上的影响会一直延续到员工退休之后的退休金，因此可以说年功序列制是贯穿于企业职工的整个职业生涯的制度。但是这并不意味着实行年功序列制的企业在人的管理上是一种完全的"大锅饭"模式,"随着个人业绩和能力的变化,工资与地位上的幅度和所需的时间逐渐拉开,同样是科长的地位也有好坏的区别,因此,在年功序列制下,特别是同一时期进入企业的职工之间展开着激烈的竞争,企业对职工的年龄与工资或地位之间并非维持或实行对应关系,而是尽量避免使其出现逆转"[①]。同终身雇佣制一样,年功序列制也不是一个处在严格控制下的制度,所追求的是一种整体性的态势而非一成不变的结果。由于业绩考核的存在,职工在进入企业一段时间之后其工资、奖金、晋升就会开始出现差距,而在担任部、课长的机会出现时,严格选拔机制的存在不再是单纯可以靠资历就能够突破的,包括相同职位存在的巨大差别,因此年功序列制不但不是像大锅饭一样抹平了竞争的机制,相反在就职不久同等资历的员工之间就会为将来的晋升展开激烈的竞争,只是这种竞争是在限定的范围内严格按照秩序进行的,规避了由于过度竞争而对组织造成的破坏。因此年功序列制所表现出来的论资排辈只是一种相对的状态,并不会造成企业内部人浮于事、不思上进的状况。同样,在企业未来经营继承者的选择上,年功序列制也在发挥作用。作为企业经营的继承者必须要有长期的企业工作经验,并且按照年功序列制的阶梯一步步地从基层晋升到管理层,最后由现任总经理在这些下属中选择下一任总经理。这种做法保持了企业的稳定性和连续性,同样整个职业生涯都在企业中完成的经营者,对企业充满了感恩情结,能够毫无私心地为企业奉献自己的全部精力。

  从社会文化角度看,年功序列制是日本社会长期以来所形成的等级制度在企业运行中的结果。年功序列制起源于日本封建时代武士家族的继承制度,这种制度作为一种惯例延续到企业集团当中。在组织内的职务出现空缺的时候,从组织内部资历相当的下级当中按照威望和口碑进行选拔,通过晋级的方式补充到这一岗位当中。通过第二章的介绍,我们知道日本早期的企业主要的产生途径是传统商人经营的作坊和下层武士从事的生产经营性活动,因此年功序列制实际上是封建社会中以家族关系为表现的等级制度向企业管理

[①] 孙钱章,袁玉兰. 比较·启迪——中日企业文化比较研究[M]. 北京:中共中央党校出版社,1999:165.

147

的一种转移，这里体现出日本和西方在社会文化当中的深刻差别。和西方国家相比较，"缓慢的正式评价和晋级对于许多美国人似乎是完全不能接受的，不仅是因为美国人希望得到迅速的反馈和提升，而且也因为这种制度似乎阻碍了最能干的干部早日得到晋升"①。因此美国和其他西方国家在工资上普遍采取的岗位工资结合绩效工资的模式，以所在岗位作为确定收入的基本标准并辅以充分的激励机制，这同他们的雇佣制度也是直接对应的模式。这种模式是对应于其企业管理中具有个人主义色彩的管理哲学的，首先是个人的奋斗与成功作为直接目标，而企业的效益与成就则伴随个人的发展而实现。在这个过程中，工资是员工在企业中获得个人价值的体现，收入的高低也体现出他们个体价值的高低。但是在日本的企业当中，这种特征体现得并不明显。首先作为员工来说，其价值的体现是通过企业的经营来实现的，在现实的物质回报和与组织的情感维系之间，他们更关注于后者。日本人并不觉得在企业中就失去了自我，相反他们的自我价值只有在获得归属感之后才能够得到，从这个意义上说工资收入的高低并非他们衡量成功与否的根本因素，更重要的是企业当中的尊重地位，而且就逻辑关系来看，日本企业的思维逻辑和西方也正相反，是序列决定收入，而不是收入决定序列。日本社会中对先天的等级秩序的认同和尊重，是这种制度能够发挥作用的关键因素。

　　从终身雇佣制、年功序列制以及与这两者相配套的其他制度当中可以明确地感受到日本传统社会的组织原理和与儒教文化相对应的"长幼有序"的观念。"日本企业在组织上成功的基本原因可以理解为终身雇佣、年功序列的系统至少在战后日本经济社会的环境下，比其他的组织原则和雇佣结构具有更高的经济合理性。"②这两种制度与日本的纵向性社会结构特征相适应，帮助战后的日本企业在获得充分而稳定的人力资源的同时，也成功地在人员管理上将企业与外部环境封闭与隔离开来，从而使企业和员工都获得了充分的满足感和安全感。

---

① 威廉·大内.Z理论——美国企业怎样迎接日本的挑战[M].孙耀君，等译.北京：中国社会科学出版社，1984：24.
② 今井贤一，小宫隆太郎.现代日本企业制度[M].陈晋，等译.北京：经济科学出版社，1995：5.

三、企业内工会中的管理哲学意蕴

企业内工会是终身雇佣、年功序列制外日本企业管理的另外一大特色。在日语中企业内工会也表述为"企业别工会",是以企业为组织工会的基本单位,区别于西方普遍盛行的行业工会。日本的工会组织最早产生于1946年,在第二次世界大战之后开始大量出现并开始对日本企业的经营管理活动产生重大影响。这一阶段虽然日本也存在以特定行业为基础的"产业别工会",但是从数量和影响力来看都远远不如"企业别工会",尤其进入20世纪60年代之后,企业内工会也被看作是日本独特的管理制度的一个构成部分而大加颂扬,其组织原则上先天的封建性因素反而遭到无视;而在90年代日本泡沫经济解体之后,企业内工会的弊端又被极度放大,成为对日本管理进行批评的主要对象。

企业内工会,顾名思义,是产生于企业内部的工会,作为工会参与者不分工种,只论级别。当一名员工晋升到科长以上级别后,就自然失去工会会员的资格,成为管理层的一员。从产生的渊源来看,日本工会和西方工会有着本质性区别。西方的工会是劳资双方不断竞争的产物,它和企业的投资者和管理层是处在对立者的地位上,具有先天的对抗性;而日本的工会在目标上和管理层并不存在差别,管理层的意志可以代表企业各个层级的共同利益。因此企业内工会的目的也不是同管理层对抗并且赢得工人的最大利益,它的存在意义一方面在于监督管理层的经营状况,防止企业的权力滥用;另一方面则是通过企业内部劳动条件的交涉,为员工争得更大的利益。尽管这种活动也是以提高工资待遇作为最终目标,但其活动范围也是建立在不破坏企业正常运营基础之上的,因此日本的企业内工会很少组织大规模的罢工运动,同时在企业经营处在困难状态之下,工会还会采取适当的方法激励工人的劳动热情和对企业的奉献精神。

第二次世界大战后日本企业内工会开展的反解雇活动在很大程度上加强了前述终身雇佣制和年功序列制在企业的稳定程度,最终形成了如中根千枝所说的由"纵向组织"形成的日本企业的整体结构。终身雇佣制、年功序列制和企业内工会这三种制度内在核心都体现出以企业作为基本出发点的特质，这是日本式管理和西方管理外在上的最大区别。

总之，日本式管理的三大核心制度是支撑日本式管理作为一种独特管理模式的基本条件，同时也是日本式管理哲学在实践中的直观反映，无论是终身雇佣制、年功序列制还是企业内工会，其最终目的都是在企业中建立协调的劳资关系。但是这些制度只能称作是日本式管理的特色，并不足以把日本式管理推高为一种管理范式。这是因为这三种制度在时间上只是特定的阶段为日本企业所接受和应用，在空间上它们只是在大型企业当中被充分地建立和遵守。当管理环境发生变化时，这些制度也会随之而变化直至被淘汰。变动的社会促使日本管理哲学必须不断适应和改变，与之相对应的管理模式与方法，如果不能够适应这种时代性的变革，就必然会被时代淘汰。

第五节　日本生产管理中的哲学旨味

在生产管理领域，日本企业最为著名的管理制度有两种：精益生产和全面质量管理。事实上这两种制度都不是产自日本，全面质量管理是美国人的研究成就，经由戴明、朱兰等人传播到日本；而精益生产虽然看似丰田公司创造，但是在很大程度上是借鉴了美国福特公司的生产经验。所以，日本的生产管理在根源上来自西方管理理论。尽管如此，我们依然将它们看作日本管理模式中最为基本的部分，原因在于这两种生产制度在日本的成功，并不仅仅基于制度本身的优越性，更多则是源于其与日本的企业文化及管理哲学的结合。

一、日本重视生产管理的动因

从日本企业早期的发展情况看，生产管理并不是其关注的方面。在这些企业建立的时期，以泰罗制为代表的美国式管理并没有正式确立，而且基于功利主义的目的，日本的企业在建立过程中更为看重的是西方先进的生产技术和生产工作，只有上野洋一等少数人致力于对西方管理思想进行传播和介绍，从结果看这些工作也并未引起日本企业界的足够重视。但是从工业生产角度看，日本是一个资源极度匮乏的国家，工业生产的原料和能源几乎都要来自进口，买进原材料进行加工，然后出口国外是日本产业发展的必由之路。这种情况之下，出口产品的质量决定了日本制造在国际上的竞争力，直接影响着其在世界市场中的占有率。生产管理既是企业发展的重中之重，也是日本经济发展的关键因素。很快，不重视生产管理所形成的恶果就开始显露出来。

第一次世界大战之后，日本逐渐脱离西方主流社会进行独立发展，本来数量很少的同西方国家进行生产管理交流的机会也自此终结。而此时的美国，泰罗制已经如火如荼地在大企业中进行推广，生产管理方法创新日新月异。失去了这么好的学习的机会，日本在生产管理中同西方的差距越来越大，这种差距直接体现在第二次世界大战的战场上。在美日两国进行的太平洋战争中，已经全面推广质量管理的美国民用企业在转产军事用品之后，对于质量的重视更为加强；而毫无质量观念的日本则将大批熟练工人征召入伍，本来水平不高的企业生产因此又再次出现了大幅度的下滑。"战争末期，日本海军飞机参战率仅为20%，而美军为80%。当时日美两国飞机生产量比率为1：5，加之质量效率的差距，导致日美空战实力悬殊。"[①]最为惨痛的教训出现在中途岛海战当中。在日美主力舰队会战之前，双方都派出侦察机寻找对方的方位，最先找到对手的是日本的侦察机，但是由于飞机上的无线电设备发生故障，所以侦察机无法在第一时间将自己获得的宝贵情报传送给总部。无奈之下，只有选择返航之后再向舰队报告信息。结果由于这个情报的耽搁，美军率先找到日本舰队的位置，并且早于日军几分钟发动进攻，从而导致日本联合舰队的主力遭到对方灾难性的打击，从此一蹶不振。

第二次世界大战之后，日本与欧美之间在生产管理方面的差距进一步被拉大了。这种情况引起了美国占领当局和日本企业自身的深刻重视。一方面，对于占领当局来说，生产管理的缺陷对他们的工作形成了很大的影响。比如，

---

① 那日苏. 全面质量管理与日本的崛起——传统文化与现代理性的成功融合[J]. 科学技术与辩证法，1996（6）：57.

在进驻日本之初,美国军队的电话通话经常发生故障。经过调查发现,日本为美军提供的通信器材质量完全不合格。为了改善这种局面,美国占领当局对日本电气通信工业界提出采用新式质量管理的建议,并不断从美国本土邀请管理学家来进行指导。这是第二次世界大战之后日本推广生产管理的第一个契机。另一方面,对于战后在废墟中重建的日本企业来说,当时美国的生产能力是他们可望而不可即的。战后初期,普及了福特方式的美国企业生产效率已经为日本的8倍左右,日本要想获得工业领域的进步,就必须要在生产管理的方法技术上赶超西方国家。基于这两方面的原因,日本政府和企业界开始频繁地到美国学习生产管理,而从结果来看,对美国生产管理学习得越好,投入越高的企业,因此获益的机会就越大。

二、日本式生产管理的内容

（一）精益生产

精益生产最早由丰田公司研发出来,因此也被称作丰田生产方式(TPS)。丰田生产方式伴随着日本企业的崛起以及自身经营绩效的提高而产生,如今已被公认为世界制造业最成功的管理模式之一。从某种意义上说,它是日本的产业精神与西方管理技术的一次完美结合,来自美国的工业工程技术在日本管理哲学的改造之下,逐渐形成了一系列具有鲜明日本管理特色的理念、方法和技术,它不是对美国管理的简单模仿,而是日本管理实践过程中的再度创新。

从第二次世界大战结束起,丰田公司就开始不间断地派出人员赴美学习福特生产方法。1950年其3名高管相继访美,包括丰田工业公司丰田英二和斋藤尚一等两位常务董事以及丰田销售公司总经理神谷正太郎。这些访问少则一个半月,多则5个月之久,他们非常细致地考察了福特方式及其相关体制,目的是如何结合自身条件引进这种方式,通过不断地学习和实践,最终形成符合丰田企业特质和管理环境要求的管理模式。

丰田方式的核心理念是降低成本,杜绝浪费,其他一切具体的做法都源自这一理念。"现代企业所以要追求效率,就是要达到企业的根本目的——降低成本。不仅是丰田公司如此,所有的制造企业都是依靠降低成本才有可能获得利润。"[1]这种理念的形成是丰田公司反思自身惨痛经历得来的:第二次世界大战之后的初期,丰田公司一度陷入极其危险的境地,全年的汽车销量甚至只有区区3275辆。严重的财务危机使丰田只能求助于银行,但是银行给出的条件极为苛刻,那就是公司必须裁员3000人,经理层必须全部离岗,公司也将被一分为二。作为企业的创立者,丰田喜一郎从这种境遇中领会到,只有"降低成本,消除一切不必要的浪费",才有可能在竞争激烈的行业中存活下来。这句话,也成为丰田管理模式的基本宗旨。这里所说的浪费要比通常的理解更加广泛和深刻,"它有两层意思,一是不为顾客创造价值的活动都是浪费,不增加价值的活动不是要做好,而是要消除。二是尽管是创造价值的活动,所消耗的资源超过了绝对最少的界限,也是浪费"[2]。按照这种标准,通常的经营活动中浪费现象比比皆是,甚至在某些流程中超过了90%的比例。因此,消除这种浪费现象,是丰田模式在进行具体制度建设中必须要解决的问题。

基于这种考虑,丰田模式在实践中有两大核心支柱:第一方面是持续改进,日本管理学家也喜欢将其称为改善。改善的目的是创造持续学习的精神,接受并保持变革的环境。它既包括个人贡献的实际改善,更是组织层面形成的持续学习和创新的精神。因此个别要素的精进并不能真正地形成改善,而是必须要把所有的要素整合在一起形成系统的制度,并且在企业管理中持续地以严谨的态度贯彻执行。第二方面是尊重员工。丰田模式会在组织内部形成一种认知基础,即尊重每一个员工,尊重他们的发展、动机以及不断进步的求索精神,同时也要在利益分配上充分尊重员工的特殊利益,并给予其与贡献相匹配的工资收入。因此,"丰田模式是一种文化,而非只是一套提升效率与进行改进的工具及方法"[3]。如果能够做到这一点,公司不管运用什么样的

---

[1] 大野耐一. 丰田生产方式 [M]. 李长信,等译. 北京:北京出版社,1979:12.
[2] 杰弗里·莱克. 丰田汽车案例——精益制造的14项管理原则 [M]. 李芳龄,译. 北京:中国财政经济出版社,2004:1-2.
[3] 杰弗里·莱克. 丰田汽车案例——精益制造的14项管理原则 [M]. 李芳龄,译. 北京:中国财政经济出版社,2004:50.

生产方式，都拥有取得成功的先决条件。因为这种意识将集体利益和个人利益融为一体，个人在进行奉献的同时，其实也是在完成个人利益的升华。

丰田公司在生产上的辉煌成就来自对细节的重视，是卓越的操作流程创造出来的直接成果。丰田把操作流程的卓越性变成其战略性武器，整个改变产品品质的流程包括准时生产、持续改进、一个流生产、自动化、生产均衡化等具体的措施。理念和流程的结合，就构成了丰田生产模式的14条原则，即："①管理决策以长期理念为基础，即使因此牺牲短期财务目标也在所不惜；②建立无间断的操作流程以使问题浮现；③实施拉式生产制度以避免生产过剩；④使工作符合水准稳定；⑤建立立即暂停以解决问题、从一开始就重视品质管理的文化；⑥工作的标准化是持续改进与授权员工的基础；⑦运用视觉管理使问题无处隐藏；⑧使用可靠的、已经经过充分测试的技术以协助员工及生产流程；⑨把彻底了解且拥护公司理念的员工培养成领导者，使他们能教导其他员工；⑩培养与发展信奉公司理念的杰出人才与团队；⑪重视事业伙伴与供货商网络，激励并助其改进；⑫亲临现场查看以彻底了解情况；⑬不急于作决策，以共识为基础，彻底考虑所有可能的选择，并快速执行决策；⑭通过不断省思与持续改进以变成一个学习型组织"。[①]

从这14条原则可以看出，丰田公司的精益生产思想是在日本管理背景下对美国福特制的一种扬弃，在管理实践中更加适合日本企业的发展。而在丰田以及其他日本制造企业崛起之后，以麻省理工学院的研究团队为主，美国也开始研究日本这一卓有成效的管理模式。在80年代之后精益生产的贯彻和推广，也对美国和其他西方国家的管理革新起到了很大的推进作用。

（二）全面质量管理

全面质量管理是日本在第二次世界大战之后的管理革新当中倚仗的另外一种管理方式，根据日本质量管理大师石川馨的理解，质量管理是关于经营的一种新的想法和看法，"首先大量地出口物美价廉的产品，加强日本的经济

---

① 杰弗里·莱克.丰田汽车案例——精益制造的14项管理原则[M].李芳龄，译.北京：中国财政经济出版社，2004：51-55.

基础。最终是牢固地发展工业技术,因而形成大量的技术输出,并确立将来的经济基础"[①]。

和精益生产类似,质量管理也来源于美国。1946年5月,在美国占领当局的帮助下,日本成立了工业标准调查会,开始对工业标准化进行深入而透彻的研究,以期融入国际市场。1950年7月戴明博士访问日本,并且将他的质量管理思想向日本企业进行推广,这次访问掀起了日本学习质量管理的热潮,1951年日本政府设立"戴明奖",以表彰在日本质量管理发展中做出突出贡献的个人和企业。戴明的质量管理从管理模型来看相对比较简单,即将对产品质量的控制置于一个管理过程的循环当中,这个循环包括四个步骤:计划—设计执行—检查—处理。第一个步骤是进行产品调查,认真了解客户对于产品质量的要求,拟订计划;第二步按照前面计划的要求进行具体的实施,以质量的标准进行产品的设计生产;第三步要在计划的实施过程中进行严格的监控,看有没有达到计划的要求;第四步,根据检查的结果进行处理,结合工作的成败教训以及对顾客使用之后的满意度调查,进行总结。由于整个管理过程在这四个步骤的循环过程中,因此也被称作"戴明循环"(PDCA)。作为以统计学见长的管理学家,戴明的质量管理是以质量统计作为基础的,但是真正让日本企业界为之倾倒的还是戴明的管理哲学。戴明在日本所推广的不是基于统计学的管理技术,而是通过提高质量来控制企业成本的管理哲学,这是当时的日本企业迫切需要的。因此,当包括丰田总裁丰田喜一郎在内的日本企业高层与戴明交流之后,都毫不犹豫地选择了在企业开展"戴明式"的质量管理方法。这也使得日本的汽车、家电等行业的产品品质在20世纪50年代不但恢复了战前的水平,而且具有突飞猛进发展的趋势。60年代之后,日本企业在戴明质量管理的基础上,又接受了阿曼德·费根堡姆所提出的全面质量管理(TQC)的理论,以石川馨为代表的日本本土质量管理专家开始创建质量管理小组,向日本全国推广全面质量管理的理念,具有日本特色的全面质量管理由此开始盛行。

---

① 石川馨.质量管理入门[M].刘灯宝,译.北京:机械工业出版社,1983:1.

根据朱兰在1969年世界质量管理国际会议上所做的陈述，日本的全面质量管理具有以下特征："（1）全企业的质量管理，即企业全体人员均参加的方法；（2）质量管理小组（QC）活动；（3）企业内，以经理为首的负责人小组到下属企业对质量管理中出现的问题进行诊断，共同处理；（4）QC小组将简单的统计方法不断地应用于生产现场；（5）以'质量管理始于教育，而又终于教育'的理念，对全体人员进行完整的质量管理教育和训练；（6）每年11月为全国质量管理日，举行包括表彰在内的各种活动，旨在普及和推进质量管理。"[①] 从这些特征中可以看出日本质量管理的中心议题，即通过运用各种统计学和管理学的方法，推进企业质量的技术应用，借助来自企业高层的推动，使以质量为本的精神深入到企业的各个层级，使企业全员都能够主动地参与到质量管理当中。客观地说，这种重视质量的精神和管理方法，是"日本制造"在80年代能够畅销全球的根本因素。

三、日本生产管理中的管理哲学意蕴

严格来说，日本的精益生产与全面质量管理与当代美国质量管理中的"六西格玛管理"相比，在严密性和系统性上都是有所不足的。但是，其能够作为具有日本特色的管理模式，并不仅止于方法本身。"日本企业质量管理取得成功的关键并不是其具体的管理方法和手段，而是贯穿于其中地反映了日本国民性的精神"[②]。因此，透过外在的方法和手段，寻找这些因素背后的管理哲学，才是探寻日本生产管理成功的关键。

（一）日本生产管理的思想根源

勤勉尽责，忠于职守的观念形成了日本人的敬业精神，我们可以把这种全神贯注于工作的思维，看作是日本人在生产领域的基本态度。明治维新之后，得益于产业兴国的国民追求，职人在探索手艺进步上的执着上升为整个社会的价值理念。在当代企业生产，尤其是在手工业领域中职人精神依然保

---

① 转引自那日苏. 全面质量管理与日本的崛起——传统文化与现代理性的成功融合[J]. 科学技术与辩证法，1996（6）：59.

② 马林. 日本企业的质量经营[M]. 北京：中国计量出版社，1992：35.

持着良好的传统。

对于品质的热爱是来自日本历史精神的传承，日常生活中日本人也有着追求完美的习惯，凡事都想做到最好，在对待产品的态度上，任何细小的缺陷都是不能容忍的，他们把这当作是一种耻辱，有损于自我和公司的声誉。这种发自内心对于品质的追求，使员工可以在不计报酬的情况之下占用自己的空闲时间钻研质量管理，"在20世纪50年代末，民间企业的质量管理进一步发展成车间工人自主自愿组织起来的'质量管理小组'，工人们利用下班时间开展活动，虽然没有加班费，却可以提高自己的技术能力，因此感受到一种充实感。这也显示出日本人普遍具有的所谓'职人精神'"[①]。这种现象在崇尚自由的西方企业中也许是永远都不会发生的，在那些企业里员工和企业之间是一种契约关系，劳动契约之外员工对企业不再有任何的责任，也没有义务利用自己的业余时间为企业卖命。而戴明管理一开始在美国无法得到有效推广，很重要的原因也在于此。

因此，日本企业在第二次世界大战前的生产力低下，并不是因为员工不敬业或者是工作不投入，而是由于缺少一种从前工业文明向工业文明转化的精神指引。而戴明质量管理的理念则提供了这样的机会，通过科学的方法和规划，把原来仅仅存在于小作坊当中的"职人精神"转化到了大工业生产当中。从这个意义上说，日本管理哲学与质量管理的结合是相互成就的，两者之间如同鱼水的关系：没有这些先进的技法，职人精神也许最终会走进历史；但是如果没有职人品质和敬业精神，日本的生产管理将变得非常平庸，质量管理的精髓也许永远无法被日本企业所吸收。因此，日本的质量管理并没有什么神秘性，质量管理的理念和方法是为所有企业共享的，但是能否转化成为现实的生产力，就要看这种国民文化之下的思维观念与生活方式与这种管理哲学是否能够真正融合。

（二）日本生产管理的人本主义导向

日本企业生产管理中充分贯彻了"以人为本"的管理思想，强调生产过

[①] 冯昭奎. 战后70年日本科技发展的轨迹与特点[J]. 日本学刊, 2015（5）: 81.

程中的人本主义。推动日本生产管理走向成功的客观因素包括较高的员工素质和融洽的劳资关系，而与之相对应的内在动因则是对于人，尤其是在现场工作的每一个人的尊重。日本生产管理中的以人为本体现在"政府与企业在推进技术革新过程中尽最大努力增加而不是减少就业机会；企业须就如何推进技术革新与工会协商；由技术革新创造的经济利益须由企业与工人共享"[①]，这三条基本原则中，员工在企业中的主体地位进一步地凸显出来，显示出日本企业在发展过程中的人本管理导向。

无论是精益生产还是全面质量管理，日本生产管理中都有着典型的人本主义倾向。精益生产的精髓是培养员工的协作精神并使他们有可能成为团队的领导者，而在质量管理中则强调"'以顾客为关注焦点'的质量管理原则，而且能够被员工广泛理解并在各项活动中得以充分贯彻执行"。[②]虽然从实现路径上看两者都来自高层的推动，但是整个管理的实现过程都包含着对于员工的认可以及团队精神的培养。而如果将管理拓展到与服务对象的关系，则能够看到"顾客意识"是构成日本生产管理的关键因素。组织内部的"员工为本"和组织外部的"顾客为本"，都是日本管理哲学中人本主义的具体表现，也是支持日本生产管理走向成功的基础。

（三）日本生产管理的观念保障

基于集团主义的意识，日本企业的员工对于自己的企业有着强烈的归属感，从伦理的角度说就是"忠"的观念。他们对于企业和自己要从事的事业有着深厚的感情，在很多事情上由此建立的存在感甚至超过获利本身。即使在企业日薄西山的时候，员工也会基于这种情感继续与企业同呼吸共命运，和企业一起摆脱困难的境地，把事业进行下去。基于这种思维，他们在工作中通常会从企业整体、集团的角度去思考问题，在行动的时候往往也会参照他人的做法。这种情况与西方企业员工相比缺少了一定的独立性，但是对于

[①] 那日苏.全面质量管理与日本的崛起——传统文化与现代理性的成功融合[J].科学技术与辩证法，1996（6）：60.

[②] 曾凤章，崔丽.论日本企业"以人为本"的质量管理[J].东北大学学报（社会科学版）2003（2）：104.

日本式生产管理来说，这却是无法取代的优秀素质。这种思维方式非常有利于自上而下地贯彻一种全新的管理制度，而第二次世界大战之后日本所推广的生产管理制度，是日本企业从未有过的尝试，如果没有集团主义"共同体"的价值观，在推广过程中必然会受到巨大阻力。事实上，日本企业的基层管理者和普通工人之间在能力上没有明显差异，专业分工不明显，尤其是缺乏独立思考的能力，这本来是不利于质量管理的开展的。但是基于集团主义精神之下的QC质量小组的推广，将日本企业中的协作意识最大限度地表现出来，恰好把这些缺陷转化为质量管理的成功条件。由此可见，集团主义的意识是日本全面质量管理成功的必要保障。

归根结底，日本式生产中的"改善"与"精益"思想，本身就是一种管理哲学。精益生产存在于重复性的生产活动当中，也可以看作是这一过程中管理思想的体现。一般认为，"它的指导思想是通过生产过程整体优化，改进技术，理顺物流，杜绝超量生产，消除无效劳动与浪费，有效利用资源，降低成本，改善质量，达到用最少的投入实现最大产出的目的"。正如大野耐一所说，"我们所做的，其实就是注意从接到顾客订单到向顾客收账这期间的作业时间，由此提出不能创造价值的浪费，以缩短作业时间"[1]。在这一系列的活动中，隐含着一种渐进化的管理思维，在生产活动中最具有日本特色的管理实践活动（生产力改进、全面质量管理、质量控制小组）等，都可以用改善这一思维表现。"用改善这个词去代替诸如生产力、全面质量控制、零缺陷、看板以及建议系统等词，能够给日本工业勾勒出一幅更为清晰的图景，它的内涵中包括许多近年来享誉世界的具有日本特色的管理实践。"[2]所以，一切具体的做法都来自理念，没有理念支持的企业，即使在细节上做得再好，和丰田公司比起来也只能做到"形似"而不能做到"神似"。比如对于浪费的认识，丰田公司认为任何不为顾客创造价值的活动，都是一种浪费。按照这种标准

---

[1] 杰弗里·莱克.丰田汽车案例——精益制造的14项管理原则[M].李芳龄,译.北京：中国财政经济出版社,2004：51-55.

[2] 今井正明.改善——日本企业成功的奥秘[M].周亮,等译.北京：机械工业出版社,2013：3.

去评价企业的流程，有90%的流程都是浪费的。由此可见，精益生产的系统结构、人员组织、运行方式和市场供求等方面的改革，离开这种管理哲学都将失去意义。也是因为这样的原因，虽然近20年各国在企业管理中都在推动精益生产，但是效果确实参差不齐，我们必须把关注的焦点从它的外在形式转移到思想层面以及这种思想与特定管理环境结合的过程中才能够真正了解它的哲学精髓。

本章小结

日本式的企业制度和企业文化是日本式管理与西方管理的最典型区别，这也催生了对于日本管理研究的基本方法：文化论与制度论。"在以国际视野来捕捉日本式管理的特征时，首先关心日本特有的文化或制度是理所当然的，因为我们不能否认日本的文化、制度等因素在日本企业管理方式上的反映。"[1]这种认识方式自然有其合理性，我们可以看到自本尼迪克特之后西方研究日本的学者，或多或少地都采用了文化人类学的研究方法，而在管理学界，对于日本式管理研究的一个基本做法就是将日本的管理还原成为日本文化、日本制度抑或是日本人的心理特征来进行解读。日本经济的迅猛发展让这些研究者产生了一种错觉，即这些促使日本走向崛起的文化或制度的因素具有普世性，尤其对于彼时陷入困境的美国管理来说，日本企业文化和企业制度是一剂良药。但是文化人类学家与管理学家最大的区别就在于，前者在哲学思维上是抽象性的，而后者则主要是经验式的。文化人类学家在看到差异的同时并不否定文化的共性，并且普遍认为这种文化现象也处在不断地变化当中；但是管理学，尤其是比较管理学的研究往往在时间的界定上是一个固定的点或者阶段，这样往往会夸大某种管理模式在特定阶段所取得的成功而忽略了其成功的局限性，80年代对于日本式管理的追捧就是这样一种情况。日本式管理成功的条件是其适应了当时日本文化与社会制度的整体发展状况，而其

---

[1] 加护野忠男，野中郁次郎，等.日美企业管理比较[M].徐艳梅，等译.北京：读书·生活·新知三联书店，2005：9.

走向衰落的一个重要原因则是对于变动中的社会环境、文化环境没有清晰的把握和调整，这对于现代日本管理哲学来说同样是一个不可回避的问题，下一章我们将对此进行深入的探讨。

第五章

日本管理哲学的前景展望

20世纪80年代以来，日本经济陷入了持续的衰退过程中，与之相对应，一度被推上神坛的日本式管理也成为质疑和批判的对象。在寻找日本经济衰退的原因的过程中，研究者总是有意无意将其与日本管理联系在一起，希望得出"日本企业在管理上的失败是造成日本经济长期萎靡不振的根本原因"这样的结论，从而彻底颠覆日本式管理以及日本管理哲学。但是这一结论缺乏足够的佐证，从日本企业的总体来看，只有部分领域，诸如信息产业、电子产业等，其衰落与企业的经营方式具有一定的因果关系。由此可见，那些认为日本式管理已经过时的观点并不完全符合客观事实。尽管如此，日本的企业界以及管理学家也应该充分了解和认识这些质疑，从并且进一步地完善日本管理哲学，从而帮助日本经济走出困境。

第一节 现代日本管理哲学的背景转变及影响

日本式管理的成功是基于管理哲学与其所在的社会文化背景的完美融合，但是当这些外在环境发生变化之后，原本处于理想状态的要素之间的协调关系也会随之而被打破。由此，日本管理哲学必须要与之相对应地进行调整，否则将会对未来的管理活动造成负面的影响。

一、管理形势的变化及其对管理哲学的影响

(一) 20 世纪 90 年代以来日本经济的发展状况

日本经济的持续衰退，开始于20世纪90年代初期的泡沫经济破产。学界普遍认为从1986年12月到1991年2月之间的4年零3个月的时期是日本的泡沫经济时期，这一阶段日本经济的发展已经超出了理性衡量的范畴，尤其在土地交易市场和股票交易市场中形成的投机行为，最大限度地吹大了日本经济的泡沫。事实上，在80年代中期，由于美国主导的日元升值，日本的国际竞争力就已经受到削弱，但是在投机热潮的掩盖下并未形成足够的影响。因此，当1990年前后房地产和股票市场先后崩盘之后，其破坏性远远超出了日本政府和经济学界的预期，经历了三十年高速发展的日本经济，由此进入了慢车道。进入90年代后期，受到亚洲金融危机的影响，日本金融领域的危机也愈演愈烈，土地的贬值使得金融机构的担保活动无法获得预期的收益从而形成了大量的呆账烂账，像德阳城市银行、北海道拓殖银行、山一证券公司、三洋证券公司这种大型金融机构也没有逃脱破产的厄运，经济泡沫的影响远远超出了预期。整个90年代，日本经济的衰退达到了空前的程度，"1991—1997年的年均经济增长率下降为1.7%，1997年爆发的东南亚金融危机，对于刚刚恢复一点元气的日本经济是一个沉重的打击，导致1997年的增长率降到 –0.7%，1998年的增长率为 –1.9%"[①]。

金融机构的破产风潮导致银行业普遍性的惜贷现象，"银行业受诸多经济因素影响，不敢或不愿轻易贷出资金"[②]。由此形成了经济发展的恶性循环，一方面企业筹措资金困难，难以在遭受打击之后恢复元气，另一方面银行业为了压缩资本风险而减少贷款，使其本身的获利空间大幅度降低，也无法为经济发展提供进一步的资源。这种现象的产生并不仅仅由于亚洲金融危机的影响，更是日本金融体系自身顽疾的集中体现。作为国家经济的宏观主导者，日本历届政府都为摆脱这种局面而绞尽脑汁，比如安倍政府在上台之后即开

---

① 朱明. 日本经济的盛衰 [M]. 北京：中国科学技术大学出版社，2004：181.
② 朱明. 日本经济的盛衰 [M]. 北京：中国科学技术大学出版社，2004：162-163.

始号称三箭齐发的"安倍经济学",所谓三箭包括:宽松的货币政策、大规模的财政刺激政策以及一系列的结构性改革。安倍经济学一度受到了极大的肯定,经济学领域的很多专家也预测它是可以改变日本当前经济状况的,但是现在来看其成功的可能性仍不明朗。从现在的趋势看,日本经济在经历了"失落的十年""失落的二十年"之后,将很有可能继续经历"失落的三十年"。

关于日本经济长期衰退的原因,一直都是众说纷纭。很多日本人认为造成这一不景气周期的直接动因是日本对美元的升值导致日本企业的竞争力下降,"日元升值不仅使出口企业陷入困境,对于那些投资于外国资产的投资者而言也是苦不堪言,今后,就连金融机构和国民年金也会受到影响"[1]。这种说法有一定道理,但事实是任何国家的经济都不可能长期处在日本战后到80年代之间的高速发展的景气周期当中。这种放缓的发展趋势在70年代就已经有所展露,作为经济稳定增长基础因素,"原来为日本制定的有余地的汇率所带来的有利效果;在近代科学技术方面'赶'的过程;在推迟实行自由化政策时期出现的温室保护效果;通过在沿海填海造地向企业提供方便的、包含有补助金在内的工厂用地",[2]以上各方面内容都不是可以无限发挥作用的,有些因素的福利甚至只能享用一次。从宏观的角度看,形成日本经济衰退的原因存在于企业产能、科技创新、产业结构调整、经济体制调整、金融体制调整以及政府干预调控等诸多方面;而从管理的角度来看,它的失败原因是过于依赖长期以来的成功模式,而他们的最佳管理经验早已被西方公司所效仿甚至超越。作为企业经营的最根本背景,经济发展的景气程度对管理哲学的作用发挥有着深远的影响。

(二)经济衰退对日本管理哲学的影响

1. 经济衰退破坏了日本管理哲学赖以存在的企业经营环境

经济衰退给日本管理哲学带来的最直接影响,就是在经济压力之下,企业必须要向现实低头,被迫终止一直以来维系这种企业关系的制度保障。随

---

[1] 野口悠纪雄.日本的反省——依赖美国的罪与罚[M].贾成中,译.北京:东方出版社,2009:88.

[2] 都留重人.日本经济奇迹的终结[M].马成三,译.北京:商务印书馆,1979:88.

着经济不景气的延续，企业不得不进行大量的裁员，以缓解企业面临的财政压力。从90年代开始，包括索尼、日立在内的大型日本企业就已经开始大规模的裁员活动，"大型机电企业日立精机公司已经将退休年龄从52岁降低到46岁。日本航空公司则公布了'新经营重建计划'，准备削减20%的人员，到1998年时，将现在的2.2万人削减到1.74万人"[①]。

裁员现象的出现是对于过去企业经营理念的一种深刻颠覆。在日本经济的盛衰循环中，即使出现经济衰退的状况，企业面对沉重的财政压力和负担，也不会轻易地启动裁员计划。他们认为萧条迟早会过去，企业必将回到发展的正轨，与裁员获得的短期效益相比，长远的对于组织体制和企业文化的破坏都会让经营者觉得是得不偿失的。偶尔为之的做法被称作"出向制度"，即让企业中暂时多余的人员离开本部到同一集团内部的子公司或关联公司工作，减轻原企业的负担，等到经济回到景气周期、企业生产恢复平稳之后，这些被"出向"的员工仍会回到原来的岗位上。交叉持股的企业集团体制给这种"出向制度"提供了分流的条件，员工对于企业的忠诚感又会保障其在危机过后仍然愿意回到原来企业，不至于形成人才的流失。但是，由于90年代开始的衰退无法预知终点，同一企业集团内的各个公司又都深陷困境，出向的客观条件已经不具备，员工一旦离开企业也就意味着成为失业者，所以"出向制度"在当代也就成了变相的裁员。

裁员普遍化的结果是日本企业独有的管理制度，包括终身雇佣制、年功序列制等，失去了赖以存在的客观条件。如前所述，日本在管理实践中能够充分发挥其优势的原因在于理念与制度的完美结合，而当这些制度无法继续维持的前提下，管理哲学也就失去了贯彻执行的土壤，无法发挥充分的作用。由于大量的日本企业在管理制度上越来越接近于美国企业，日本管理哲学发挥作用的空间也随之变得越来越狭窄。

2. 经济衰退挫伤了企业对日本管理哲学的信心

按照普遍的推论，日本式管理和日本经济两者之间有一种特定的对应关

---

① 高增杰. 一场静悄悄的社会变革——析日本基层社会结构和社会意识的变化[J]. 日本学刊, 1995（4）：122.

系,"战后日本企业形成的管理与经营方式是日本企业具有巨大活力的一个重要因素,也是日本经济高速增长的基础。"[1]那么与之相对应的,日本经济的衰退,也存在与管理相对应的因素。

日本企业在日本经济衰退中受到的打击是首当其冲的,颇为尴尬的是在日本式管理中被奉为典范的索尼、松下等家电制造公司,在这一衰退中受到的冲击也是最为明显的。这也为反对者攻击日本式管理及其哲学提供了良好的范例。由于在衰退到来之前这些企业的伟大缔造者——松下幸之助、盛田昭夫等人——已经离世,有一种观点也受到了广泛的认可,即日本企业的成功不在于企业家本人及其经营思想,而是各种外在环境作用的结果,"日本的经济,至今为止所看到的变化,大多是周遭的各种事务所带来的结果,被视为领导者的人,也大多是时势造英雄"[2]。通俗地解释这种观点,就是说日本经济及日本企业在第二次世界大战之后的发展,得益于各种外在条件的累积,不管有没有日本式管理以及日本管理哲学,其崛起都是必然会出现的。

对于日本管理哲学来说,这个结论是非常危险的。因为一旦它得到证实,那就意味着管理哲学同日本企业管理的成功二者之间的关系从必然性变成了一种可能性,日本管理哲学不再是日本企业获得成功的基本因素,即使存在,它也只是在特定的时机、特定的场景之下发挥作用。问题的严峻性在于,如果不能够找到一条以日本管理哲学为基础的重振日本企业经营的路径,那么所有关于日本管理哲学合理性的判断都会打上相对主义的烙印。

二、管理意识的变化及其对管理哲学的影响

(一)第二次世界大战后日本社会意识的演变

如前所述,日本管理中的成功经验除了制度本身的贡献外,更为重要的因素是这些管理方法和理念与日本的国民文化是水乳交融的,这也是它们不会在英美世界取得成功却在日本大放异彩的重要原因,但是走到这个时代,我们可以这样认为,"日本人认为已经成功的管理系统,除了因为时代改变的

---

[1] 朱明.日本经济的盛衰[M].北京:中国科学技术大学出版社,2004:184.
[2] 渥洛诺夫.日本管理的危机[M].陈文彬,译.北京:中国友谊出版公司,1985:219.

理由必须完全修正外,另外还有一个理由。那是因为日本人的品质已经完全改变了……大公无私的精神不再适用于这一代的日本人,绝对服从的风气也已不多见。继之而起的是以有形的报酬作为工作、努力的条件,为了工作而牺牲的精神已受遗弃,个人主义正如雨后春笋般地成长。在这种环境下,若想以古老的做法导出人类的最大利用价值,恐怕会适得其反"。①

与人口增长、年龄比例这些结构性问题相比,社会意识转变所形成的影响显得更为深远。日本企业的黄金时期,对应的社会价值观一般被称作战后价值观。战后价值观的形成,是日本在第二次世界大战之后社会认知转变的集中体现,影响因素包括天皇神圣化的破产、战败后失去主权的社会现实、美国占领当局主导的西方价值观念的灌输等,其内涵包括三个方面:"第一,工作场所至上;第二,男主外,女主内;第三,从禁欲主义到物质欲望的肯定。"② 以上内容虽然不是一成不变的,但是在第二次世界大战之后直到80年代初,其作用表现基本上是稳定的。在企业层面,战后价值观和企业管理哲学的价值宗旨具有同质性,与战前价值观相比,它在维系家庭和集团整体意识的前提下,承认并尊重人的个体价值并将追求物质欲望进行社会层面的合理性认定,对于当时的日本来讲,是传统与现实的理性结合。工作场所之上的意识在天皇制解体之后维系了日本人的社会认同感,将以天皇为基础的价值情愫转移到"企业共同体"当中,强化了企业的内在凝聚力;男主外女主内的夫妻关系在传统社会"家长制"逐渐淡化的情况下,保留了家庭关系的基本特质,夫妻责任的分工也有利于维护员工与企业的长期合作关系;而对于物质欲望的肯定则推动日本社会向"消费社会"转型,是日本传统生活方式同美国式消费文化的有效结合,使日本的国内购买力得到极大提升,开拓了日本的国内市场。由此可见,战后价值观对于日本社会的重建以及企业经营理念的形成都起到了关键性作用,虽然说总体上有使日本社会文化向西方化转向的趋势,但是其与日本管理哲学的关系是和谐的,两者之间具有相互

---

① 渥洛诺夫.日本管理的危机[M].陈文彬,译.北京:中国友谊出版公司,1985:10-11.
② 崔世广.现代日本人的价值观及其变化趋势[J].日本学刊,2000(6):88-90.

推动的作用。

战后价值观可以被看作是日本传统文化与现代文化的一种有限结合，无碍于两者的共同发展。真正具有颠覆性的社会意识转变出现在90年代以后，一方面，社会经济环境的变化，尤其是长期的不景气周期改变了日本人固有的生活方式。经济衰退逼迫企业所进行的改革，包括对于传统管理制度的重建，改变了"企业共同体"的形态，而对于工作岗位上的每一个个体来说，这种转变意味着他们失去了能够寻求安全感的最后港湾，生活压力的加剧促使女性参加工作的意愿加强，由此导致日本人在家庭观念、婚姻观念以及生育观念上都已经与传统思维大相径庭。比如在对于婚姻的态度上，"1993年首次调查的时候，认为'并不一定要结婚'的人数就已经多于认为'必须要结婚'的人数了。到了1998年，差距被进一步地拉大"①，而其中20岁到30岁的高学历女性未婚者并且赞同不结婚的人比例是最高的。随着"必须结婚"这一传统观念的日趋淡漠，日本人的家庭生活方式也在发生根本性的转变，夫妻之间的家庭分工从"男主外女主内"已经渐渐转化为家务工作中的互助合作与女性应该"家庭工作两不相误"。家庭生活本身更趋向个人化、多样化，这种改变也必将会向整个社会进行辐射。另一方面，传统文化与西方文化的博弈，在这个阶段达到了从量变到质变的程度。最根本性的表现在于，在第二次世界大战之后一直处在竞争当中的"集体主义"和"个人主义"的观念碰撞中，居于主导性的集团主义思想在这一阶段，尤其在80年代之后出生的社会群体的意识中，逐渐趋于淡漠，而个人主义的影响则愈发广泛，"从总体来看，虽然认为比起个人利益来更应重视全体利益的人始终占优势，但90年代以来重视全体利益者比率下降（1991年为45.3%，1997年降到39.4%），重视个人利益者比率上升（1991年为24.0%，1997年上升为31.2%），二者呈现接近趋势"。②按照这种发展趋势，当代日本青年人的价值观将逐渐向西方靠拢，传统意识的影响虽然不能说完全消失，但是其影响范围和作用机制都已

---

① NHK放送文化研究所.现代日本人的意识解读[M].陈乐兵，等译.南京：南京大学出版社，2013：10-11.

② 崔世广.现代日本人的价值观及其变化趋势[J].日本学刊，2000（6）：93.

经发生了根本性的转变。

（二）社会意识转变对日本管理哲学的影响

社会意识的变化改变了日本企业经营中最根本的东西，就是人与人之间、人与组织之间的内在关系。由此，也诱发了企业经营过程中秉持的基本理念的深刻变革，"日本经济观察家堺屋太一将90年代之后日本企业与员工之间的关系的变化总结为'人才不忠，组织无情'，并由此认定日本的企业管理已经进入以此为主要表现的新时期"[①]。

1. 组织无情

从企业的角度来看，"组织无情"是日本企业组织发展的一种现实表现。这里的"无情"其实并非企业经营者发自内心的想法，但是在经济形势恶化的过程中，大量的日本企业由于经济上的压力无法维持原有的组织运行机制。作为企业基本运行机制的终身雇佣制与年功序列制，能够得以维持的前提条件是企业必须一直处于扩张当中，企业规模不断扩大，雇用人员也不断增加。只有这样才可以保障企业在运转良好的基础上，还可以缓解组织当中的人事压力。但是即使在这种应对之下，这种缓解也仅是暂时的，不断上升的人力资本成本和人口老龄化背景下退休雇员数量的大幅度增加使企业的经营成本将远远超过第二次世界大战之后的经济高速发展时期。在背负着这样沉重的包袱的前提下，企业要想进一步发展是步履维艰的。所以，企业为了自保，只能引进西方管理中的裁员制度，并且鼓励员工主动离岗，从而缓解企业在雇佣中的压力。

2. 人才不忠

如果说组织的"无情"是逼不得已的做法的话，个人层面的"人才不忠"现象则是真正存在于人的思想意识当中的一种转变。它也体现出日本管理哲学的主要对象，即企业当中的雇员，在社会意识发展的前提之下，针对企业中人与组织关系的新态度、新认识。企业里的"人才不忠"表现的是员工对企业归属意识的降低。新一代的企业雇员在企业中表现出强烈的个人主义的

---

① 孙秀慧. 人才不忠，组织无情——日本管理之变[J]. 领导文萃，1994（10）：80.

倾向，从而造成原有集体主义价值观的破坏，"日本人有集体行动和集团内协调的传统，因而其活动的范围也局限在小集团中。忠诚心、规律、勤勉等，过去也一直相当受重视，但是这已是逐渐在消失中的日本人的美德"[①]。

"人才不忠"首先是企业中个人主义价值观发展的产物。与传统企业人相对比，在新一代日本青年身上更多地表现出多元性格、不尊重传统以及多变性的价值特质，对于企业他们不再表现出如家庭一般的归属感，更为受到重视的是个体价值的实现和个性自由的不被束缚。因此，"忠诚"对于当代企业中的年轻人来说，已经变成一个令人生厌的词语。其次，"人才不忠"是享乐主义人生观的体现。战后价值观承认个人消费的合理性，其前提是这种物质消费的欲望能够推动人更加努力地投入到生产性活动当中，创造更多的价值才能够获得更多的消费机会。但是到了80年代之后的日本社会亦因此发展成为享乐主义倾向明显的社会体系，日本在奢侈品的人均消费上已经连续很多年领先于全世界。至少在80年代之后出生的年轻人身上，传统价值观中勤俭、克己的观念已经很难找到，追求消费和享受的快乐已经成为他们从事工作的根本动因。这种背景下，通过传统管理哲学和企业文化去凝聚企业价值观是很难奏效的，过去的那种为了企业发展而主动加班的现象已经很难看到，根据调查，"近半数的大企业白领阶层反对为公司利益多少牺牲点个人生活"；[②]最后，"人才不忠"的出现还源自员工对不可预知未来的恐惧。当裁员成为常态，员工与企业之间由长期雇佣转变成为短期雇佣，两者之间的契约关系开始变得模糊。尤其是在终身雇佣长期存在的日本，企业雇员的生存境遇从"一眼可以望到尽头的职业生涯"到"充满变数的人生"，大多数人感受到的不是获得自由的快感，而是对未知世界的恐惧。这种情况下，维系组织和个体之间的纽带被割裂，员工对企业的"忠诚感"自然也无法得以维系。

由此可见，"人才不忠，组织无情"的出现，是日本全社会层面的意识转变在企业中的直接体现。这种变化可以解释之所以会出现很多企业在第一代企业家手中发展迅猛，但是到了第二代或者第三代企业家时，尽管他们继承

---

① 渥洛诺夫.日本管理的危机[M].陈文彬，译.北京：中国友谊出版公司，1985：222.
② 孙秀慧.人才不忠，组织无情——日本管理之变[J].领导文萃，1994（10）：80.

了前者的管理哲学,但是却无法带领企业走出困境的原因。他们继承并秉持的管理哲学本身并不存在问题,但是当企业以及企业的员工在价值与意识方面发生本质转变之后,管理哲学也就必须要随之而进行调整。

三、管理制度的变化及其对管理哲学的影响

日本的管理制度在形成之后一直保持着相对稳定的状态,"日本人本身和外国人极力称赞的日本管理制度,几十年来并没有什么改革。事实上,真正令人觉得不安的是,这个制度的由来可以追溯到日本历史的明治时代或是德川时期所谓的美德,至今仍信守不移"[1]。但是,在社会环境和意识都在变化的前提下,日本不可能坚守原有制度不变,这种转变也必将会对传统管理哲学形成挑战。

传统日本企业的组织架构和管理机制,从根本上说都是为了维护企业的主权者对企业的控制。按照前面的论述,日本企业的主权者除了投资者、经营者之外,还包括企业内部的所有员工。所以无论是官僚制的组织结构还是第二次世界大战后交叉持股的企业集团建构模式,都是以维护企业内部主权者进行有效控制为根本目标。这种经营方式既维护了企业各构成群体的共同利益,保证企业集团作为整体的"共利";又能够强化企业的内部的凝聚力,凸显员工对企业的忠诚意识。

在企业没有经营和竞争压力的情况下,这种控制方式当然是最符合管理的一般要求的。但是,在企业核心竞争力衰退的情况下,这种经营思想容易形成组织观念僵化、运转不利等顽疾。所以当代日本企业的控制方式正在由内部控制向外部控制转变,企业不再是自我完善的独立个体,而是要受到来自监管部门、中介组织、债权人、股东以及社会公众的控制。企业的公众控制,实际上就是顾客意识,日本企业的生产管理思想,包括质量管理和精益生产,从本质上说都是来自西方管理思想,具有顾客导向的内在精神。因此,虽然在形态上是通过内部生产管理的规范化来进行控制,但在基本精神上都有外部控制的特色。

---

[1] 渥洛诺夫.日本管理的危机[M].陈文彬,译.北京:中国友谊出版公司,1985:9-10.

随着传统日本企业运行方式的解体，外部控制的特征也在向其他管理的领域推进。由此带来的企业经营方式，也从坚持本国传统的主导性，向灵活适应国际惯例的方式转换。尤其是作为跨国企业的海外分公司，早期阶段日本企业非常注意派遣本公司的管理人员到海外企业，进而贯彻本企业的管理思想与原则。但是随着企业规模的扩大和本土化的加强，那些在日本本土能够发挥优势的原则在海外越来越多地表现出水土不服的态势，无法得到推广，这些企业的经营效益也无法达到预期要求。90年代之后，由于本土的企业本部也面临着严重的经济负担，无法通过利益输送的机制帮助海外分公司脱离困境，只能让这些企业按照当地的运营标准进行重新整合，而这种情况下，日本的企业经营哲学、经营模式是否具有普适性，尤其是基于日本特定社会文化发展的条件而形成的特定经营管理模式，是否能够被其他文化背景下的企业接受并取得足够的效果，也都受到了广泛的质疑。

与之相对应的是，随着日本国内社会结构和社会意识的西方化转变，原来在日本本土企业当中发挥作用的管理制度也很难继续发挥原有效果。"社会意识的质变，从根本上抽掉了原有制度赖以生存的基础。日本社会正在美国化，因此传统的日本管理模式也必须变革。善于学习的日本人再一次开始学习美国，有人将之称为日本公司的美国化。"[1]事实上，日本企业对美国管理的学习一直没有停止过。日本管理哲学实用主义的价值内核使日本企业并不固守于任何的思维框架，在企业繁盛时期他们可能会在爱国精神的驱动下鼓吹日本式管理的优势，但是当企业经营深陷困境之时，大多数人都会用功利的眼光去重新审视企业的管理方式。

最近三十年间，日本所经历的和西方文化的再次交融，使当代日本人不再仅仅遵从于传统秩序，尤其新一代年轻人，甚至比西方国家的青年人更加关注"个人价值的实现"。这在管理方面体现为，他们的职业认知正在发生着深刻的变化，这种变化固然不足以改变日本管理哲学的思维基础，但是从管理制度角度来说，也必须要适应这种变化。其中最为显著的影响体现在在

---

[1] 陈雪频.日本企业的美国化趋势[J].招商周刊，2005（13）：32.

日本式管理最为核心的领域人事管理当中，传统的年功秩序已经不符合当代日本年轻人的要求，人事管理制度必须要完成围绕能力主义这个核心的重新构建。

从能力主义的角度看，这种偏向自由的个人状态更适应于日本企业管理的未来发展。以终身雇佣和年功序列制为主导的人事制度曾经在经济高速增长时期起过重要推动作用，但是这种制度同没有任何人事考核的国家相比，只是"对雇员随工龄而提高的任职能力进行考核，并细微地拉开个人工资差距"，但事实上，雇员并不能得到与其贡献相匹配的报酬。这种制度体现出来的企业与员工的关系，非常类似于中国改革开放之前企业与员工的关系。终身雇佣的存在使两者之间形成一种利益共同体，作为员工通过牺牲这种与能力相对应的报酬来保持企业的良性运转和维系长期雇佣的成本，进而获得自身生存的稳定感与安全感。但是，随着日本经济高速增长时代的结束和后工业化社会的来临，这种制度的缺陷越来越多地暴露出来：一方面，社会的进步需要人才能够在企业之间进行自由的流动；另一方面，随着知识经济的发展，企业的根本不再是那些忠诚而安于本位的从业者，而是具有创新能力、能够独立思维的人才。日本人事管理的"三大法宝"，看似维护了企业的稳定秩序，但是从本质上来说却破坏了人力资本发展的根本动力，不但劳动力不能得到优化组合，企业的灵活性、创造性也会被压制。近年来在创新发展上步履维艰的日本家电企业感触无疑是最深的，在他们看来，单靠员工的忠诚和一致性，已经不足以使企业在数字化时代立足，企业未来的发展需要更多的具有个性的出色人才的加入。

因此，终身雇佣制在大多数企业已经不被提倡，虽然没有明确的意思表达，但是企业通过鼓励提前退休、聘用临时职员、进行外部委托以及中途录用等方式，逐渐消除其在企业的影响，与之相对应的年功序列制也逐渐被能力主义主导的薪酬体系所取代。这里的能力主义强调两个方面："适应高度弹性化的能力"和"生活态度上的能力"。对于员工来说，适应高度弹性化的能力就是必须"能顺应职务分配和岗位的变动，发掘和发挥灵活性地、有弹性

173

地工作的潜在能力"[①]，现代企业处在高度的竞争环境之中，企业的竞争能力直接体现在个人能力之上，个人弹性化的工作要求事实上也是企业弹性化经营的需要。与之相对应，这种适应能力并非先天具备的，这就需要员工强化"生活态度上的能力"——在高度弹性化的工作条件下，员工可能经常性地面对诸如新技术的引进、职位的变动、工作场所的调动、工作量的频繁增加等突发情况，员工必须要有一种强大的自适应能力，除了有应对挑战的精神之外，"还要增强体力，认真学习，在下班后，还要考虑例如加班和参加品质管理活动，而不顾及自己的个人生活"[②]。

这些改变的总体趋势，就是如同前面说的，使日本式管理在制度上和形态上都更加地趋向"美国化"。当然，尽管从某种程度看，美国式管理是更适合一个美国化的日本社会的管理方式，但是日本的传统精神并未真正沦丧，因此两种文明在企业管理中的碰撞也将一直持续下去。对于日本企业来说，"这种变化看似痛苦，从长远来看却是利大于弊的，终身雇佣、年功序列等制度的存在，恰恰是阻碍日本管理同西方接轨的障碍。其实能力主义在明治初期和战后曾被视为新时代的希望，但是在不知不觉间，被年功制度所吞噬了。在年功制度下，年轻人的能力和创新力被压制了，而年长者的权威却因此而得以保障。这种思想非常根深蒂固，不但妨碍了最近以实力、实绩、能力等来决定薪资的尝试，并且降低了实力主义的效果。"[③]因此，从序列制向能力制的管理制度转变，既是日本企业重振的希望，又是日本管理哲学适应时代发展的基本要求。

第二节　日本管理哲学在当代遭受的质疑

经济的衰落使得曾经被视作典范的日本企业及其经营方式受到了越来

---

① 熊泽诚.日本式企业管理的变革与发展[M].黄咏岚，译.北京：商务印书馆，2005：33.
② 熊泽诚.日本式企业管理的变革与发展[M].黄咏岚，译.北京：商务印书馆，2005：28.
③ 渥洛诺夫.日本管理的危机[M].陈文彬，译.北京：中国友谊出版公司，1985：214.

多的批判,言辞激烈者会使用"危机""困境""失败""终结"这类词语评价日本管理哲学的未来发展;但是近年来关于日本管理哲学还存在另外一种观点,即当前日本管理的状况是日本经济转型过程中的一种主动示弱,是在"为未来投资"。基于不确定的未来变化,我们无法判定这两种关于日本管理哲学的看法哪一种更为客观。但是,对于变化中的日本管理来说,正视业已存在的批判和质疑,是更好地认识自身不足,寻求转变和创新的前提条件。

一、对日本管理哲学开放性的质疑

日本虽被看作是西方国家,但这里的西方化仅仅是指政治制度,在社会文化上日本与西方的差别依然是非常巨大的。时至今日,日本基于岛国生活方式的纵式社会属性依然是根深蒂固的,最为典型的表现就是日本民族内在心理上的封闭性。他们依然把自己包裹在大和民族封闭的文化圈内,既拒绝别人的加入,也不愿意融入其他文明主导的文化圈当中。这种文化层面的内部封闭性被野村综合研究所称为"卡拉帕格斯现象",这种现象既阻碍了日本更深层次的国际发展,同时为全球化背景下的日本跨国公司的经营管理制造了额外的困难。

"卡拉帕格斯现象"(或称为卡拉帕格斯群岛怪圈)指的是物种进化中的一种奇特现象。南美洲距离厄瓜多尔900公里之外的太平洋面上一处称为卡拉帕格斯群岛的死火山群岛,以曾经作为达尔文研究进化论的考察地而闻名,在这个岛屿上生活着难以用进化论解释的独特生物,如卡拉帕格斯龟、卡拉帕格斯企鹅、卡拉帕格斯蜥蜴等。这些特有生物出现的原因是这一群岛长期隔绝于南美大陆之外,与岛外生物没有直接的接触,因此独自完成进化。由于没有经历残酷的生态环境的洗礼,这些生物最大的特点就是抵抗环境变化与外来物种的能力极差,换言之,如果卡拉帕格斯特有的地理现象不复存在,这些物种将会被自然界迅速淘汰。

2007年在日本最著名的独立研究机构野村综合研究所出版的《2015年的日本——迈入新的"崛起"时代》一书中,卡拉帕格斯现象被赋予了社会层面的喻义,"不仅生物世界,在资本和服务领域也存在着独自完成进化的、游离于世界标准之外的现象"[①]。而在当代日本,"卡拉帕格斯化现象"正在越来越多地显现出来。书中举了诸如移动电话、数字播放制式、非接触型IC卡、建筑业、能源环保领域以及会计制度等例子说明这种现象在日本的显现。在资本和服务领域"卡拉帕格斯化现象"体现出与国际化、全球化的主流大趋势背道而驰的特征,具体表现就是日本企业无论在经营模式还是产品生产研发当中,都显得格格不入,逐渐趋于边缘。这种现象在运营模式相对传统的领域表现尚不明显,但在与新经济新技术关联密切的领域则显得尤其让人触目惊心。曾经在制造业创造神话般辉煌历史的索尼公司,近年来走向没落的根本原因就是创新能力缺乏而导致产品的竞争能力不足,而导致索尼创新能力缺失的原因则是在卡拉帕格斯思维之下的故步自封。在录像机市场,由于对于自己的产品技术过于自信,索尼一直固守自己的BETA格式并拒绝兼容,而竞争对手相互联合选择了VHS格式,最终,索尼被自己的自我封闭束缚,被市场淘汰。这种例子还有很多,在移动通信领域,2G时代全球GSM、CDMA技术是主流,日本却采用了独有知识产权的PDS制式,构建了一个与世隔绝的封闭式产业。这种环境使日本企业得到了充分的保护,在国内市场无往不利,但也使日本企业失去了在全球市场竞争中磨砺的机会。到了3G时代,日本NTT DoCoMo成为全球第一大电信运营商,投入巨资试图进军海外市场,但最终正是由于模式过于特殊而失败。说白了,就是在全球其他企业全球化发展,制定产业规则的时候,日本企业将自己与世隔绝,聚焦于耕耘本国的市场了。包括在索尼曾经风光无限的领域,近些年很多索尼忠实拥趸最终弃其而去,一个非常关键的因素就是索尼的产品制式和国际上的通用标准无法兼容,导致人们在使用索尼产品时额外增加很多的麻烦。

从这些现象中我们可以看到的是,日本的企业往往将把精力都投入于建立一个完整而封闭的产品生态圈,并且要充分保障自己在这个体系当中的主导地位,而不是将自己融入一个开放的、为所有人共享的平台当中。这种思维与开放社会的精神显然是格格不入的,当来自价格和品质方面的优势为科

[①] 野村综合研究所.2015年的日本——迈入新的"崛起"时代[M].孙晓燕,译.北京:中信出版社,2012:99.

技本身的进步所抹平之后,这种管理哲学的缺陷就会越来越多地暴露出来。所以对于日本管理哲学开放性的质疑,实际上是对这种思维方式在全球化以及开放社会的时代特质下的适应能力的担忧。

二、对日本管理哲学创新能力的质疑

与第一代创业者相比,当代大多数的日本管理者在创新意识上是淡漠的,这与日本崛起过程中"模仿创新"的经营理念具有必然的关系。这并不是说日本已经完全丧失了对于新技术和新产品的开发能力,但是大多数当代的经营者都对创新本身缺乏足够的敏感性,不再追求自己的特色而以模仿作为安身立命之道。所以当一家企业成功地开发出新产品之后,其他公司立即进行抄袭和模仿,类似的产品会在最短的时间内竞相涌入市场。对于企业来讲,这是成本最少、风险最小的模式。但是在对于创新能力要求更高的知识经济时代,落后一步往往意味着满盘皆输,尤其当日本不再具有劳动力成本优势的情况之下,这种模式成功的概率极度地降低了。

基于实用主义的发展观,日本在战后形成了追赶型的产业结构,从第二次世界大战结束至今依次经历了早期的经济恢复重建阶段、50年代开始的产业结构倾向于重化工的阶段、70年代到90年代的知识密集型产业结构阶段以及目前尚在进行中的创新型知识经济阶段。作为后发国家,这样的发展路径并没有错误,以欧美发达国家作为追赶对象并以对方发展路径为蓝本设计自身发展战略也是一种必然,尤其是70年代从重化工为主的产业结构向知识密集型产业结构的成功转型更是奠定了日本经济在整个世界经济格局中的重要地位。当代日本的产业结构以工业生产的技术化与自动化为基础,在电力、钢铁、石化、家电、半导体等领域进行产业布局,形成了一个完整的产业体系。但是在进入90年代之后这种产业结构调整的局限性却日益明显,从宏观经济的发展视角看,"相对优势产业、相对劣势产业和非贸易部门之间存在生产能力和效率之间的巨大差距,形成日本产业结构上的'三重构造型'"。[①]但问题在于,过去几十年的成功形成了日本在经济发展和科技创新中的路径

---

① 朱明.日本经济的盛衰[M].北京:中国科学技术大学出版社,2004:189.

依赖，由国家主导的科技发展布局过分投入于原有布局当中，没有适应时代的发展而对新兴领域加以充分研发。而这些新兴领域的产业特质又决定了按照日本原有的创新思路无法完成后来居上的赶超，这是形成日本在当代管理创新中处于劣势的外在条件。

除了结构性因素之外，日本企业在创新上的停滞不前体现在对于知识经济时代的不适应。在当代，很多人将日美两国的盛衰倒置归因于对于知识经济的适应与接纳。尽管日本企业界及管理学家都非常重视知识管理，在理论和实践中亦多有建树，但是放在21世纪的视角看，日本企业及其经营理念确实是远远落后了。在这样一个竞争性的时代，国家和经济体只有能够支配知识产业，才有可能在竞争中获胜。在这方面，今天的日本已经全方位落后于美国，甚至很多新兴国家对日本都有后来居上的趋势。更为危险的信号是，几十年来日本在制造业上积累的强大实力现在看来并不足以改变这种劣势。作为追赶型的国家，日本企业的创新方式属于"模仿创新"的范畴，更多的是依靠所谓的后发优势，将欧美业已成熟的科技成果加以吸收和消化，而并不是自己进行原创性的基础研究和应用实践。同其他东亚国家一样，日本的科学发展更注重技术开发而忽视科学研究，尤其对于基础学科重视程度远远低于欧美国家。而这恰恰忽略了知识经济能够产生的最根本出发点，即在任何产业当中都必须具备的原发性创造能力。

三、对日本管理哲学人治传统的质疑

现代企业与传统家族式企业最大的区别就在于能不依赖任何个人而维持自身的性格与目标，任凭股东和管理者变动而保有自己的禀赋和价值，从这一点来看，很多日本企业在创始人去世或淡出管理层之后都遇到了严重的管理问题。尤其在创新方面，除了企业的创立者之外，其他的人往往不具备创新的条件和能力。

由此也可以看到日本管理哲学的另一个内在缺陷，即这种哲学的建立和维系太过依赖于它的开创者，具有强烈的人治管理特征。不管是否出于本意，这些伟大的经营者所积累下来的名望是其管理哲学能够产生影响的关键因素，他们因此也成为企业中被人崇拜的"企业神"。前面我们所看到的,每一家优秀的公司,所谓公司的经营哲学,其实核心都是其创立者的经营哲学,而当这些人逐渐归隐或者去世之后,由其开创的管理哲学即使在本公司都不能得到充分的贯彻。比如索尼公司,"在公司创始人井深大领导下的'激情集团',为索尼开发出独创性产品,让索尼获得成功,但是此后随着井深大退出第一线,受其影响的那一些人不在了,索尼也就开始逐渐衰败。因实行绩效主义,职工逐渐失去工作热情,追求眼前利益的风气蔓延,一些扎实细致的工作、短期内难见效益的工作被忽视。"[①] 同样的现象,在松下幸之助去世之后,松下公司的神奇光环也逐渐消失,继任者的平庸让公司日趋衰落,而松下所开创的管理哲学亦没有得到很好的传承。在岩谷英昭所写的《松下幸之助在哭泣》这本著作中,作者认为松下的衰落根本原因就是继任者背弃了松下幸之助经营哲学的精髓,骄傲自满、故步自封,在经营中自食其言。这些尖刻的讽刺其实不仅针对松下,索尼、夏普、日立等公司其实都有类似的情况出现。这种现象其实在所有白手起家走向辉煌的公司都可能会出现,但是东方企业的这种依赖性会更强一些。同样的情况,盖茨退休和乔布斯的去世也都对各自公司产生一定负面影响,但一方面这种影响比较有限,另一方面也不会导致由其创立的企业管理哲学的废弃。这种差异性既是东西方文化差异的体现,同时也是管理哲学自身差异的体现。归根结底,这同东方世界漫长的人治传统密切相关。

  首先,日本企业对于创立者的依赖性更强,不仅仅是因为其自身超凡脱俗的能力和人格魅力,更多地源于日本社会的权威认同观念。比如在稻盛和夫与京瓷的关系上,"尽管京瓷很久前就有了所谓CEO,但稻盛却是真正的、永远的CEO。他当着所有人的面,就像招呼小孩似的招呼岁数不小的京瓷现任CEO,因为稻盛是有传奇色彩的创始人,而且已年过八旬"[②]。离开稻盛和夫,京瓷也逐渐退化成为普通的企业。早期日本企业的创立者往往都具有非凡的创业经历,他们在非常困难的情况下取得了常人难以取得的丰功伟

[①] 黄金萍.日本电子巨头进与退[EB/OL].南方周末,2013-12-12.
[②] 宋文洲.别被稻盛和夫忽悠了[EB/OL].新浪专栏,2013-05-07.

绩，战胜了常人难以想象的困难，其成就也足以在自己的企业内让人顶礼膜拜。如果日本经济始终处于高速发展阶段，他们的继承者完全可以沿着他们给公司确定的道路一直走下去。但是随着日本经济的持续衰落，企业既定的发展路线已经无法维持下去，这个时候继任者的平庸就体现出来了。他们既缺乏创业者所拥有的权威和认同感，又不具备开拓进取的能力和雄心，所以都表现出谨小慎微的姿态。这些人在经营上无法重现日本企业昔日的辉煌，同时亦无力将稻盛等人所弘扬的日本经营哲学发扬光大。80年代之后诸如索尼、日产这些家族性极强的日本知名企业开始在经营中引入西方职业经理人，实际上也可以看作是对这种现象的一种无奈的妥协。但与之相对应的问题是，大多数的欧美职业经理人在日本企业中都存在着或多或少的水土不服现象，既没有足够的影响力使企业按照他们所设想的路径发展，又无法融入原有的企业文化当中，所以真正获得成功的也是凤毛麟角。

其次，集团主义的经营理念导致了日本企业无法做到真正的非人格化。企业管理的非人格化是摆脱人治的最好途径，通过这种方式可以把整个企业的管理环节——组织机构的建立和维护、运营体系和资产价值完全纳入管理的系统当中，但是在日本做到这一点其实是非常困难的。人治主义的盛行来自传统社会的经营家族主义，人治主义的传统和家族统治的企业发展历程让大部分日本企业很难做到非人格化。相反，在经营过程中这些企业会用大量的精力将某个人或某个家族的烙印深深地刻在企业运营的整个过程当中，尤其是从明治时代的财阀发展至今的企业，以家主作为企业执掌者的传统源远流长，发展到今日这种掌控甚至不需要以掌握控股权作为条件。在这些企业中，现代企业精神与传统思维错综复杂地交织在一起，最为典型的表现就是隐藏在非人格化的现代企业架构之下的人治主义精神或传统。在内在的精神上，它们不但不去追求企业的非人格化，甚至刻意地去创造并且维系企业对于某个人或某个家族的依赖。

最后，日本企业的人治现象还源于企业所处的封闭环境，由于可以获得资源的市场中职业经理人群体的匮乏，企业只能从内部产生未来的经营者。但是经由终身雇佣制和年功序列制的运行，企业的接班人注定会在缺失个性与自我的路径中走上领导岗位，因此只能对其伟大的前任唯唯诺诺，亦步亦趋。而随着20世纪60年代以来日本企业走出国门，逐渐成长为跨国企业，这种资源的短缺不再存在，大量来自西方或经由西方现代管理思想培养的职业经理人群体开始涌入日本企业，姑且不论其结果是否有利，但至少的表现是家族主导的人治主义企业传统因之而受到了巨大的冲击。

80年代之后，一批具有现代企业家精神的新型企业家开始涌现，他们给已经成熟化的日本经济带来了新的活力与创新精神，与传统企业家相比，他们不再局限于业已形成的管理哲学当中，具有果敢的精神、积极开发新产品与新市场的勇气与魄力，从性格特质上看，他们更符合熊彼特所谈到的"企业家"气质条件，从他们身上也可以看到终结日本企业人治传统的希望。

第三节　日本管理哲学的未来走向

尽管对现代日本企业管理的认识与评价并没有一个统一的结论，但是日本企业在21世纪的衰落却是不争的事实，由此引发对于日本管理哲学的质疑也就是正常的现象了。面对来自内部和外部的双重挑战，日本管理哲学必须要通过自身的理论创新来进行有力的回击。这既是日本企业持续发展的重要条件，同时也是日本在新的时代背景下完成东西方文化的进一步融合的关键因素。

一、日本管理哲学自我救赎的实践路径

（一）稻盛和夫在日航改革中的管理哲学

2010年，时年78岁的稻盛和夫接受日本政府的邀请，以零薪酬加盟日本航空公司，担任公司董事长。而此时曾经被誉为日本战后繁荣象征、一度在全世界航空公司中排名前三的日航，已经向日本东京地方法院提交了破产申请。对稻盛和夫而言，在耄耋之年接受日航的工作挑战是冒着极大风险的，除了赌上自己的一世英名之外，更是以日本管理哲学应对日本企业经营危机的一个关键性尝试。承担这种风险的目的是要向日本整个国家传递依靠自身

力量重新振作的讯号。"如果我能成功让'腐烂的JAL（日航）'重新站起来，那么很多因为不景气而受苦的企业看到这一幕就会想到：'既然JAL能够做到，我也应该能做到。'他们自然会加倍努力，冲破困境。"[①]一年之后，日航扭转了亏损的局面，并在之后的连续三年时间里成为全亚洲航班准点率排名第一的企业。这一典型事件让我们看到日本式管理依然存在的生命力和竞争力，而作为日本"经营四圣"中唯一在世的稻盛和夫，其如履薄冰般在日航取得的成功，其意义亦不仅仅是为自己维护了"经营之圣"的名节，更为深刻的意义是让人们相信其所倡导的经营哲学在这样一个变革中的时代，仍然具备引领日本企业走出困境的能力。

1. 重建企业经营理念

日航的破产有着非常复杂的因素，外部环境的变化是直接原因，主要的是日本经济环境的持续恶化、铁路交通对航运市场的冲击等，这和90年代以来日本大多数企业面临的问题大致类似。但是导致日航走到绝路的原因还是其内在经营方面的问题，这也可以很好地解释为何同为日本大型航空公司，面临同样外部环境变化的全日本空输株式会社（全日空）在经济危机中不但毫发无损，经营业绩反倒蒸蒸日上。破产前的日航，由于与政府的密切关系，因此可以从政府获得大额订单以及资金援助，在这种依赖性下管理层不思进取，故步自封，对自己管理体制的弊端视而不见。整个企业组织官僚化气息严重，人员冗杂、效率低下，其管理层甚至已经成为部分退休官员的"养老院"。因此，日航的失败，完全可以看作是经营理念失败的典型范例。因此，稻盛和夫对于日航的改革，最核心的部分就是对于企业经营理念的重建。

针对接手日航之后感觉到的人心涣散、各自为战，稻盛开始向日航灌输他的经营哲学。这些做法包括每月一次的全体大会，向员工宣讲稻盛哲学的基本精神，诸如敬天爱人、热爱工作、自我超越这些内容，同时将这些理念结合日航的实际进行调整；以公司管理者为对象组织干部学习会，将各个层级的管理者集中起来进行系统的教育，包括作为经营者应该具备的能力、素

---

① 大西康之.稻盛和夫的最后一战[M].千太阳,译.北京：现代出版社,2013：13.

质等内容,这个过程中除了正式的授课之外,稻盛还会和这些管理者进行私下接触,了解他们的想法,也让他们知晓自己改革企业的具体规划;最后,以稻盛哲学为基础,结合日航的具体情况,编写了《日航经营哲学》的小册子,让所有员工进行学习。通过这些做法,稻盛载灌输自己的管理哲学的同时,也使日航从高层到基层的各个级别在对于企业的态度、作为管理者的经营理念等方面都发生了根本性的变化。

2. 重振员工对企业的信心

对于一向心高气傲,以行业老大自居的日航员工来说,公司的破产使他们的心理从一个极端走向另外一个极端,从盲目自大到妄自菲薄。同时,来自媒体的过度解读也让他们对公司的未来发展失去信心。因此对于稻盛来说,重振士气、帮助员工找回失去的自信心是其工作中必不可少的一部分。

稻盛提振士气的做法包括:以零工资加入日航,所有出行都乘坐日航的经济舱,通过这些行为表达自己拯救日航和与员工同甘共苦的决心,以自己的言行给员工起到榜样的作用;通过自己的教育机构"盛和塾"印制了55万张"日航后援团"卡片,倡导盛和塾的会员及其家人在出行时乘坐日航的航班;到各个机场巡视,与一线员工进行交谈,并且将写有激励士气话语的卡片送给员工等。

这种以身作则的示范效应起到了非常好的效果,员工们看到这位七十多岁的老人为了公司的振兴不辞辛苦,精神上受到了很大的感召。他们开始有意识地反思过去工作的缺陷,在每一个细节上强化服务的品质,并且以更强烈的责任意识投入到工作中。在很短的时间内,日航的准点率就跃升为全世界第一的水平并且持续地保持了下去。经营状况的改善,尤其是通过自身努力使企业能够逐渐走出困境的自豪感,极大地改变了员工的心态,员工的企业荣誉感也逐渐回归,企业与员工之间的关系也开始走向良性循环。

3. 部门核算——阿米巴经营的导入

日航是企业界的庞然大物,即使在裁员两万多人以后其规模依然属于巨型企业范畴。庞大的企业规模和复杂的官僚组织关系造成了企业运行的障碍,尤其是无法贯彻成本核算的原则。从当时情况看，障碍主要存在于三个方面："第一，计划制订者与执行者分别为不同的主体；第二，销售、利润以及成本这些经营方面的数据和信息并没有被广大一线工作者熟知或共享；第三，反映企业真实业绩的财务报表拖拖拉拉，而报表内容也不过是一些盖浇饭式的笼统账。"[1]为了改变这种情况，稻盛将自己的阿米巴经营模式引入日航的改革中，以部门核算为核心重建日航的管理制度。首先，进行组织的重构。将日航的整体组织重新划分为三个部分，即业务部门、业务支持部门、总指挥部门，用"以航线为中心"取代传统的"以机场为中心"的思路，大幅削减企业策划总部的权力，强化一线部门的权力和信息知情权；其次，在组织改革的基础上以航线为基本单位进行收支控制，形成航线收支的可视化，一方面强化以航线为单位的成本意识，另一方面通过成本核算推动末位淘汰，取消效益最差的航线；最后，在整个公司体系内引入分部门核算制度，也就是在公司内部的各部门之间建立交易机制。虽然这样做会增加工作的强度和难度，但是存在于公司内部的浪费现象因此得到控制，企业能够真正了解自身业绩的真实情况。分部门核算是稻盛管理哲学与日航经营实践的真正结合，通过这种改革一方面提升了一线工作人员参与公司经营的热情，另一方面也为企业本身注入了生命力。

（二）卡洛斯·戈恩[2]在日产改革中的管理哲学

日产汽车公司在20世纪90年代经历了连续八年的衰退期，市场份额大幅度下跌，债务却空前上涨。1999年5月，法国雷诺公司收购日产36.8%的股份，成为日产最大股东，并从雷诺总部调派经理人员参与日产的日常管理活动。其中具有决定性影响力的，就是号称"成本杀手"的卡洛斯·戈恩在成为日

---

[1] 引头麻实.日航重生[M].陈雪冰，译.北京：中信出版社，2014：102.
[2] 2018年11月19日，日产汽车前董事长卡洛斯·戈恩因涉嫌过少申报自身报酬，违反《金融商品交易法》中的虚伪记载有价证券报告书，被东京地方检察院特搜部以自愿同行方式带走。2018年12月10日，东京检察机关正式对其进行起诉。2019年12月31日，卡洛斯·戈恩称，他已在黎巴嫩，摆脱了被操纵的日本司法系统。从被捕到出逃，这既是日产与雷诺合作关系破裂的体现，更可以看作是戈恩用西方式管理模式改造日本企业的失败。

产首席执行官之后在日产进行大刀阔斧的改革，并且在不到18个月的时间内使连续亏损多年的日产实现了盈利。戈恩在日产的改革成就显著，同时也极具代表性，由于其并不具备任何的日本文化背景，此前亦从未在日本生活过，因此戈恩的改革也被认为是运用西方管理思想拯救日本企业的典范，同时也代表了日本企业复兴的一条典型路径。

1. 引入西方成本控制思维

作为"成本杀手"，卡洛斯·戈恩在进入日产之后，面对日产沉重的财务负担，他的改革也以削减成本作为切入点。首先，是人力成本的控制。改革前的日产同样面临冗员庞杂、人浮于事的局面，因此戈恩进行了大规模的裁员活动。在他的主导下，通过裁员、关闭工厂、资产剥离等方式，逐渐完成了组织机构和人员聘任上的全方位改革。为了保障裁员的顺利进行，戈恩一方面尽量减弱裁员的强制性色彩，通过自然退职、非核心事业转卖分离及提前退职等方式使员工离开企业，并承诺给关闭分厂的员工以其他的工作机会；另一方面则大幅度上调公司的工资水平，通过这种方式维护企业的平稳过渡。其次，削减采购成本。造成日产采购成本无限制增加的主要原因是采购形式的分散，日产在各地区、各国的工厂在改革前的采购流程都是自行其是的，为了改变这种局面，戈恩采取了西方企业普遍推行的方法，即全球集中采购。通过这种方式，将占日产总成本60%的采购成本在2000—2002年的3年时间内削减20%；将现有的零部件、原材料供应商减少到原来的三分之二的规模。在实施"日产复兴计划"的3年间，采购、研发和零部件厂商实行"三位一体"，在亚洲、美洲和欧洲三大地区的生产基地大力开展降低成本6000亿日元的活动。这种做法让那些历史上和日产有着密切联系原料供应厂家苦不堪言，但是却极大地提高了企业的运行效率。

2. 员工与企业关系的重建

通过对日产下属各企业的深入调查，戈恩认识到导致企业身陷困境的根本原因是墨守成规，在遭遇困境的时候没有像其他汽车生产商，比如丰田或者本田那样积极进行变革所致。因此，要想拯救日产，必须要从斩断企业的陈规陋习这个方面入手。虽然初次经营日本企业，但戈恩敏锐地意识到日产在员工与企业关系上的弊端。大多数的员工对于企业困境都有清醒的认识，但是他们并不认为这是经营不力导致的。而且由于日产这样的大公司能够从政府得到特殊的照顾，员工也不认为企业将会面临破产的危险。因此，尽管身处困境，日产员工却没有危机意识和忧患意识。戈恩认为，这种盲目的态度源自员工与企业关系的扭曲。如前所述，在传统文化影响下，日本企业在组织架构上是一种"金字塔"式的官僚结构，组织内部等级森严、办事流程严格烦琐，下级对于上级是绝对服从的态度，即使意识到上级的命令是有问题的，下级基于忠诚和服从的心理也只能随之一起错下去。这种组织僵化的形态和近似"愚忠"的员工心理是戈恩无法接受的，为了改变这种局面，他组建了9个跨功能带有实验性的改革小组，在组织中抽选员工直接参加这些小组，并且对来自整个组织的意见建议进行考察，并且做出评判。这样做的目的是打破组织各个层级之间的壁垒，在组织中形成"没有不可批评的观点，没有束缚、没有禁忌"的作风。同时，为了改变传统决策方式导致的权力分散，卡洛斯·戈恩在董事会的支持下将决策权逐渐收回，减少了决策参与的人数，同时通过与基层员工的直接信息沟通机制的建立简化了员工参与决策的过程，从而使组织的决策效率大大提高。

3. 开放性的企业经营理念

通过前面的改革，企业内部的年功序列在事实上已经被完全打破，组织内部的障碍逐渐被克服。同时，在针对日产作为传统日本企业的封闭性特征上，戈恩也做了大量的工作。一方面，他强化了雷诺和日产两家公司的沟通协调，实行两者通用的设施和业务共通化，真正实现两家企业联盟的状态；另一方面，利用雷诺在欧洲和美洲的业务优势和知名度为日产开拓市场。但是，为了保持公司在经营思想和业务流程的独立性，他并没有贸然地将两家公司的业务合并，"我们认为合并存在巨大风险，那就是失去自己的特点，我们唯一能做的就是激发员工的积极性，如果连个性都没有了，还谈什么动力"。这样做的结果是日产在实现组织开放的同时，并没有丧失原有的优势和经营独立性，雷诺和日产的结合，也成为当代企业并购中最为成功的案例之一。

戈恩的管理哲学的一个自相矛盾之处是，它在被过分神秘化的同时，却简单得没有太多的探索空间。媒体热爱戏剧性描述的本能，使他的成功看起来不可解释。他是一个外国人，之前丝毫不了解日产与日本社会，但他用一年时间就完成了转变。与此同时，人们在探询他的成功秘密时，却从未发现什么真正新奇的东西。异质的文化对他意味着解放而不是压抑，他可以轻易地从这一端跳跃到另一端。而日产公司尽管面临着巨大的困境，也并非如媒体描述的那样一无是处，它仍拥有领先的生产线，尽管士气低沉，它的很多员工仍极为出色，蕴含着巨大的创造潜能。戈恩的行为再次证明了管理学的基本要义——它是常识的胜利。

不断有人说，戈恩最令人钦佩之处在于，他能够将复杂的思考转化成简单的语言，他提出了胆大包天的计划，然后又从最细微处不断检验成果。他说他从来不读管理书籍，这多少是因为管理哲学更像是道德哲学，人人都知道该怎样去做，却往往由于性格上的弱点而无法实践这些想法。所以，尽管铺天盖地的报道已将所有的细节覆盖，戈恩自己也协助了其他作家完成了三部关于他的著作，但是我们仍不能肯定他在日产的做法就一定可以被复制到其他国家与其他公司。正如其他日本公司也有一些外籍领导人，他们也拥有不同的文化背景，可能也采取了类似的大胆行动，但他们却未必获得了成功。与其说戈恩为危机中的公司或社会提供了解决之道，不如说他为这些危机中的人们提供了希望。戈恩与他的成功故事，更重要的启示在于其提供了一种成功的信念。这种信念又恰巧与正在变化的社会风潮吻合，也正因此，并非所有拯救沉船的首席执行官都能获得戈恩这样的声誉，拯救的时机也必须恰到好处。

二、两条改革路径的管理哲学差异性比较

稻盛和夫在日航与卡洛斯·戈恩在日产的企业革新，在使用的方法上有很多相似之处，包括裁员、成本控制、重建组织结构等，这些可以看作是一个明智的企业家在企业面临困境时的共同选择。但是在真正推动改革成功的

核心驱动力上，两者却是大相径庭的。作为90年代之后日本企业改革最成功的两个典范，两者所蕴含的管理哲学代表了日本企业的未来发展方向——是继续本土化、使日本管理哲学进一步发扬光大，还是继续开放、用西式管理哲学突破传统管理的窠臼？这是值得深思的问题。

（一）人格魅力与资本主导——权威认同的差异

稻盛和夫入主日航，颇有些"三顾茅庐"的意思。首先是日本自民党干事长小泽一郎的大力推荐，随后当时的日本首相鸠山由纪夫两次向他发出请求，稻盛本人则是考虑再三之后才欣然赴任。这个过程简单而又隆重，显示了政治领域对稻盛的充分尊重。其实这些政治领导人非常清楚，在当时的日本，只有堪称"活着的传奇"的稻盛和夫，才有能力震慑住日航那些充满官僚味气息的高级雇员。事情的进展也正如所预料的那样，稻盛和夫的人格魅力是他的改革能够顺利进行的重要保障。事实上一开始包括继任社长植木义晴在内的很多日航高管对于稻盛的一些做法并不是非常满意，他们甚至认为稻盛来到只是起到象征性的图腾或装饰品的作用，但是在稻盛巨大的人格魅力之下他们都没有表露出来，之后是一步步地理解和接受，直到他们认识到这些做法在企业复兴当中的重要意义。

与之相对应，卡洛斯·戈恩在进入日产之前从未有过在日本本土或者日本企业的工作经历，但是他进入日产的时机是非常恰当的。虽然企业依然是日本的传统思维占据主导，但是濒临破产的境况和雷诺的股权收购使戈恩能够以一个"改革者"或者"拯救者"的面目出现在企业当中。因此，是资本给了他能够在日产大权独揽的资格。日本人的实用主义倾向使他们对即使是来自国外的改革者都会报以接受和支持的态度，而作为雷诺公司来说，它与日产的合作也并不仅仅是简单的股权收购，而是形成了一种联盟关系（雷诺—日产联盟），这样的关系也使企业内部对于戈恩和他的改革较少地产生抵触情绪。尽管具有这些有利条件，戈恩仍然认为，外来身份阻碍而非帮助他获得成功，倘若他是日本人，他的成绩单会更耀眼。

（二）教育者与破坏者——管理者角色的差异

晚年的稻盛和夫的角色已经渐渐由企业家转变为教育家，遍布亚洲的盛和塾是他主要的事业。因此稻盛在日航的改革，与其说是管理制度的革新，不如说是管理哲学的教育与分享。他本人也认为拯救日航的办法，就是把他的经营哲学渗透到日航的员工中去，除此之外再无良方。所以稻盛到日航之后的前期活动，基本上沿袭了教育家的做法，"稻盛给日航领导人上课，首先讲领导人应有的资质，要求大家以做人的标准作为判断和行动的基准，要求干部成为受部下信任和尊敬的人"[①]。他要寻求的是来自企业的各个层级，尤其是高层对于其管理哲学的接受与认可，这是一个由内而外的外化过程，需要来自每一个人内心的认同与共鸣，不能操之过急，必须要通过循序渐进、潜移默化的路径来完成。甚至可以这样理解，这种潜移默化接受的方式，本身就是稻盛哲学的构成部分。

卡洛斯·戈恩在日产的作为，则体现出西方改革家简单直接、雷厉风行的管理风格。因此，很多人认为戈恩的管理哲学在看似神秘的外衣之下，实际上是将复杂的思考转化成简单的语言，运用最细微的管理手段去检验宏大的计划的成效。让管理哲学研究者感到失望的是，这种管理哲学似乎是简单得毫无探索的空间。但是，简单当中体现的是对于管理本质问题的直接触碰，戈恩对于日本管理的贡献在于他直来直去的作风，冲撞了日本60多年积累的缓慢文化，也打破了日式企业中很多看似无法动摇的规制。通过化繁为简的做法，将复杂的企业计划转化为所有员工都可以理解的若干重点议题，然后一往无前地进行推广，这种智慧反倒是日本管理哲学中并不具备的。

（三）外柔内刚与外刚内柔——行为方式的差异

从推行管理哲学的行为方式看，稻盛和夫是典型的日本柔式管理方式，注重人际关系的沟通；而卡洛斯·戈恩则是采用西方的刚性管理方式，通过制度来实现管理的目标。但是，这里的刚性和柔性都是具有相对性的，在具体的行为过程中，两者都体现出行为方式相互结合的特征：一方面，稻盛和

---

① 引头麻实.日航重生[M].陈雪冰，译.北京：中信出版社，2014：4.

夫接手日航，与其说是政府请来的经理人，不如说是政府为这家破产重组的企业找来了一个新的家长。所以稻盛在日航管理层尽力去打造的也是这种类似家庭的关系，他会在紧张的工作结束之后邀请下属到酒馆小酌，缓解工作带来的压力，这一点甚至比在京瓷时还要在意。但是涉及工作的问题上，稻盛则表现出极为严厉的态度，即使对公司的高层也毫不容情。所以，公司管理层对稻盛一度抱有极为恐惧的心理，但是公司一直以来形成的人心疲弊、懈怠的状态却因此得到改善。另一方面，卡洛斯·戈恩在上任不久即主导了日产史无前例的最大规模裁员，预计会在3年内停止5家工厂的运行，裁减人员更是达到了21000人。这体现了西方管理冷酷无情的特质，但戈恩本身在进行公开演讲的时候则表现出浓厚的人情味，并且眼含热泪向为日产汽车做出牺牲的每一个人表达了深深的谢意。在裁撤人员的安置与补助方面，他也尽最大可能满足员工的要求。因此，日产的员工不但没有怨恨戈恩，还把他看作是拯救企业的希望。

通过前面的比较我们可以看到，卡洛斯·戈恩在日产和稻盛和夫在日航的成功，都有一定的不可复制性，基于雷诺对日产的股权控制并且结合成为企业联盟，使戈恩在改革中拥有超乎寻常的权力；而作为久负盛名的企业家，稻盛和夫所拥有的无与伦比的个人魅力以及政商两界的良好人际关系，在当代日本也找不到能够望其项背之人，不能指望稻盛像万能的骑士一样去逐个解救处于困境当中的所有日本企业。这种比较的真正意义在于，在新的时代背景之下的管理哲学发展与创新，无论是基于东方传统文化还是西方文化，都要与当代日本所处的时代背景和客观环境相结合。

三、多元文化交融中的21世纪日本管理哲学

野村综合研究所在21世纪初曾经做出一项研究，认为日本将会在2015年迎来第三次崛起的机会。对于未来的预测总是存在太多的风险和变数，2015年刚刚过去，所谓的"崛起"并未如期而至，日本经济依然处在泥沼当中。而对于曾经创造辉煌的日本企业，尤其是电子企业来说，要想摆脱当前的困境，重建企业的管理哲学尤为重要。基于全文的研究，我们认为未来的日本

管理哲学要建立在传统文化的传承与东西方文化进一步融合的共同基础之上。

（一）日本管理哲学的历史传承

对于日本管理哲学的未来发展，首先要以日本式管理制度的演进作为基础。前面我们已经谈到，20世纪90年代以后，日本原有的管理制度，尤其是作为日本式管理典型特征的终身雇佣制与年功序列制，在企业管理中逐渐趋于式微。但这并不意味着支撑这些管理制度的内在精神的完全破产，与之相反，如果失去了对于国家社会的责任担当、对于个人行为的道德自律以及对完美品质的不懈追寻，日本管理将一无是处。制度层面的改变是基于企业经营目标以及社会环境变化而发生的，与精神层面的改变不一定同步。也就是说，即使前述日本管理制度全都瓦解，也不意味着日本式管理的精神特质走向终结。真正可能形成颠覆性效果的，是作为精神信仰的管理哲学在企业文化层面的坍塌。

这种说法并非危言耸听，关键的问题在于这种管理哲学是否已经完全与日本社会发展背道而驰。现代日本管理哲学能够获得成功的条件是其与明治维新直至第二次世界大战之后的日本社会价值观是水乳相融的，直接对应了日本的国民文化。但是随着社会的发展，尤其是日本文化与西方文明的进一步融合，这些传统观念在当代日本年轻人身上的表现已经不再明显。与他们的上一代相比，这些人成长于经济高速发展的年代，衣食无忧让他们的忧患意识荡然无存；西方普世价值观的引入使他们更加关注个性的需求，而对于集体的忠诚感和奉献精神也大大降低。所以这一代人被看作是贪图安逸、不思进取、满足现状的群体，个人主义与享乐主义是他们所奉行的价值标准，很多研究者都在担心，当他们成为日本社会结构的主体之后，日本的国民精神将发生根本性的转变。

从现实的情况来看，前面担忧的现象并没有出现。如今这些曾经的"新人类"已经成长为企业的中坚，企业的管理方式也发生了很多改变，但原有管理哲学依然在发挥着相应的功效。和谐共存的前提在于，在这一代年轻人身上同时存在着传统与现代的共同特质：他们追求享受，但是依然保有勤奋向上的品行；他们崇尚个性，但是对于传统伦理的价值信条依然抱有敬畏的态度。尤为关键的是，受西方文化影响而形成的个人主义，与企业中业已形成的集团主义意识，存在着可以共生的条件。与西方原生的个人主义价值观相比，日本年轻一代的个人主义可以称作个人意识，它所追求的"平等主义、尊重个性、个人有权选择自己的生活道路"的个人主义价值，是建立在集体意识之上的，它的目的不是彻底打破集团主义的价值宗旨，而是寻求在个人与集体之间建立一种新的利益上的均衡。从本质来说，个体对于集团的依赖性并未真正消除。

由此可见，原有管理哲学的传承，对于日本管理的未来发展来说，既有充分的必要性，又有现实可行的条件。但是，这种传承并非毫无保留地接受，对于已经不具有现实可行性的理念，也要勇于放弃。

（二）东西方管理哲学的进一步融合

第二次世界大战之后，西方文化对日本传统文化的冲击速度明显加快，这种变化得益于美国基于西方民主理想对战后日本进行的改造。所以，很多研究者认为日本的管理制度已经无异于美国，并不存在所谓日本式管理。这种判断其实是高估了美国式改革的影响力，战后形成的日本企业制度看似接近于美国，但在内在精神上是传统文化在起主导性作用，这既表明现代日本管理哲学取得的成功是东西方文化共同作用的结果，同时也证明日本管理哲学未来的发展也必然要建立在两者的进一步融合，尤其是对于当代西方管理思想的吸收的基础之上。

现代日本管理哲学并非完美无缺，随着日本经济的盛衰，对它的看法也存在着被神圣化和妖魔化的两种极端趋势。虽然日本企业一直没有停止向西方学习的步伐，但是在20世纪50年代后日本式管理体系基本建成并且逐渐体现出优于西方管理的方面时，这种学习精神逐渐被自大的态度取代，时至今日这种态度依然存在于很多日本企业家和管理学家心中。前述对于日本管理哲学的质疑，包括封闭性、创新能力不足和人治主义等，是与当代西方管理哲学对比体现出的缺陷，也是日本传统文化在进入后工业社会之后局限性的体现。因此，日本管理哲学的未来发展迫切地需要对于西方文化的进一步融合，融合的内容包括西方崇尚个性和创造性、最大限度地尊重个人价值和尊严的价值观念，以及在公开、公正、公平的市场秩序下平等竞争的观念等，通过这种融合将东西方有价值的管理理念和管理哲学相互渗透、融合，促使日本管理哲学更好地适应全球化与信息时代的要求；同时，对于日本管理哲学中那些不适合时代要求、禁锢人们思想的成分，如等级观念、论资排辈思想、宗法和家族观念等封建糟粕，应该彻底地弃绝，以经济理性和市场精神重建管理中的秩序，在人人平等开放的社会中，推动创新精神的发展。

综上所述，日本未来的管理哲学模式，必须要建立在对传统文化的继承和东西方文化的再度融合基础之上。管理的进步需要在创新中不断变革，但是已经融入国民精神的思想意识依然在发挥重要的作用。故步自封，只能落后于时代，原有的优势会在竞争中被蚕食、碾压；而放弃自我，将传统文化的影响完全为西方文化取缔，则会失去民族的个性，企业本身也将失去特色，泯然众人矣。因此，在文化交融中寻找属于当今时代的平衡基点，才是日本管理和日本管理哲学再度崛起的关键，日本未来的管理哲学发展路径必然是在传承中寻求融合，在融合中走向变革。

本章小结

随着时代的进步和社会文化环境的变化，日本管理哲学不可能延续一成不变的发展路径。随着管理的经济、文化、制度等层面的变化，尤其是曾经无比辉煌的日本企业大多身陷困境之后，对于日本管理及其哲学质疑的声音也越来越多。进入21世纪之后，日产和日航的改革都取得了巨大的成功，这与其经营者（卡洛斯·戈恩和稻盛和夫）所秉持的管理哲学是密不可分的。基于对于两条改革路径的比较研究我们可以看到，在特定条件下，日本传统文化的精华和西方管理理论的最新成果，都有可能推动日本管理哲学适应当前时代的要求。因此，东西方文化的进一步融合，以及在管理实践中对两种理念的取长补短、去伪存真，才是日本管理哲学真正的未来走向。

结　语

对日本管理哲学的研究，其最终着眼点必然会落到对中国管理哲学的借鉴与启示之上。确实，中日两国同属东亚文化圈，社会历史的发展又有着诸多相似之处，日本从模仿中国到模仿西方，最终走上资本主义的道路。所以，本研究的初衷也自然包含日本管理哲学对中国管理哲学的启示和借鉴。但是随着研究的深入我们逐渐发现，中日两国在文化方面的差异性其实是远远大于其同质性的，对管理行为的简单类比其实并没有很大的现实意义。探寻现代日本管理哲学对于发展中的中国式管理和中国管理哲学的启示和借鉴，必须要放到宏观的历史背景之下，以实践哲学的视角进行深刻的反思。

一、管理哲学的构建要立足于所处时代社会文化背景

通过对日本管理哲学的历史梳理，我们可以清楚地看到，管理哲学同其所在时代的经济发展状况、政治民主进程以及社会文化的宏观发展要形成一种水乳相融的关系。任何超出时代背景的主观建构都不具备现实意义，既不能推动管理学学科的发展，也不能给管理实践提出有价值的指导。因此，日本管理哲学对中国管理哲学的第一个启示就是要基于所处时代的社会文化背景进行管理哲学的建构。

日本式管理和日本管理哲学一度取得成功，就在于其思想体系来源于现实的国民文化精神，由此所催生的管理实践和管理制度都能够适应于所在时代的需求。但是当这种背景发生重大转变之后，管理哲学如果不能够随时代变迁进行调整，同样也会构成阻碍管理发展的因素。因此，管理思想、理念与社会现实的结合，是构建管理哲学成败的关键。从社会文化的发展历程看，日本文化是典型的杂糅文化。从大化革新起，日本对于先进文明的学习、模

仿就一直没有停止，神道、禅宗、儒家朱子学都曾占据过日本文化的高点。而在日本国民文化初步形成之后，又经历了来自西方文明的三次冲击和改造。尽管如此，日本文化在整个过程中始终都是处于渐进发展的状态，从未出现文明的断裂，所以日本管理哲学的文化基础虽然复杂，但却是完整而连贯的体系。

而反观中华文明的发展，自先秦百家争鸣之后，始终都处于强大而稳定的主体文化主导之下，这个主体文化就是儒家思想。从西汉的"罢黜百家，独尊儒术"开始，中国文化开始出现儒家独大的局面，而宋明理学的兴起则使儒学彻底成为中国社会的统治思想。因此，儒家文化就是中国的传统文化，同时也是中国管理哲学最核心的思想渊源，这基本上是所有研究者的共识，甚至有人认为中国的管理哲学就是儒家管理哲学。但是这里的问题在于，近代以来中国思想文化的走势是"从保存传统文化到破坏传统文化"，儒家思想受到西方文化的持续冲击，不但主体文化的地位难以维系，甚至其社会影响力在特定的历史阶段处在断裂或者失效的状态。在这种背景下，如果以儒家思想作为当代中国管理哲学的理论基础，就必须要考虑儒家的纲常体系和教化功能在当代还有多大的影响力。至少我们在20世纪90年代之后建立的新型企业的经营理念中，这种影响已经微乎其微了。像BAT这样基于现代商业文明和知识经济背景建立起来的企业，其经营思想、企业文化与中华传统文化的关联性是非常有限的，因此用儒家思想作为中国管理哲学的理论支撑，很大程度上会存在理念与实践的割裂，导致管理哲学研究本身趋于纸上谈兵，无法真正对企业的未来发展提供思想的引导。构建中国特色的管理哲学，必须要在以当代中国国情为基础的前提下，把握时代发展的脉络，使这种管理哲学既要符合当下的情境，又要对应未来发展的趋势。

二、在东西方文化的冲突与融合中寻找管理哲学的基点

日本是善于学习的民族。以"大化革新"为起点，日本开始学习中国文化，逐渐建立起具有东方特质的管理制度；而在明治维新之后，日本开始全面西化，通过对西方文明的学习和借鉴完成国家的现代化转向。但是我们需

要注意的是,无论是"和魂汉才"还是"和魂洋才",日本在文化融合中立足民族本位的特质从未发生转移。即使在当代日本已经成为高度发达的资本主义国家的情况下,传统文化在日本社会中依然处于主体地位,本书所论述的日本管理哲学的思想体系,同样是这种特质的体现。所以,日本管理哲学对于中国管理哲学的第二个启示是将管理哲学的建构置于东西方文化的"融突"背景之下。

当代中国正处于社会转型的特定时期,在经济体制、社会结构和人的生存样态上都在进行从农业社会向工业社会、从传统社会向现代社会、从封闭社会向开放社会的历史转变。近三十年来,中国人既在享受着社会转型的红利,同时也越来越多地表现出社会转型期的精神迷失。这种现象表现在管理实践中,则容易催生管理哲学的两种误区:其一是抱残守缺,不思进取,以传统的封建糟粕作为管理哲学的基础,在家族经营中营造奴化意识;其二则为盲目媚外,对西方企业的经营方式毫无保留地全盘拿来,对西方管理思想不求甚解,只求其形不求其实。从根本上说,造成这两种错误趋势的原因都是没有找到东西方文化在企业管理中融合的基点。基于对日本管理哲学演进过程的研究,我们可以得出这样的结论:中国管理哲学的构建必须首先要立足于自身的国民文化精神,即使这种精神正处在"由破到立"的转型时期,也要把握其发展脉络并由此推演出其对于管理哲学的影响;在此基础上,以开放、务实的态度吸纳西方管理思想的精华,尤其是在管理实践中已被证明成功的管理理念、管理方法、管理制度,在思想体系构建上重视管理哲学与管理实践的内在关联。

三、成功的企业家在管理哲学的建立和传播中应当起到表率作用

从涩泽荣一到稻盛和夫,日本的企业家在日本管理哲学的形成和发展中起到了重要的引导作用。同时,他们也通过自己的财力和影响力创办了"松下政经塾""盛和塾"这种管理教育机构,通过著书立说、开馆授徒这些方式将他们的管理哲学向社会进行推广。总体来看,日本企业家对日本管理哲学

的贡献，包括理论贡献和现实影响，都是远远大于学院派的管理学家的。正是基于这些优秀企业家的努力，日本管理哲学一方面更具有实践哲学的特色，另一方面也能够为日本的普通公众所理解和接受，这也是现代日本管理哲学取得成功的关键所在。

中国的改革开放已经走过了几十年的时间，中国的企业家群体从无到有、从小变大，如今在财富规模上已经远远超过日本的同行。但是在管理思想的贡献上，这个群体并未发挥出与其财富相对应的能力和作用，造成的结果是所有对中国管理哲学理论建构的尝试，都被封闭在象牙塔内，成为学者的文字游戏，既缺少社会影响，也无法真正对管理实践提供帮助。因此，中国的企业家需要向日本同行学习的，不仅仅是创造财富的能力，更是他们的社会责任感。这种责任感不仅是简单的慈善捐款，而是真正将自己的思想与能力回报于社会，要有培育中国式管理哲学的理想，更要有将这种哲学思想向整个社会进行推广和示范的抱负。

现实中，中国的企业家已经开始进行这方面的工作，但往往都是局限于企业内部或者是少数精英的小圈子，缺少社会影响。更为重要的是，在思想的传播中，他们还是以个人或者企业本身的成功经验作为主要的载体，而不是基于普遍背景之下的"中国管理哲学"。所以对于这些成功的甚至可以说是已经把握到这个时代发展脉搏的企业家来说，他们的责任不仅是传播自己的管理哲学，而是应该以更为博大的胸怀去理解和体认中国的历史与未来，将管理理念与管理实践的融合置于更为宏大的思想背景之下，完成自身经营思想"由艺入道"的过程，从而推动中国管理哲学的构建与弘扬。

综上所述，日本管理哲学研究对中国管理哲学的真正意义并不在于能够提供哪些成型的理论框架或是思维定式，而是基于尊重社会现实和历史逻辑的理性反思。从这一角度看，当前社会认识中普遍存在的全盘西化和民粹主义两种倾向都是不可取的，坚持其中的哪一方都有可能会背离构建中国管理哲学的初衷。在东西方经营理念和管理思想的不断碰撞下，建立在农耕社会意识形态基础上的传统中国管理哲学必须要完成现代化和工业化的历史嬗变，而不是简单贴上一个现代化的标签而实质内容毫无创新。如同日本管理哲学一样，中国管理哲学中也包含着古今中外都可以适用的精神特质，比如儒家管理哲学中的"和谐""共利""德治"等主张，这些价值理念必须要完成基于现代中国社会发展现实的转化，进而同西方管理的先进理念进行融合，才有可能成为适应当代中国管理哲学体系构建要求的核心要素，这也正是现代日本管理哲学的历史演进所能够提供给我们的经验和借鉴。

参考文献

中文著作：

[1] 石清城.丰田式制造管理实践之道［M］.北京：机械工业出版社，2012.

[2] 李帅达.较量：松下幸之助和盛田昭夫的创业争霸战［M］.北京：中国经济出版社，2010.

[3] 崔岩.日本的经济赶超：历史进程、结构转变与制度演进分析［M］.北京：经济管理出版社，2009.

[4] 朱明.日本经济的盛衰［M］.北京：中国科学技术大学出版社，2004.

[5] 朱谦之.日本哲学史［M］.北京：人民出版社，2002.

[6] 高增杰.日本的社会思潮与国民情绪［M］.北京：北京大学出版社，2001.

[7] 曹永钧.现代日本大众文化［M］.北京：中国经济出版社，2000年

[8] 王守华，卞崇道.东方著名哲学家评传（日本卷）［M］.济南：山东人民出版社，2000.

[9] 卞崇道.现代日本哲学与文化［M］.长春：吉林人民出版社，1996.

[10] 杨栋梁.日本战后复兴期经济政策研究［M］.天津：南开大学出版社，1994.

[11] 王家骅.儒家思想与日本文化［M］.杭州：浙江人民出版社，1990.

[12] 王章耀.战后日本经济概述［M］.北京：中国人民大学出版社，1984.

[13] 孔凡静.日本经济发展战略［M］.北京：中国社会科学出版社，

1983.

中文译著：

［1］［日］稻盛和夫.敬天爱人［M］.曹岫云，译.沈阳：北方联合出版传媒（集团）股份有限公司，万卷出版公司，2011.

［2］［日］大前研一.低智商社会：如何从智商衰退中跳脱出来［M］.千太阳，译.北京：中信出版社，2010.

［3］［日］稻盛和夫.在萧条中飞跃的大智慧［M］.曹岫云，译.北京：中国人民大学出版社，2009.

［4］［日］野口悠纪雄.日本的反省——依赖美国的罪与罚［M］.贾中诚，译.北京：东方出版社，2009.

［5］［日］稻盛和夫.干法［M］.曹岫云，译.北京：东方出版社，2009.

［6］［日］稻盛和夫.活法［M］.曹岫云，译.北京：东方出版社，2009.

［7］［日］稻盛和夫.人为什么活着——稻盛和夫的哲学［M］.曹岫云，译.北京：中国人民大学出版社，2009.

［8］［日］松下幸之助.自来水哲学——松下幸之助自传［M］.李菁菁，译.海口：南海出版公司，2008.

［9］［日］大前研一.创意的构想［M］.庄娜，译.北京：中信出版社，2007.

［10］［美］阿列克斯·科尔.犬与鬼——现代日本的堕落［M］.北京：中信出版社，2006.

［11］［日］唐津一.中国能否赶超日本——日本人眼中的中日差距［M］.徐朝龙，译.北京：中国社会科学出版社，2006.

［12］［日］梅棹忠夫.何谓日本［M］.杨芳龄，译.天津：百花文艺出版社，2001.

［13］［日］熊泽诚.日本式企业管理的变革与发展［M］.黄咏岚，译.北京：商务印书馆，2003.

［14］［日］子安宣邦.日本近代思想批判［M］.东京：岩波书店，2003.

［15］［日］宫本武藏.五轮书［M］.李津，译.北京：企业管理出版社，2003.

［16］［美］迈克尔·波特.日本还有竞争力吗［M］.北京：中信出版社，

2002.

[17][日]丸山真男.日本政治思想史研究[M].王中江,译.北京:生活·读书·新知三联书店,2000.

[18][美]贝拉.德川宗教:现代日本的文化渊源[M].王晓山,等译.北京:生活·读书·新知三联书店,1998.

[19][美]埃德温·赖肖尔,马里厄斯·詹森.当今日本人变化及其连续性[M].孟胜德,译.上海:上海译文出版社,1998.

[20][美]詹森.日本及其世界:二百年的转变[M].柳立言,译.香港:商务印书馆香港分馆,1997.

[21][日]速水融,宫本又郎.日本经济史1:经济社会的成立[M].厉以平等译.北京:生活·读书·新知三联书店,1997.

[22][日]大谷筱健.日本经济的腾飞[M].上海:上海译文出版社,1997.

[23][日]涩泽荣一.论语与算盘——人生、道德、财富[M].王中江等译.北京:中国青年出版社,1996.

[24][美]鲁思·本尼迪克特.菊与刀[M].吕万和,等译.北京:商务印书馆,1996.

[25][日]今井贤一,小宫隆太郎.现代日本企业制度[M].陈晋,等译.北京:经济科学出版社,1995.

[26][日]中根千枝.纵向社会的人际关系[M].陈成,译.北京:商务印书馆,1994.

[27][日]新渡户稻造.武士道[M].张俊彦,译.北京:商务印书馆,1993.

[28][加拿大]诺曼.日本维新史[M].姚曾廙,译.北京:商务印书馆,1992.

[29][日]源了圆.日本文化与日本人性格的形成[M].郭连友,等译.北京:北京出版社,1992.

[30][美]埃德温·奥赖尔·肖.当代日本人——传统与变革[M].陈文寿,译.北京:商务印书馆,1992.

[31][美]西里尔·E·布莱克.日本和俄国的现代化——一份进行比较的研究报告[M].周师明,等译.北京:商务印书馆,1992.

[32][美]约瑟夫·C·格鲁.使日十年[M],蒋相则,译.北京:商务印书馆,1992.

[33][葡]路易斯·弗洛伊斯.日欧比较文化[M].范勇,等译.北京:商务印书馆,1992.

[34][日]坂本太郎.日本史概说[M].汪向荣,等译.北京:商务印书馆,1992.

[35][日]村上重良.国家神道[M].聂长振,译.北京:商务印书馆,1992.

[36][日]村上专精.日本佛教史纲[M].杨增文,译.北京:商务印书馆,1992.

[37][日]福泽谕吉.文明论概略[M].北京编译社,译.北京:商务印书馆,1992.

[38][日]家永三郎.日本文化史[M].刘绩生,译.北京:商务印书馆,1992.

[39][日]今井清一.日本近现代史[M].汤孝臣,译.北京:商务印书馆,1992.

[40][日]近代日本思想史研究会.近代日本思想史(第一卷)[M].马采,译.北京:商务印书馆,1992.

[41][日]近代日本思想史研究会.近代日本思想史(第二卷)[M].那庚辰,译.北京:商务印书馆,1992.

[42][日]近代日本思想史研究会.近代日本思想史(第三卷)[M].李民,等译.北京:商务印书馆,1992.

[43][日]藤原彰.日本近现代史(第三卷)[M].伊文成,等译.北京:商务印书馆,1992.

[44][日]都留重人.日本经济奇迹的终结[M].马成三,译.北京:商务印书馆,1979.

[45][日]永田广志.日本哲学思想史[M].陈英年,等译.北京:商务印书馆,1992.

[46][日]远山茂树.日本近现代史[M].邹有恒,译.北京:商务印书馆,1992.

[47][日]宫崎义一.日本经济的结构和演变[M].孙汉超,等译.北京:

中国对外翻译出版公司，1990.

[48][英]丽月塔.绅士道与武士道——日英比较文化论[M].王晓霞，等译.杭州：浙江人民出版社，1990.

[49][日]中江兆民.三醉人经纶问答[M].滕颖，译.北京：商务印书馆，1990.

[50][日]铃木大拙.禅与日本文化[M].陶刚，译.北京：生活·读书·新知三联书店，1989.

[51][美]伊扎亚·卞达森.日本人和犹太人[M].王健宜，译.天津：渤海湾出版公司，1988.

[52][日]尾崎茂雄.美国人和日本人[M].张键，等.天津：渤海湾出版公司，1988.

[53][日]森岛通夫.日本为什么成功——西方的技术和日本的民族精神[M].胡国成，译.成都：四川人民出版社，1986.

[54][美]渥洛诺夫.日本管理的危机[M].陈文彬，译.北京：中国友谊出版公司，1985.

[55][日]小林义雄.战后日本经济史[M].孙汉超，等译.北京：商务印书馆，1985.

[56][美]威廉·大内.Z理论——美国企业怎样迎接日本的挑战[M].孙耀君，等译.北京：中国社会科学出版社，1984.

[57][日]信夫清三郎.日本外交史[M].天津社会科学院日本问题研究所，译.北京：商务印书馆，1979.

中文期刊：

[1]张玉来.日本企业管理模式及其进化路径[J].现代日本经济，2011（2）.

[2]张利.日本传统企业的管理制度[J].群文天地，2011（16）.

[3]章廉.既非"他者"也非"我者"——从过程论角度看日本管理思想的独立性[J].学理论，2011（21）.

[4]黄虎清.刍议武士道对日本企业管理的影响[J].商业时代,2010(16).

[5]沈晨光.论等级制度对日本式管理模式的影响[J].商业时代，2010（24）.

［6］薛会.美国、德国、日本企业文化管理异同探析［J］.河北广播电视大学学报,2009（2）.

［7］曹姝婧,范徵.日本管理与中国传统文化［J］.上海管理科学,2009（3）.

［8］岳占仁.日本式管理的新动向［J］.IT经理世界,2009（18）.

［9］王晓光.日本企业管理中的儒家思想［J］.船山学刊,2008（4）.

［10］佐佐木直登.日本的管理［J］.管理观察,2008（6）.

［11］黎利云.以人为本的日本企业管理模式［J］.经济导刊,2007（1）.

［12］杨壮.美国vs.日本 谁是管理榜样？［J］.中外管理,2007（3）.

［13］谢福连.儒家思想与企业管理——日本企业中的儒家思想应用［J］.商业文化（学术版）,2007（11）.

［14］王向华."会社"概念与现代日本企业管理制度［J］.日本学刊,2007（6）.

［15］任德新,杨鹏程.日本企业管理精神与中国文化［J］.生产力研究,2005（4）.

［16］张远凤.论德鲁克对日本管理的影响［J］.外国经济与管理,2004（3）.

［17］侯逸明.儒家思想对现代日本企业管理体制的影响［J］.开放潮,2004（2）.

［18］王淑娟,王淑珍.日本企业管理制度精粹［J］.经济论坛,2004（18）.

［19］李永江,郭建锋.日本企业管理特色的成因分析［J］.商业研究,2003（10）.

［20］陈丽华.透视日本企业管理文化及其对"后发型"国家的启示［J］.党政干部学刊,2003（2）.

［21］曾凤章,崔丽.论日本企业"以人为本"的质量管理［J］.东北大学学报（社会科学版）,2003（2）.

［22］张迎红.日本企业经营管理的新探索［J］.发展,2002（3）.

［23］任德新.日本企业管理精神的儒家文化思考［J］.世界经济与政治论坛,2001（6）.

［24］杨书臣.工厂革命与日本企业管理的变革［J］.日本研究,2001（3）.

［25］杨文选,张玲.日本与西方知识观管理观之比较［J］.西安电子科技大学学报（社会科学版）,2001（2）.

［26］张迎红.日本企业经营管理的新探索［J］.中国经济快讯,2001（25）.

［27］易生.日本企业的管理模式［J］.管理科学文摘,2000（5）.

［28］袁秀华,李鑫,张惠萍.中华儒学与日本管理哲学［J］.税收与企业,2000（11）.

［29］王海忠.日本管理模式：力变求存［J］.商业研究,1998（9）.

［30］范征.日本式企业管理的中国文化渊源［J］.商业文化,1998（4）.

［31］远新.日本现代公司的管理及其决策［J］.商业文化,1998（1）.

［32］阎书会.日本企业管理新动向［J］.中外管理,1997（1）.

［33］刘蓉.日本文化对日本企业管理的影响［J］.现代商业,2007（24）.

［34］郭星伟.简论西方式管理与日本式管理的演变［J］.陕西理工学院学报（社会科学版）,2007（4）.

［35］郑福才.人本管理日本企业成功的秘诀［J］.中外企业文化,1997（10）.

［36］张锐,廖安贵.当代日本企业经营管理变化的新态势［J］.现代日本经济,1996（3）.

［37］唐任伍."儒家资本主义"——日本现代企业管理基本模式［J］.经济纵横,1996（4）.

［38］张俊海.惊人的日本"松下"管理艺术［J］.青年学刊,1996（1）.

［39］王志勉.变化中的日本管理［J］.管理现代化,1995（5）.

［40］丁忠明.日本企业经营管理新变化及其启示［J］.上海企业,1995(6).

［41］郑士贵.日本管理述评［J］.管理科学文摘,1995（9）.

［42］郑士贵.日本管理方式［J］.管理科学文摘,1995（10）.

［43］陈云卿.日本管理的新思想［J］.管理科学文摘,1995（12）.

［44］李宗耀.日本企业文化及其管理［J］.中外企业文化,1995（7）.

［45］丁忠明.日本企业经营管理新变化及其启示［J］.集团经济研究,1995（3）.

［46］傅舟.日本式企业管理模式面临变革［J］.党政干部学刊,1994（7）.

［47］李天铎.日本式的管理［J］.管理科学文摘,1994（6）.

［48］常任之.日本：管理科学与艺术［J］.管理科学文摘,1994（4）.

［49］刘群.奇迹是如何产生的——日本企业管理探秘［J］.市场观察,1994（10）.

[50] 逢立左. 从"七S模式"看日本管理艺术[J]. 领导文萃, 1994（3）.

[51] 孙秀惠. "人才不忠，组织无情"——日本管理之变[J]. 领导文萃, 1994（10）.

[52] 江河. Z理论与日本管理模式[J]. 经营与管理, 1993（2）.

[53] 曹刚. 儒学的变异与日本企业管理[J]. 湖南师范大学社会科学学报, 1993（1）.

[54] 黄景旭. 从日本企业看未来的企业经营管理[J]. 学习与研究, 1990（8）.